中華文化促進會主持編纂

國家"十一五"~"十四五"重點圖書出版規劃項目

中國社會科學院哲學社會科學創新工程學術出版資助項目

出品人 王石 段先念

今注本二十四史

舊五代史

宋 薛居正等 撰

陳智超 紀雪娟 主持校注

中國社會科學出版社

一五　漢書〔二〕周書〔一〕

舊五代史　卷一〇三

漢書五

隱帝紀下

　　乾祐三年春正月己亥朔,[1]帝不受朝賀。鳳翔行營都部署趙暉奏,[2]前月二十四日,收復鳳翔,逆賊王景崇舉族自燔而死。[3]丁未,鳳翔節度使、充西南行營都部署趙暉加兼侍中。[4]戊申,密州刺史王萬敢奏,[5]奉詔領兵入海州界,[6]至荻水鎮,[7]俘掠焚蕩,更請益兵。詔前沂州刺史郭瓊率禁軍赴之。[8]庚戌,前永興軍節度副使安友規除名,[9]流登州沙門島。[10]先是,友規權知永興軍府事,及趙思綰之奔衝,[11]友規失守城池,至是乃正其罪焉。癸亥,[12]以前邠州節度使宋彥筠爲太子太師致仕。[13]丙寅,[14]分命使臣赴永興、鳳翔、河中,[15]收葬用兵已來所在骸骨,[16]時已有僧聚髑髏二十萬矣。前沂州刺史郭瓊奏,部署兵士,深入海州賊界。是月,有狐登明德樓,[17]主者獲之,比常狐毛長,[18]而腹下別有二足。

[1]乾祐：五代後漢高祖劉知遠年號（948）。隱帝劉承祐沿用至乾祐三年（950）。北漢亦用此年號。

[2]鳳翔：方鎮名。治所在鳳翔府（今陝西鳳翔縣）。　都部署：官名。五代後唐始置，爲臨時委任的大軍區統帥。掌管屯戍、攻防等事務。　趙暉：人名。澶州（今河南濮陽市）人。五代將領。傳見本書卷一二五。

[3]王景崇：人名。邢州（今河北邢臺市）人。五代後漢時升任鳳翔節度使。傳見本書附録、《新五代史》卷五三。　逆賊王景崇舉族自燔而死：《舊五代史考異》：“案：《歐陽史》作正月，西面行營都部署趙暉克鳳翔。據《薛史》則收復鳳翔自在二年十二月，非三年春事也，《歐陽史》蓋誤以告捷之月爲收復之月耳。《五代春秋》作十二月，趙暉克鳳翔，誅王景崇，爲得其實。”見《新五代史》卷一〇《漢隱帝紀下》、《五代春秋》卷下《漢隱帝》。明本《册府》卷四三五《將帥部·獻捷門二》記載與本卷略同。據《通鑑》卷二八八，收復鳳翔在乾祐二年（949）十二月癸巳，據《二十史朔閏表》，當月庚午朔，故癸巳爲二十四日。則本卷之記載不誤。

[4]節度使：官名。唐時在重要地區所設掌握一州或數州軍、民、財政的長官。　侍中：官名。秦始置。隋、唐前期爲門下省長官。唐後期多爲大臣加銜，不參與政務，實際職務由門下侍郎執行。正二品。

[5]密州：州名。治所在今山東諸城市。　刺史：官名。西漢武帝時始置。州一級行政長官。總掌考核官吏、勸課農桑、地方教化等事。唐中期以後，節度、觀察使轄州而設，刺史爲其屬官，職任漸輕。從三品至正四品下。　王萬敢：人名。籍貫不詳。歷任密州刺史、晉州巡檢、防禦使。事見本書本卷及卷一一二、卷一二四。

[6]海州：州名。治所在今江蘇連雲港市海州區。

[7]荻水鎮：古鎮名。位於今山東日照市西南荻水，與江蘇省

贛榆縣東北接界。

　　[8]沂州：州名。治所在今山東臨沂市。　郭瓊：人名。平州盧龍（今河北盧龍縣）人。五代末、宋初將領。傳見《宋史》卷二六一。　詔前沂州刺史郭瓊率禁軍赴之：《通鑑》卷二八九作"詔以前沂州刺史郭瓊爲東路行營都部署，帥禁軍及齊州兵赴之"。

　　[9]永興軍：方鎮名。治所在京兆府（今陝西西安市）。　節度副使：官名。唐、五代方鎮屬官。位於行軍司馬之下、判官之上。　安友規：人名。籍貫不詳。五代後漢將領。事見本書卷一〇九。

　　[10]登州：州名。治所在今山東蓬萊市。　沙門島：地名。位於今山東長島縣西北廟島，一說位於大黑山島。

　　[11]趙思綰：人名。魏州（今河北大名縣）人。五代將領。傳見本書卷一〇九、《新五代史》卷五三。

　　[12]癸亥：《輯本舊史》之影庫本粘籤："癸亥，以《長曆》推之，當作'癸丑'，今無別本可校，姑仍其舊。"本月己亥朔，則癸丑爲十五日、癸亥爲二十五日，而下條爲丙寅（二十八日），故"癸亥"不誤。

　　[13]邠州：州名。治所在今陝西彬縣。　宋彥筠：人名。雍丘（今河南杞縣）人。五代後梁至後周將領。傳見本書卷一二三。太子太師：官名。與太子太傅、太子太保統稱太子三師。隋唐以後多作加官或贈官。從一品。

　　[14]丙寅：中華書局本有校勘記："原作'丙辰'，據《册府》卷一三五、《通鑑》卷二八九改。按是月己亥朔，丙辰爲十八日，本卷下文敘癸亥事，丙辰不當在癸亥後。"見《宋本册府》卷一三五《帝王部·愍徵役門》。

　　[15]河中：方鎮名。治所在河中府（今山西永濟市）。

　　[16]收葬用兵已來所在骸骨：中華書局本有校勘記："'來'原作'未'，據殿本、劉本、邵本校、彭校改。影庫本批校：'用兵以來，"來"訛"未"。'"

[17]明德樓：城樓名。位於今河南開封市。

[18]比常狐毛長：中華書局本有校勘記：“‘比常’二字原闕，據本書卷一四一《五行志》、《五代會要》卷一一補。”見《會要》卷一一“雜災變”條。

二月辛巳，青州奏，[1]郭瓊部署兵士，自海州迴至當道。甲申，樞密使郭威巡邊迴。[2]丁亥，汝州防禦使劉審交卒。[3]乙未，以前安州節度使劉遂凝爲左武衛上將軍，[4]以鄜州節度使焦繼勳爲左衛上將軍，[5]以前永興軍節度使趙贊爲左驍衛上將軍。[6]

[1]青州：州名。治所在今山東青州市。

[2]樞密使：官名。樞密院長官。唐代宗時始以宦官掌機密，至昭宗時借朱溫之力盡誅宦官，始改以士人任樞密使。備顧問，參謀議，出納詔奏，權侔宰相。參見李全德《唐宋變革期樞密院研究》，國家圖書館出版社 2009 年版。　郭威：人名。邢州堯山（今河北隆堯縣）人。五代後周的建立者，即後周太祖。951 年至 954 年在位。紀見本書卷一一〇至卷一一三、《新五代史》卷一一。

[3]汝州：州名。治所在今河南汝州市。　防禦使：官名。唐代始置，設有都防禦使、州防禦使兩種。常由刺史或觀察使兼任，實際上爲唐代後期州或方鎮的軍政長官。　劉審交：人名。幽州文安（今河北文安縣）人。五代將領。傳見本書卷一〇六、《新五代史》卷四八。

[4]安州：州名。治所在今湖北安陸市。　劉遂凝：人名。密州安丘（今山東安丘市）人。劉鄩之子。五代將領，歷任華州節度使、右龍武統軍、左驍衛上將軍。傳見本書卷一三一。　左武衛上將軍：官名。唐置，掌宮禁宿衛。唐代置十六衛，即左右衛、左右驍衛、左右武衛、左右威衛、左右領軍衛、左右金吾衛、左右監門

衛、左右千牛衛，各置上將軍，從二品；大將軍，正三品；將軍，從三品。

[5]鄜州：州名。治所在今陝西富縣。　焦繼勳：人名。許州長社（今河南許昌市）人。五代、宋初將領。傳見《宋史》卷二六一。　左衛上將軍：官名。唐置，掌宮禁宿衛。唐代十六衛之一。從二品。

[6]趙贊：人名。幽州薊（今北京市）人。五代後唐、遼朝將領趙延壽之子。五代後唐至宋初將領。傳見《宋史》卷二五四。左驍衛上將軍：官名。唐置，掌宮禁宿衛。唐代十六衛之一。從二品。

　　三月己亥，徐州部送所獲淮南都將李暉等三十三人徇于市，[1]給衫帽放還本土。是月，鄴都留守高行周、兗州符彥卿、鄆州慕容彥超、西京留守白文珂、鎮州武行德、安州楊信、潞州常思、府州折從阮皆自鎮來朝，[2]嘉慶節故也。[3]戊午，宴群臣於永福殿，[4]帝初舉樂。壬戌，鄴都高行周移鎮鄆州，兗州符彥卿移鎮青州，並加邑封。甲子，西京留守白文珂、潞州常思、鎮州武行德並進邑封，鄆州慕容彥超移鎮兗州。

[1]徐州：州名。治所在今江蘇徐州市。　都將：官名。唐、五代時節度使屬將。　李暉：人名。瀛州束城（今河北河間市）人。五代官員。傳見本書卷一二九。

[2]鄴都：地名。位於今河北大名縣。　留守：官名。古代皇帝出巡或親征時指定親王或大臣留守京城，綜理國家軍事、行政、民事、財政等事務，稱京城留守。在陪都或軍事重鎮也常設留守，以地方長官兼任。　高行周：人名。媯州懷戎（今河北懷來縣）

人。五代後唐至後周將領。傳見本書卷一二三、《新五代史》卷四八。　兗州：州名。治所在今山東濟寧市兗州區。　符彥卿：人名。陳州宛丘（今河南淮陽縣）人。五代後周、宋初將領。周世宗宣懿皇后、宋太宗懿德皇后皆符彥卿之女。傳見《宋史》卷二五一。　鄆州：州名。治所在今山東東平縣。　慕容彥超：人名。沙陀部人，一説吐谷渾部人。五代後漢將領，後漢高祖劉知遠同母弟。傳見本書卷一三〇、《新五代史》卷五三。　西京：即河南府。位於今河南洛陽市。　白文珂：人名。太原（今山西太原市）人。王章岳父，五代後漢隱帝時宰相。傳見本書卷一二四。　鎮州：州名。治所在今河北正定縣。　武行德：人名。并州榆次（今山西晉中市榆次區）人。五代、宋初將領。傳見《宋史》卷二五二。楊信：人名。籍貫不詳。五代藩鎮將領。事見本書卷一〇二。　潞州：州名。治所在今山西長治市。　常思：人名。太原（今山西太原市）人。五代將領。傳見本書卷一二九、《新五代史》卷四九。　府州：州名。治所在今陝西府谷縣。　折從阮：人名。雲中（今山西大同市）人，羌族折掘氏。五代後唐至後周將領。傳見本書卷一二五、《新五代史》卷五〇。

［3］"是月"至"嘉慶節故也"：《通鑑》卷二八九記載此事於三月丙午。

［4］永福殿：宮殿名。位於今河南開封市。

夏四月戊辰朔，邢州薛懷讓移鎮同州，[1]相州郭謹、河陽李暉並進邑封。[2]庚午，府州折從阮移鎮鄧州。[3]辛未，故深州刺史史萬山贈太傅。[4]先是，虜入邊，萬山城守，[5]郭威遣索萬進率騎七百屯深州。[6]一日，虜數千騎迫州東門，[7]萬山父子率兵百餘人襲之。[8]虜僞退十餘里而伏兵發，[9]萬山血戰，急請救於萬進，萬進勒兵不出，萬山死之，契丹亦解去。[10]時論以萬進爲罪，故加萬山贈典焉。壬申，華州劉詞移鎮邢州，[11]安州楊信移鎮鄜州，貝州王令溫移鎮安州，[12]並加邑封。以鄜州留後王饒爲華州節度使，[13]以其來朝故也。丁丑，尚食奉御王紹隱除名，[14]流沙門島，坐匿軍營女口也。[15]辛巳，以宣徽北院使吳虔裕爲鄭州防禦使。[16]時樞密使楊邠上章乞解樞機，[17]帝命中使諭之曰：“樞機之職，捨卿用誰？忽有此章，莫有人離間否？”虔裕在傍屬言曰：“樞密重地，難以久處，俾後來者迭居，相公辭讓是也。”中使還具奏，帝不悅，故有是命。壬午，以樞密使郭威鄴都留守，[18]依前樞密使。詔河北諸州，應兵甲、錢帛、糧草一稟郭威處分。癸未，府州永安軍額宜停，[19]命降爲團練州。[20]戊子，翰林學士承旨、户部尚書王仁裕罷職，[21]守兵部尚書。[22]左千牛上將軍張瓘卒。[23]庚寅，以西南面水陸轉運使、尚書工部侍郎李穀爲陳州刺史。[24]左金吾上將軍致仕馬萬卒。[25]甲午，以前同州節度使安審信爲左衛上將軍，[26]以前潞州節度使張從恩爲右衛上將軍。

[1]邢州：州名。治所在今河北邢臺市。　薛懷讓：人名。祖先爲戎人，後徙居太原（今山西太原市）。五代將領。傳見《宋史》卷二五四。　同州：州名。治所在今陝西大荔縣。

[2]相州：州名。治所在今河南安陽市。　郭謹：人名。晋陽（今山西太原市）人。五代後晋、後漢將領。傳見本書卷一〇六。河陽：縣名。治所在今河南孟州市。

[3]鄧州：州名。治所在今河南鄧州市。

[4]深州：州名。治所在今河北深州市。　史萬山：人名。籍

貫不詳。本書僅此一見。　　太傅：官名。與太師、太保合稱三師，唐後期、五代多爲大臣、勳貴加官。正一品。　　故深州刺史史萬山贈太傅：《舊五代史考異》："案《遼史・世宗紀》，殺深州刺史史萬山在天禄三年，即漢乾祐二年。"見《遼史》卷五《世宗紀》天禄三年（949）十月條。

[5]虜入邊，萬山城守："虜"，原作"契丹"，乃清代忌諱所改，據明本《册府》卷四二五《將帥部・死事門二》回改。

[6]索萬進：人名。籍貫不詳。五代將領。事見本書卷一一三。

[7]虜數千騎迫州東門：中華書局本沿《輯本舊史》作"契丹數十騎迫州東門"，並有校勘記："'十'，原作'千'，據《册府》卷四二五改。""虜"字改爲"契丹"，乃清代忌諱所改，今回改。

[8]萬山父子率兵百餘人襲之：中華書局本有校勘記："《册府》卷四二五敘其事云：'萬山父子以虜不多，乃率牙兵百餘人襲虜'。"

[9]虜僞退十餘里而伏兵發：中華書局本沿《輯本舊史》作"契丹僞退十餘里而伏兵發"，並有校勘記："'契丹'二字原闕，據殿本、孔本校補。《册府》卷四二五作'虜'。""虜"字改爲"契丹"，乃清代忌諱所改，今回改。

[10]契丹：古部族、政權名。公元4世紀中葉宇文部爲前燕攻破，始分離而成單獨的部落，自號契丹。唐貞觀中，置松漠都督府，以其首領爲都督。唐末强盛，916年迭剌部耶律阿保機建立契丹國（遼）。先後與五代、北宋並立，保大五年（1125）爲金所滅。參見張正明《契丹史略》，中華書局1979年版。

[11]華州：州名。治所在今陝西渭南市華州區。　　劉詞：人名。元城（今河北大名縣）人。五代將領。傳見本書卷一二四、《新五代史》卷五○。

[12]貝州：州名。治所在今河北清河縣。　　王令温：人名。瀛州河間（今河北河間市）人。五代將領。傳見本書卷一二四、《新五代史》卷二九。　　貝州王令温移鎮安州：《輯本舊史》卷一○一《漢隱帝紀上》乾祐元年（948）六月戊戌："以相州節度使王繼弘

爲貝州節度使。”同書卷一二五《王繼弘傳》：“漢末，移鎮貝州，就加檢校太尉。”故此時之貝州節度使當爲王繼弘。但同書卷一二四《王令溫傳》：“漢有天下，復爲永清軍節度使，尋改安州。”又，《通鑑》卷二八九亦與本卷同，作“永清節度使（貝州）王令溫爲安遠節度使”。似王令溫應爲前任貝州節度使。

[13]王饒：人名。慶州華池（今甘肅華池縣）人。五代將領。傳見本書卷一二五。

[14]尚食奉御：官名。唐殿中省尚食局長官，掌皇帝飲食事務。正五品。　王紹隱：人名。籍貫不詳。本書僅此一見。

[15]女口：指婦女。

[16]宣徽北院使：官名。唐始置。宣徽北院的長官。初用宦官，五代以後改用士人。與宣徽南院使通掌内諸司及三班内侍之名籍，郊祀、朝會、宴享供帳之儀，檢視内外進奉名物。參見王永平《論唐代宣徽使》，《中國史研究》1995年第1期；王孫盈政《再論唐代的宣徽使》，《中華文史論叢》2018年第3期。　吳虔裕：人名。許州許田（今河南許昌市）人。五代、宋初將領。傳見《宋史》卷二七一。　鄭州：州名。治所在今河南鄭州市。

[17]楊邠：人名。魏州冠氏（今山東冠縣）人。五代後漢時任樞密使、宰相。傳見本書卷一〇七、《新五代史》卷三〇。

[18]以樞密使郭威鄴都留守：《新五代史》卷一〇《漢隱帝紀》、《通鑑》卷二八九均載任命郭威爲天雄軍（魏州）節度使。

[19]永安軍：方鎮名。治所在府州（今陝西府谷縣）。

[20]團練州：州的等級之一。唐制以團練使兼任刺史的州稱爲團練州，其地位低於節度州與防禦州，高於刺史州。

[21]翰林學士承旨：官名。爲翰林學士之首。掌拜免將相、號令征伐等詔令的起草。《舊唐書·職官志二·翰林院》：“例置學士六人，内擇年深德重者一人爲承旨，所以獨承密命故也。”　户部尚書：官名。尚書省户部次官。協助户部尚書掌天下田户、均輸、錢穀之政令。正四品下。　王仁裕：人名。天水（今甘肅天水市）

人。五代大臣。傳見本書卷一二八、《新五代史》卷五七。

[22]兵部尚書：官名。尚書省兵部主官。掌兵衞、武選、車輦、甲械、厩牧之政令。正三品。

[23]左千牛上將軍：官名。唐置，掌宮禁宿衞。唐代十六衞之一。從二品。　張瑾：人名。同州（今陝西大荔縣）人。張承業之侄，五代將領。傳見本書卷一〇六。

[24]水陸轉運使：官名。掌一方水陸轉運、賦稅諸事。爲差遣職事。　尚書工部侍郎：官名。尚書省工部次官。協助尚書掌管百工山澤水土之政令，考其功以昭賞罰，總所同各司之事。正四品下。　李穀：人名。潁州汝陰（今安徽阜陽市）人。五代後周宰相。傳見《宋史》卷二六二。　陳州：州名。治所在今河南淮陽縣。

[25]左金吾上將軍：官名。唐置，掌宮禁宿衞。唐代十六衞之一。從二品。　馬萬：人名。澶州（今河南濮陽縣）人。五代後唐、後晉、後漢將領。傳見本書卷一〇六。

[26]同州：中華書局本沿《輯本舊史》作“華州”，《輯本舊史》卷一二三《安審信傳》：“晉祖入洛，授河中節度使、檢校太尉、同平章事。……會朝廷謀大舉北伐，凡藩侯皆預將帥，以審信爲馬步軍右厢都排陣使，俄改華州節度使。漢初，移鎮同州，入爲左衞上將軍。”據改。　安審信：人名。沙陀部人。五代將領安審琦從兄。五代後唐至後周將領。傳見本書卷一二三。

五月戊戌朔，帝御崇元殿受朝。[1]丙午，以皇弟興元節度使承勳爲開封尹，[2]加兼中書令，[3]未出閤。甲子，詔：“諸道州府差置散從官，大府五百人，上州三百人，下州二百人，勒本處團集管係，立節級檢校教習，以警備州城。”

[1]崇元殿：五代後梁開平元年（907）改汴京正殿爲崇元殿。位於今河南開封市。

[2]興元：府名。治所在今陝西漢中市。　承勳：人名。即劉承勳。五代後漢高祖劉知遠三子。傳見本書卷一〇五、《新五代史》卷一八。　開封尹：官名。五代除後唐外均都汴州，升汴州爲開封府，置開封尹或知開封府事。執掌京師政務。從三品。

[3]中書令：官名。漢代始置，隋、唐前期爲中書省長官，屬宰相之職；唐後期多爲授予元勳大臣的虛銜。正二品。

　　閏月癸巳，京師大風雨，壞營舍，吹鄭門扉起，[1]十數步而墮，拔大木數十，震死者六七人，水平地尺餘，池隍皆溢。是月，宮中有怪物，投瓦石，擊窗撼扉，人不能制。[2]

[1]鄭門：唐以後大梁城（今河南開封市）西面南第一門。

[2]“是月”至“人不能制”：《通鑑》卷二八九置於癸巳日前。

　　六月庚子，以國子祭酒田敏爲尚書右丞。[1]癸卯，太僕卿致仕謝攀卒，[2]輟視朝一日。鄭州奏，河決原武縣界。[3]乙卯，司天臺上言，[4]鎮星逆行，[5]至太微左掖門外，[6]自戊申年八月十二日，[7]入太微西垣，犯上將、屏星、執法，[8]勾己往來，至己酉年十一月十二日夜，方出左掖門順行，自今年正月十日夜，復逆行入東垣，至左掖門。

[1]國子祭酒：官名。古代國子學或太學長官。晉武帝司馬炎

始置。掌邦國儒學訓導之政令，領太學、國子學及國子監所屬各學。從三品。　田敏：人名。淄州鄒平（今山東鄒平縣）人。五代、宋初大臣、學者。傳見《宋史》卷四三一。　尚書右丞：官名。尚書省佐貳官。唐中期以後，與尚書左丞實際主持尚書省日常政務，權任甚重。後梁開平二年（908）改爲右司侍郎，後唐同光元年（923）復舊爲右丞。唐時爲正四品下，後唐長興元年（930）升爲正四品。

[2]太僕卿：官名。西漢置太僕，南朝梁始置太僕卿。太僕寺長官。掌管車馬及牲畜之政令。從三品。　謝攀：人名。籍貫不詳。五代官員。事見本書本卷、卷八〇。

[3]原武縣：縣名。治所在今河南原陽縣。

[4]司天臺：官署名。主管觀察天象、考定曆數。

[5]鎮星：星名，即土星。約二十八年行經黄道二十八宿一周天，每年經一宿，似輪流坐鎮，故名。星占家認爲，鎮星五行屬土，時令屬夏，方位屬中央，主宫庭。故鎮星必待四星有失而後動。

[6]太微：星座名。即太微垣。古代天文家分天體恒星爲三垣，太微垣爲上垣。　左掖門：《黄帝占》曰：“太微，天子之宫。”南蕃兩星，東西列，其四星，爲右執法，西東星，爲左執法，廷尉、尚書之象。兩執法之間太微天廷端門也。右執法西間，爲右掖門，左執法之東，爲左掖門。

[7]自戊申年八月十二日：中華書局本有校勘記：“本書卷一三九《天文志》：‘乾祐元年八月己丑，鎮星入太微西垣’、‘自（乾祐）元年八月己丑，鎮星入太微垣’，《新五代史》卷五九《司天考》略同。按乾祐元年歲在戊申，八月丁丑朔，己丑爲十三日。”

[8]上將：星名。太微垣東蕃南邊第四星或西蕃南邊第一星。　屏星：星名。或簡稱屏。共四星。在端門内，近右執法。星占家謂主壅蔽帝庭之事。　執法：分爲左、右，在太微垣南近黄道。《春秋元命苞》曰：“左執法，廷尉之象；右執法，御史大夫之

象也。"

　　秋七月庚午，河陽奏，河漲三丈五尺。乙亥，滄州奏，[1]積雨約一丈二尺。安州奏，溝河泛溢，州城内水深七尺。丙子，帝御崇元殿，授皇太后册，[2]命宰臣蘇逢吉行禮。[3]辛巳，三司使奏：[4]"州縣令録佐官，請據户籍多少，量定俸户：縣三千户已上，令月十千，主簿八千；一千户已上，令月八千，主簿五千；一千户已下，令月六千，主簿四千。[5]每户月出錢五百，並以管内中等户充。録事參軍、判司俸錢，視州界令佐，取其多者給之，其俸户與免縣司差役。"從之。

　　[1]滄州：州名。治所在今河北滄縣舊州鎮。

　　[2]皇太后：五代後漢高祖劉知遠皇后李氏，隱帝即位後册尊爲皇太后。晋陽（今山西太原市）人。傳見本書卷一〇四、《新五代史》卷一八。

　　[3]蘇逢吉：人名。京兆長安（今陝西西安市）人。劉知遠爲河東節度時的屬官，五代後漢初任宰相。傳見本書卷一〇八、《新五代史》卷三〇。

　　[4]三司使：官名。五代後唐明宗天成元年（926）將晚唐以來的户部、度支、鹽鐵三部合爲一職，設三司使統之。主管國家財政。

　　[5]"縣三千户已上"至"主簿四千"："縣三千户已上令月十千主簿八千"，中華書局本有校勘記："'一千'，《五代會要》卷二八作'一十二千'。'八千'，《册府》卷五〇八作'六貫'。""一千户已上，令月八千，主簿五千"，中華書局本有校勘記："'一千'二字原闕，據《册府》卷五〇八補。殿本、劉本、《五代會要》卷

二八作‘二千’。‘八千’，《五代會要》卷二八作‘九千’。”“一千户已下，令月六千，主簿四千”，中華書局本有校勘記：“‘一千’二字原闕，據《册府》卷五〇八補。殿本、劉本、《五代會要》卷二八作‘二千’。”見《會要》卷二八《諸色料錢下》、《宋本册府》卷五〇八《邦計部・俸禄門四》。

　　八月辛亥，以蒙州城隍神爲靈感王，[1]從湖南請也。時海賊攻州城，州人禱於神，城得不陷，故有是請。辛酉，給事中陶穀上言，[2]請停五日內殿轉對，[3]從之。壬戌，以兵部侍郎于德辰爲御史中丞，[4]邊蔚爲兵部侍郎。[5]

　　[1]蒙州：州名。治所在今廣西蒙山縣。
　　[2]給事中：官名。秦始置。隋唐以來，爲門下省屬官。掌讀署奏抄，駁正違失。正五品上。　陶穀：人名。邠州新平（今陝西彬縣）人。五代、宋初文官。傳見《宋史》卷二六九。
　　[3]轉對：百官輪流對議朝政於君前。轉對與次對的制度性質相同，而參與官員的範圍、對應的朝會有異。
　　[4]兵部侍郎：官名。尚書省兵部次官。協助兵部尚書掌武官銓選、勳階、考課之政。正四品下。　于德辰：人名。元城（今河北大名縣）人。五代官員。傳見本書卷一三一。　御史中丞：官名。如不置御史大夫，則爲御史臺長官。掌司法監察。正四品下。
　　[5]邊蔚：人名。長安（今陝西西安市）人。五代後唐至後周官員。傳見本書卷一二八。

　　九月辛巳，朗州節度使馬希萼奏請於京師別置邸院，[1]不允。是時，希萼與其弟湖南節度使希廣方搆閱牆之怨，[2] 故有是請。帝以湖南已有邸務，不可更置，由是不允，仍命降詔和解焉。

[1] 朗州：州名。治所在今湖南常德市。《輯本舊史》之影庫本粘籤：“朗州，原本作‘狼州’，今據《十國春秋》改正。”見《輯本舊史》卷一〇二《漢隱帝紀中》乾祐二年（949）九月條、卷一一〇《周太祖紀一》廣順元年正月丁丑條。　馬希萼：人名。五代十國南楚君主，南楚武穆王馬殷之子，弑殺馬希廣後自立爲王，不恤政事，後爲馬希崇所代，終被南唐所俘。傳見本書卷一三三。　邸院：官署名。即進奏院。唐、五代藩鎮皆置邸於京師，爲駐京城的辦事機構。肅宗、代宗時稱上都留後院，大曆十二年（777）改稱上都進奏院，簡稱留邸、進奏務。以進奏官主其事，掌傳送文書、情報，主持本鎮進奉。憲宗時，一度掌本鎮飛錢兌換之事。五代時，州郡不隸藩鎮者，亦置邸京師。

[2] 希廣：人名。即馬希廣。五代十國南楚君主，南楚武穆王馬殷之子。南楚文昭王馬希範去世後被擁立爲王，後爲馬希萼篡位所殺。傳見本書卷一三三、《新五代史》卷六六。

冬十月己亥，帝狩於近郊。丙午，湖南馬希廣遣使上章，且言荊南、淮南、廣南三道結搆，[1] 欲分割湖湘，乞聊發兵師，以爲援助。時朝廷方議起軍，會內難，不果行。丁未，兩浙錢弘俶加諸道兵馬元帥。[2] 戊申，彰德軍節度使郭謹卒。[3] 癸丑，以前同州節度使張彥贇爲相州節度使。[4] 辛酉，月犯心大星。[5]

[1] 荊南、淮南、廣南：《通鑑》卷二八九作“荊南、嶺南、江南”。

[2]錢弘俶：人名。即錢俶。錢元瓘第九子，五代十國吳越末代君主。傳見本書卷一三三、《新五代史》卷六七。

[3]彰德軍：方鎮名。治所在相州（今河南安陽市）。

[4]張彥贇：人名。籍貫不詳。五代將領。事見本書本卷、卷一〇二。

[5]月犯心大星：即月犯心宿二，又稱爲大火星。

十一月甲子朔，日有蝕之。乙丑，永州唐將軍祠贈太保，[1]從湖南請也。己巳，日南至，帝御崇元殿受朝賀，仗衛如式。辛未，詔侍衛步軍都指揮使王殷將兵屯澶州。[2]丙子，誅樞密使楊邠、侍衛都指揮使史弘肇、三司使王章，[3]夷其族。是日平旦，甲士數十人由廣政殿出，[4]至東廡下，害邠等於閤內，皆死於亂刃之下。又誅弘肇弟小底軍都虞候弘朗、如京使甄彥奇、內常侍辛從審、楊邠子比部員外郎廷侃、右衛將軍廷偉、左贊善大夫廷倚、王章侄右領衛將軍旻、子壻户部員外郎張貽肅、樞密院副承宣郭顯、控鶴都虞候高進、侍衛都承局荊南金、三司都勾官柴訓等。[5]分兵收捕邠等家屬及部曲傔從，盡戮之。少頃，樞密承旨聶文進急召宰臣百僚，[6]班於崇元殿，庭宣曰：“楊邠、史弘肇、王章等同謀叛逆，欲危宗社，並斬之，與卿等同慶。”班退，召諸軍將校至萬歲殿，[7]帝親諭史弘肇等欲謀逆亂之狀，且言：“弘肇等欺朕年幼，專權擅命，使汝輩常懷憂恐，自此朕自與汝等爲主，必無橫憂也。”諸軍將校拜謝而退。召前任節度使、刺史、統軍等上殿諭之。帝遣軍士守捉宫城諸門，比近日旰，朝臣步出宫門而去。是日晴霽無雲，而昏霧濛濛，有如微雨，人情惴恐。日將午，載楊邠等十餘尸，分暴於南北市。是日，帝遣腹心齎密詔往澶州、鄴都，令澶州節度使李洪義誅侍衛步軍都指揮使王殷，[8]令鄴都屯駐護聖左廂都指揮使郭崇、奉國左廂都指揮使曹英害樞密使郭威及宣徽使王峻。[9]急詔鄆州高行周、青州符彥卿、永興郭從義、兗州慕容彥超、同州薛懷讓、鄭州吳虔裕、陳州李穀等赴闕。以宰臣蘇逢吉權知樞密院事，前青州劉銖權知開封府事，[10]侍衛馬軍都指揮使李洪建判侍衛司事，內客省使閻晉卿權侍衛馬軍都指揮使。[11]丁丑，澶州節度使李洪義受得密詔，知事不克，乃引使人見王殷。殷與洪義遣本州副使陳光穗齎所受密詔，[12]馳至鄴都。[13]郭威得之，即召王峻、郭崇、曹英及諸軍將校至牙署視詔，兼告楊、史諸公冤枉之狀，且曰："汝等當奉行詔旨，斷予首以報天子，自取功名。"郭崇等與諸將校前曰："此事必非聖意，即是李業等竊發，[14]假如此輩便握權柄，國得安乎！[15]事可陳論，何須自棄，致千載之下被此惡名。崇等願從公入朝，面自洗雪。"於是將校等請威入朝，以除君側之惡，共安天下。[16]翌日，郭威以眾南行。己卯，[17]鄴兵至澶州。庚辰，至滑州，[18]節度使宋延渥開門迎降。[19]是日，詔前開封尹侯益、前鄜州節度使張彥超、權侍衛馬軍都指揮使閻晉卿、鄭州防禦使吳虔裕等率禁軍赴澶州守捉。[20]辛巳，帝之小豎鸞脫自北迴。[21]先是，帝遣鸞脫偵鄴軍所至，為游騎所獲，郭威即遣迴，因令附奏赴闕之意，仍以密奏置鸞脫衣領中。帝覽奏，即召李業示之，聶文進、郭允明等在傍，[22]懼形于色。初議車駕幸澶州，及聞鄴兵已至河上，乃止。帝大懼，私謂宰臣竇貞固等曰："昨來之事太草草耳！"李業等請帝傾府庫以給諸軍，宰相蘇禹珪以爲未可。業拜禹珪於帝前，曰："相公且爲官家，莫惜府庫。"遂下令侍衛軍人給二十緡，下軍各給十緡，其北來將士亦準此。仍遣北來將士在營子弟各齎家問，向北諭之。壬午，鄴軍至封丘。[23]慕容彥超自鎮馳至，帝遂以軍旅之事委之。[24]彥超謂帝曰："陛下勿憂，臣當生致其魁首。"彥超退，見聶文進，詢北來兵數及將校名氏，文進告之。彥超懼，曰："大是劇賊，不宜輕耳！"又遣袁羲、劉重進、王知則等出師，[25]以繼前軍。慕容彥超以大軍駐於七里郊，[26]掘塹以自衛，都下率坊市出酒食以餉軍。癸未，車駕勞軍，即日還宮。翌日，慕容彥超揚言曰："官家宮中無事，明日再出，觀臣破賊。"甲申，車駕復出，幸七里店軍營，[27]王師陣於劉子陂，[28]與鄴軍相望。太后以帝至晚在外，遣中使謂聶文進曰："賊軍在近，大須用意！"文進曰："有臣在，必不失策，縱有一百個郭威，亦當生擒之耳！"彥超輕脱，先擊北軍，郭威命何福進、王彥超、李筠等大合騎以乘之。[29]彥超退却，死者百餘人，於是南軍奪氣，[30]稍稍奔於北軍。吳虔裕、張彥超等相繼而去，慕容彥超以部下十數騎奔兗州。是夜，帝與宰臣從官宿於野次，侯益、焦繼勳潛奔鄴軍。乙酉旦，帝策馬至玄化門，[31]劉銖在門上，問帝左右："兵馬何在？"乃射左右。帝迴，與蘇逢吉、郭允明詣西北村舍，郭允明知事不濟，乃刲刃於帝而崩，時年二十。蘇逢吉、郭允明皆自殺。[32]是日，周太祖自迎春門入，[33]諸軍大掠，煙火四發，翌日至晡方定。前滑州節度使白再榮爲亂兵所害，[34]吏部侍郎張允墜屋而死。[35]周太祖既入京城，命有司遷帝梓宮於太平宮。[36]或曰：“可依魏高貴鄉公故事，[37]以公禮葬之。”周祖曰：“予顛沛之中，不能護衛至尊，以至於此，若又貶降，人謂我何！”於是詔擇日舉哀，命前宗正卿劉皞主喪。[38]丙戌，太后誥曰：“高祖皇帝翦亂除兇，[39]變家爲國，救生靈於塗炭，創王業於艱難，甫定寰區，遽遺弓劍。樞密使郭威、楊邠，侍衛使史弘肇，三司使王章，親承顧命，輔立少君，協力同心，安邦定國。旋屬四方多事，三叛連衡，吳、蜀内侵，契丹啓釁，蒸黎兇懼，宗社阽危。郭威授任專征，提戈進討，躬當矢石，盡掃煙塵，外寇盪平，中原寧謐。復以强敵未殄，邊塞多艱，允賴寶臣，往臨大鄁，疆場有蕃籬之固，朝廷寬宵旰之憂。不謂兇豎連謀，群小得志，密藏鋒刃，竊發殿庭，已殺害其忠良，方奏聞於少主，無辜受戮，有口稱冤。而又潛差使臣，矯齎宣命，謀害樞密使郭威、宣徽使王峻、侍衛步軍都指揮使王殷等。人知無罪，天不助奸。今者郭威，王峻，澶州節度使李洪義，前曹州防禦使何福進，前復州防禦使王彥超，前博州刺史李筠，北面行營馬步都指揮使郭崇，步軍都指揮使曹英，護聖都指揮使白重贊、索萬進、田景咸、樊愛能、李萬全、史彥超，[40]奉國都指揮使張鐸、王暉、胡立，[41]弩手指揮使何瓚等，[42] 徑領兵師，來安社稷。逆黨皇城使李業、內客省使閻晉卿、樞密都承旨聶文進、飛龍使後贊、翰林茶酒使郭允明等，[43] 脅君於大內，出戰于近郊，及至力窮，遂行弒逆，冤憤之極，今古未聞。今則兇黨既除，群情共悅。神器不可以無主，萬機不可以久曠，宜擇賢君，以安天下。河東節度使崇、許州節度使信，[44] 皆高祖之弟，徐州節度使贇、開封尹承勳，[45] 高祖之男，俱列磐維，皆居屏翰，宜令文武百辟，議擇嗣君，以承大統”云。樞密使郭威以蕭牆變起，宗祧無奉，率群臣候太后，請定所立，且言：“開封尹承勳，高祖皇帝之愛子也，請立爲嗣。”太后告以承勳羸病日久，不能自舉，周太祖與諸將請視承勳起居，及視之，方信，遂議立高祖從子、徐州節度使贇爲嗣。己丑，[46] 太后誥曰：“天未悔禍，喪亂孔多，嗣主幼沖，群兇蔽惑，搆奸謀於造次，縱毒蠆於斯須，將相大臣，連頸受戮，股肱良佐，無罪見屠，行路咨嗟，群心扼腕，則高祖之洪烈將墜于地。賴大臣郭威等，激揚忠義，拯濟顛危，除惡蔓以無遺，俾綴旒之不絕。宗祧事重，纘繼才難，既聞將相之謀，復考蓍龜之兆，天人協贊，社稷是依。徐州節度使贇，稟上聖之資，抱中和之德，先皇如子，鍾愛特深，固可以子育兆民，君臨萬國，宜令所司擇日備法駕奉迎即皇帝位。於戲！神器至重，天步方艱，致理保邦，不可以不敬，貽謀聽政，不可以不勤，允執厥中，祇膺景命。”是日，遣前太師馮道等往徐奉迎。[47] 周太祖以嗣君未至，萬機不可暫曠，率群臣請太后臨朝，誥答曰："昨以奸邪搆釁，亂我邦家，勳德效忠，剪除兇慝，俯從人欲，已立嗣君，宗社危而再安，紀綱壞而復振。皇帝法駕未至，庶事方殷，百辟上言，請予蒞政，宜允輿議，權總萬機，止於浹旬，即復明辟"云。按前代故事，太上皇稱誥，太皇太后、皇太后曰令，今云誥，有司誤也。以宣徽南院使王峻爲樞密使，[48]右神武統軍袁羲爲宣徽南院使，[49]陳州刺史李穀權判三司，步軍都指揮使王殷爲侍衛親軍馬步都指揮使，護聖左廂都指揮使郭崇爲侍衛馬軍都指揮使，[50]奉國左廂都指揮使曹英爲侍衛步軍都指揮使。鎮州、邢州馳奏，契丹寇洺州，[51]陷內丘縣。[52]時契丹永康王兀欲率部族兩道入邊，[53]內丘城小而固，契丹攻之，五日不下，敵人傷者甚衆。時有官軍五百，在城防戍，攻急，官軍降於敵，屠其城而去。[54]庚寅，樞密使郭威奏，左軍巡勘得飛龍使後贊款伏，與蘇逢吉、李業、閻晉卿、聶文進、郭允明等同謀，令散員都虞候奔德等下手殺害史弘肇等。[55]權開封尹劉銖具伏，朋附李業爲亂，屠害將相家屬。其劉銖等準誥旨處置訖，并蘇逢吉、郭允明、閻晉卿、聶文進首級，並梟於南北市，其骨肉放棄。辛卯，河北諸州馳報，契丹深入。太后誥曰："王室多故，邊境未寧，內難雖平，外寇仍熾。據北面奏報，强敵奔衝，繼發兵師，未聞平殄，須勞上將，暫自臨戎。宜令樞密使郭威部署大軍，早謀掩擊，其軍國庶事，權委宰臣竇貞固、蘇禹珪、樞密使王峻等商量施行，在京馬步兵士，委王殷都大提舉。"

[1]永州：州名。治所在今湖南永州市。　太保：官名。與太師、太傅並爲三師。唐後期、五代多爲大臣、勳貴加官。正一品。

[2]王殷：人名。瀛州（今河北河間市）人。一作大名（今河北大名縣）人。五代將領。從郭威推翻後漢，後因功高震主爲郭威所殺。傳見本書卷一二四、《新五代史》卷五〇。　澶州：州名。唐、五代初，治所在河南清豐縣。後晉天福四年（939），移治於今河南濮陽縣。

[3]弘肇：人名。即史弘肇。鄭州滎澤（今河南鄭州市）人。五代後漢將領。傳見本書卷一〇七、《新五代史》卷三〇。　王章：人名。大名南樂（今河南南樂縣）人。五代後漢三司使、同平章事，以聚斂刻急著稱。傳見本書卷一〇七、《新五代史》卷三〇。

[4]廣政殿：據《通鑑》卷二八九胡三省注“按《薛史》，晉天福四年二月辛卯，改東京玉華殿爲永福殿。周顯德四年，新修永福殿改爲廣政殿。此蓋以後來殿名書之”，廣政殿故址位於今河南開封市。

[5]都虞候：官名。唐、五代方鎮高級軍官。　弘朗：人名。即史弘朗。鄭州滎澤（今河南鄭州市）人。史弘肇之弟。本書僅此一見。　如京使：官名。唐、五代諸司使之一。取《詩·小雅·甫田》“如砥如京”之意，其職任相當於倉監督。　甄彥奇：人名。籍貫不詳。本書僅此一見。　内常侍：官名。内侍省屬官，通判内侍省事。正五品下。　辛從審：人名。籍貫不詳。五代後漢宦官。本書僅此一見。　比部員外郎：官名。刑部屬官。佐理勾會内外賦斂、經費、俸禄、公廨、勳賜、贓贖、徒役課程、逋欠之物，及軍資、械器、和糴、屯收所入。從六品。　廷侃：人名。即楊廷侃。魏州冠氏（今山東冠縣）人。楊邠之子。本書僅此一見。　右衛將軍：官名。唐置，掌宫禁宿衛。唐代十六衛之一。從三品。　廷偉：人名。即楊廷偉。魏州冠氏（今山東冠縣）人。楊邠之子。本書僅此一見。　左贊善大夫：官名。掌規諫太子過失、贊禮儀等事。正五品。中華書局本有校勘記：“‘左’，殿本作‘右’。”　廷

倚：人名。即楊廷倚。魏州冠氏（今山東冠縣）人。楊邠之子。本書僅此一見。　　右領衛將軍：官名。唐置，掌宮禁宿衛。唐代十六衛之一。從三品。　　旻：人名。即王旻。大名南樂（今河南南樂縣）人。王章之侄。本書僅此一見。　　户部員外郎：官名。户部郎中的副職。從六品上。　　張貽肅：人名。籍貫不詳。王章之婿，時爲户部員外郎。事見本書卷一〇七《王章傳》。中華書局本有校勘記："原作'張昭肅'，據殿本、本書卷一〇七《王章傳》、《新五代史》卷三〇《郭允明傳》、《册府》卷九三一改。"見《宋本册府》卷九三一《總録部·枉横短命門》。　　樞密院副承宣：官名。唐宣宗大中（847—860）中置樞密院承旨承受傳宣皇帝旨意。五代後晋高祖天福五年（940）改爲樞密院承宣。樞密院副承宣爲五代時樞密院承旨司（承宣司）屬官，分掌承旨司（承宣司）諸房公事，由諸衛將軍充任。　　郭顒：人名。籍貫不詳。本書僅此一見。

控鶴都虞候：官名。控鶴軍統兵官。控鶴爲部隊番號。都虞候，次於都指揮使、副都指揮使。　　高進：人名。籍貫不詳。本書僅此一見。　　侍衛都承局：官名。侍衛司低級統兵官。　　荆南金：人名。籍貫不詳。本書僅此一見。　　三司都勾官：官名。三司内部以檢查文案有無稽失爲專職的官員。　　柴訓：人名。籍貫不詳。本書僅此一見。

[6]樞密承旨：官名。五代設樞密院承旨和樞密院副承旨，以各衛將軍擔任。主管樞密院承旨司之事。　　聶文進：人名。并州（今山西太原市）人。五代後漢隱帝寵臣。傳見本書卷一〇七、《新五代史》卷三〇。

[7]萬歲殿：五代後梁、後漢開封城内宮殿。位於今河南開封市。

[8]李洪義：人名。一作"李弘義"。并州晋陽（今山西太原市）人。李洪信之弟，五代、宋初將領。傳見《宋史》卷二五二。《舊五代史考異》："案《宋史》：洪義本名洪威，避周太祖諱改。"見《宋史·李洪義傳》。

[9]郭崇：人名。應州金城（今山西應縣）人。五代、宋初將領。傳見《宋史》卷二五五。《舊五代史考異》：“案《東都事略》：郭崇初名崇威，避周太祖諱，止稱崇。”見《東都事略》卷二一《郭崇傳》，亦見《宋史》卷二五五《郭崇傳》。　曹英：人名。常山真定（今河北正定縣）人。五代後周將領。傳見本書卷一二九。《通鑑》卷二八九作“曹威”，據《輯本舊史》卷一二九《曹英傳》：“曹英，字德秀，舊名犯太祖廟諱，故改焉。”即因避周太祖諱，改名曹英。　宣徽使：官名。唐始置。宣徽南院使、北院使通稱宣徽使。初用宦官，五代以後改用士人。通掌内諸司及三班内侍之名籍，郊祀、朝會、宴享供帳之儀，檢視内外進奉名物。參見王永平《論唐代宣徽使》，《中國史研究》1995 年第 1 期；王孫盈政《再論唐代的宣徽使》，《中華文史論叢》2018 年第 3 期。　王峻：人名。相州安陽（今河南安陽市）人。五代將領，後周時任樞密使兼宰相。傳見本書卷一三〇、《新五代史》卷五〇。

[10]劉銖：人名。陝州（今河南三門峽市陝州區）人。時權知開封府事。傳見本書卷一〇七、《新五代史》卷三〇。

[11]内客省使：官名。内客省長官。　閻晉卿：人名。忻州（今山西忻州市）人。五代後漢將領。傳見本書卷一〇七。

[12]陳光穗：人名。籍貫不詳。五代供奉官，曾任澶州指揮使副使。事見本書本卷及卷一一〇、卷一二五。

[13]“丁丑”至“馳至鄴都”：《舊五代史考異》：“案《宋史》：少帝遣供奉官孟業齎密詔，令洪義殺王殷。洪義素怯懦，慮殷覺，遷延不敢發，遂引業見殷。殷乃鋼業，送密詔於周祖。”見《宋史·李洪義傳》。

[14]李業：人名。晋陽（今山西太原市）人。五代後漢高祖李皇后弟。隱帝時受信任，掌宫廷財務。傳見本書卷一〇七、《新五代史》卷三〇。

[15]國得安乎：中華書局本有校勘記：“‘國’，原作‘固’，據本書卷一一〇《周太祖紀一》、《册府》卷八改。劉本作‘國家

安乎'。"見《宋本册府》卷八《帝王部‧創業門四》。

[16]"於是將校等請威入朝"至"共安天下"：《舊五代史考異》："案《東都事略》：漢隱帝遣使害太祖，魏仁浦曰：'公有大功于朝廷，握强兵，臨重鎮，以讒見疑，豈可坐而待斃！'教以易其語，云誅將士，以激怒衆心。太祖納其言。"見《東都事略》卷一八《魏仁浦傳》。

[17]己卯：《輯本舊史》原作"戊寅"，本卷云："翌日，郭威以衆南行。戊寅，鄴兵至澶州。"此翌日乃丁丑（十四日）後一日，即十五日，而戊寅正是十五日。其用干支記日區隔，顯然不是同一日。《輯本舊史》卷一一〇《周太祖紀一》載"十六日，至澶州"，《通鑑》卷二八九亦同，據改。

[18]滑州：州名。治所在今河南滑縣。

[19]宋延渥：人名。洛陽（今河南洛陽市）人。五代、宋初將領，後漢高祖劉知遠婿。入宋後改名偓。傳見《宋史》卷二五五。　庚辰，至滑州，節度使宋延渥開門迎降：《舊五代史考異》："案《歐陽史》：庚辰，義成軍節度使宋延渥叛附於郭威。與《薛史》同。《通鑑》作辛巳，與《薛史》異。"見《新五代史》卷一〇《漢隱帝紀》、《通鑑》卷二八九。本書卷一一〇《周太祖紀一》亦同本卷及《新五代史》。

[20]侯益：人名。汾州平遥（今山西平遥縣）人。五代將領。傳見《宋史》卷二五四。　張彦超：人名。沙陀部人。五代將領，後唐明宗養子。傳見本書卷一二九。　守捉：《輯本舊史》之影庫本粘籤："守捉，原本作'字足'，今從《通鑑考異》所引《薛史》改正。"見《通鑑》卷二八九。

[21]鸞脱：人名。一作"驡脱"。五代後漢隱帝宦官。事見本書本卷。《輯本舊史》之影庫本粘籤："小竪鸞脱，《通鑑》'鸞'字從'鳥'，《歐陽史》驡字從'馬'。胡三省《通鑑注》云：鸞，力鍾翻，又盧紅翻。《歐陽史》作'驡'，亦音龍。《薛史‧隱帝紀》作'鸞'，《周太祖紀》作'鸞'，蓋亦據漢、周《實録》，未

及改從畫一也。今姑從其舊。"見《輯本舊史》卷一○三《漢隱帝紀下》、卷一一○《周太祖紀一》，《新五代史》卷一一《周太祖紀》，《通鑑》卷二八九。

[22]郭允明：人名。河東（今山西太原市）人。五代後漢將領。隨隱帝率軍於京師北郊抵禦郭威軍，兵敗，殺死隱帝後又自殺。傳見本書卷一○七、《新五代史》卷三○。

[23]封丘：縣名。治所在今河南封丘縣。

[24]"壬午"至"帝遂以軍旅之事委之"：《舊五代史考異》："案《宋史·侯益傳》云：周太祖起兵，隱帝議出師禦之。益獻計曰：'王者無敵於天下，兵不宜輕出，況大名戍卒，家屬盡在京城，不如閉關以挫其銳，遣其母妻發降以招之，可不戰而定。'慕容彥超以爲益衰老，作懦夫計，沮之。"又，中華書局本有校勘記："'不如閉關以挫其銳'，'閉'原作'開'，據殿本、劉本、《宋史》卷二五四《侯益傳》改。"

[25]袁羲：人名。籍貫不詳。五代後唐至後周將領。事見本書卷三七、卷一一一、卷一一二。　劉重進：人名。本名晏僧。幽州（今北京市）人。五代、宋初將領。傳見《宋史》卷二六一。　王知則：人名。籍貫不詳。本書僅此一見。

[26]七里：地名。即七里店，一名七里寨。位於今河南開封市北二十里，後圮於水。

[27]七里店：即上"七里"條。

[28]劉子陂：《輯本舊史》之影庫本粘籤："劉子陂，《東都事略·宋延渥傳》作留子陂。考《通鑑》、《歐陽史》俱作'劉'，蓋地名多用對音字，今仍其舊。"見《新五代史》卷一○《漢隱帝紀》、《通鑑》卷二八九、《東都事略》卷一八《宋延渥傳》。又，《輯本舊史》卷一一○《周太祖紀一》亦作"劉子陂"。劉子陂，地名。位於今河南封丘縣南。

[29]何福進：人名。太原（今山西太原市）人。五代將領。傳見本書卷一二四。　王彥超：人名。大名臨清（今河北臨西縣）

人。五代、宋初將領。傳見《宋史》卷二五五。 李筠：人名。并州太原（今山西太原市）人。五代、宋初將領。傳見《宋史》卷四八四。

[30]南軍：原作"諸軍"，據本書卷一一〇《周太祖紀一》改。

[31]玄化門：五代後梁開平元年（907）改東都（今河南開封市）北面中門酸棗門爲興和門，後晉天福三年（938）改爲玄化門。

[32]蘇逢吉、郭允明皆自殺：《舊五代史考異》："案《通鑑考異》引劉恕曰：允明，帝所親信，何由弒逆？蓋郭威兵殺帝，事成之日諱之，因允明自殺而歸罪耳。今考劉恕所辨，祇以揣度言之，亦無實據，《薛史》蓋據當時實録也。"又，中華書局本有校勘記："'《薛史》蓋據當時實録也'，邵本校、《舊五代史考異》卷四作'《五代春秋》作帝崩於師'。"見《通鑑》卷二八九、《五代春秋》卷下《漢隱帝》。

[33]迎春門：五代後晉天福三年（938）改東京城東墻北門建陽門爲迎春門，位於今河南開封市。

[34]白再榮：人名。蕃部人。五代將領。傳見本書卷一〇六、《新五代史》卷四八。

[35]吏部侍郎：官名。尚書省吏部次官。協助吏部尚書掌文選、勳封、考課之政。正四品上。 張允：人名。鎮州束鹿（今河北辛集市）人。五代後唐至後漢官員。傳見本書卷一〇八、《新五代史》卷五七。

[36]宮殿名。位於今河南開封市。

[37]高貴鄉公：即曹髦。三國時魏國皇帝。254年至260年在位。傳見《三國志》卷四。

[38]宗正卿：官名。秦始置宗正，南朝梁始有宗正卿之官。由宗室充任。掌皇族外戚屬籍。正三品。 劉皥：人名。涿州歸義（今河北容城縣）人。五代十國時期大臣。後晉宰相劉昫弟。傳見本書卷一三一。

[39]高祖：即五代後漢開國皇帝劉知遠。沙陀部，太原（今山西太原市）人。947 年至 948 年在位。紀見本書卷九九、卷一〇〇，《新五代史》卷一〇。

[40]白重贊：人名。沙陀部，憲州樓煩（今山西婁煩縣）人。五代、宋初將領。傳見《宋史》卷二六一。　田景咸：人名。太原（今山西太原市）人。歷仕五代後漢、後周，宋。傳見《宋史》卷二六一。　樊愛能：人名。籍貫不詳。五代後周將領，高平之戰中不戰而逃，後被周世宗處死，以正軍法。傳見本書附錄。　李萬全：人名。吐谷渾部人。五代、宋初將領。傳見《宋史》卷二六一。　史彥超：人名。雲州（今山西大同市）人。五代後周將領。傳見本書卷一二四、《新五代史》卷三三。

[41]張鐸：人名。河朔（今河北北部、北京、天津一帶）人。五代、宋初將領。傳見《宋史》卷二六一。　王暉：人名。太原（今山西太原市）人。五代、宋初將領。傳見《宋史》卷二六一。　胡立：人名。籍貫不詳。五代後周裨將。顯德二年（955）爲後蜀將領王環所擒。事見本書卷一一七、卷一二九。

[42]何贇：人名。籍貫不詳。五代後漢將領。本書僅此一見。

[43]皇城使：官名。唐末始置，爲皇城司長官，一般由君主的親信充任，以拱衛皇城。　飛龍使：官名。唐代掌閑廐御馬之内使，又稱内飛龍使。五代沿置。　後贊：人名。兗州瑕丘（今山東濟寧市兗州區）人。五代後漢隱帝寵臣。傳見本書卷一〇七、《新五代史》卷三〇。　翰林茶酒使：官名。掌内廷茶酒供應之事。

[44]河東：方鎮名。治所在太原（今山西太原市）。　崇：人名。即劉崇，又名劉旻。沙陀部人。劉知遠之弟，五代十國北漢開國君主。傳見本書卷一三五、《新五代史》卷七〇。　許州：州名。治所在今河南許昌市。　信：人名。即劉信。沙陀部人。五代後漢將領，劉知遠從弟。傳見本書卷一〇五、《新五代史》卷一八。

[45]贇：人名。即劉贇。五代後漢宗室。其父劉崇爲後漢高祖劉知遠弟，過繼爲劉知遠養子。傳見本書卷一〇五、《新五代史》

卷一八。

[46]己丑：中華書局本有校勘記："原作'乙丑'，據殿本、孔本、《通鑑》卷二八九改。《舊五代史考異》：'案原本作"乙丑"，與《五代春秋》同。今從《通鑑》改作"己丑"。'"見《五代春秋》卷下《漢隱帝》。

[47]馮道：人名。瀛州景城（今河北滄縣）人。五代時官拜宰相，歷仕後唐至後周，亦曾臣事契丹。傳見本書卷一二六、《新五代史》卷五四。

[48]宣徽南院使：官名。唐始置。宣徽南院長官。初用宦官，五代以後改用士人。與宣徽北院使通掌内諸司及三班内侍之名籍，郊祀、朝會、宴享供帳之儀，檢視内外進奉名物。參見王永平《論唐代宣徽使》，《中國史研究》1995年第1期；王孫盈政《再論唐代的宣徽使》，《中華文史論叢》2018年第3期。

[49]右神武統軍：官名。唐代右神武軍統兵官。唐置六軍，分左、右羽林，左、右龍武，左、右神武，即"北衙六軍"。興元元年（784），六軍各置統軍，以寵功勳臣。其品秩，《唐會要》卷七一、《舊唐書》卷一二記載爲"從二品"，《通鑑》卷二二九記載爲"從三品"。

[50]侍衛馬軍都指揮使：中華書局本有校勘記："'使'字原闕，據殿本、劉本、邵本校補。"

[51]洺州：州名。治所在今河北邯鄲市永年區。

[52]内丘縣：縣名。治所在今河北内丘縣。

[53]兀欲：人名。即遼世宗耶律阮。契丹族，遼太祖耶律阿保機孫，人皇王耶律倍長子，遼朝第三代皇帝。947年至951年在位。紀見《遼史》卷五。

[54]"鎮州、邢州馳奏"至"屠其城而去"：《舊五代史考異》："案《遼史・世宗紀》：十月，自將南伐，攻下安平、内丘、束鹿等城，大獲而還。與《薛史》所載互有詳略。"見《遼史》卷五《世宗紀》天禄四年（950）十月條。

[55]奔德：人名。籍貫不詳。五代後漢將領。本書僅此一見。中華書局本有校勘記："'奔德'，劉本作'賁德'。"

十二月甲午朔，郭威領大軍北征。丁酉，以翰林學士、尚書户部侍郎、知制誥范質爲樞密副使。[1]陝州李洪信奏，[2]馬步都指揮使聶召、奉國指揮使楊德、護聖指揮使康審澄等，[3]與節度使判官路濤、掌書記張洞、都押衙楊紹勍等，[4]同情謀叛，並殺之。惟康審澄夜中放火斬關，奔歸京師。初，朝議以諸道方鎮皆是勳臣，不諳政理，其都押衙、孔目官，[5]令三司軍將内選才補之，藩帥不悦，故洪信因朝廷多故，誣奏加害焉。壬寅，湖南上言，朗州馬希萼引五谿蠻及淮南洪州軍來攻當道，[6]望量差兵士於淮境牽引。乙巳，遣前淄州刺史陳思讓領軍入淮南界，[7]以便宜進取。辛亥，遣宰相蘇禹珪及朝臣十員，往宋州迎奉嗣君。[8]壬子，樞密使郭威次澶州，何福進已下及諸軍將士，扶擁威請爲天子，即日南還。威上章于太后，言爲諸軍所迫班師。庚申，威至北郊，駐軍於皋門村。[9]許州巡檢、前申州刺史馬鐸奏，[10]節度使劉信自殺。壬戌，奉太后誥，命樞密使侍中郭威監國，[11]中外庶事，並取監國處分。先是，樞密使王峻以湘陰公已在宋州，慮聞澶州之事，左右變生，遣侍衛馬軍指揮使郭崇率七百騎往衛之。[12]己未，太后誥曰："比者，樞密使郭威，志安社稷，議立長君，以徐州節度使贇，高祖近親，立爲漢嗣，爰自藩鎮，徵赴京師。雖誥命尋行，而軍情不附，天道在北，人心靡東，適當改卜之初，俾膺分土之命。贇可降授開府儀同三司、檢校太師、上柱國，封湘陰公，食邑三千户，食實封五百户。"

[1]翰林學士：官名。由南北朝始設之學士發展而來，唐玄宗改翰林供奉爲翰林學士，備顧問，代王言。掌拜免將相、號令征伐等詔令的起草。　知制誥：官名。掌起草皇帝的詔、誥之事，原爲中書舍人之職。唐開元末置學士院，翰林學士入院一年，則加知制誥銜，專掌任免宰相、册立太子、宣布征伐等特殊詔令，稱爲内制；而中書舍人所撰擬的詔敕稱爲外制。兩種官員總稱兩制。　范質：人名。大名宗城（今河北威縣）人。五代後周、北宋初宰相。傳見《宋史》卷二四九。　樞密副使：官名。樞密院副長官。　丁酉，以翰林學士、尚書户部侍郎、知制誥范質爲樞密副使：《舊五代史考異》："案《東都事略》：周太祖征李守貞，每朝廷遣使齎詔，處分軍事，皆中機會，太祖問：'誰爲此辭？'使者以范質對，太祖曰：'宰相器也。'太祖起兵入京師，遽令草太后誥及議迎湘陰公儀注。乃白太后，以質爲兵部侍郎、樞密副使。"又，中華書局本有校勘記："'遽令草太后誥及議迎湘陰公儀注'，'迎'字原闕，據殿本、劉本、孔本、《東都事略》卷一八補。"見《東都事略》卷一八《范質傳》，亦見《通鑑》卷二八九、《宋史》卷二四九《范質傳》。

[2]陝州：州名。治所在今河南三門峽市陝州區。　李洪信：人名。并州晋陽（今山西太原市）人。五代、宋初將領。傳見《宋史》卷二五二。

[3]矗召：人名。籍貫不詳。五代將領。本書僅此一見。　奉國：方鎮名。治所在蔡州（今河南汝南縣）。　楊德：人名。籍貫不詳。五代將領。本書僅此一見。　康審澄：人名。籍貫不詳。五代將領。事見本書本卷。

[4]節度使判官：官名。唐末、五代藩鎮僚佐，位行軍司馬下。

路濤：人名。籍貫不詳。五代將領。本書僅此一見。　掌書記：官名。唐、五代方鎮僚屬，位在判官下。掌表奏書檄、文辭之事。

張洞：人名。籍貫不詳。五代將領。本書僅此一見。　都押衙：官名。"押衙" 即 "押牙"。唐、五代時期節度使辟署的屬官，有稱左、右都押衙或都押衙者。掌領方鎮儀仗侍衛、統率軍隊。參見劉安志《唐五代押牙（衙）考略》，武漢大學歷史系魏晉南北朝隋唐史研究室編《魏晉南北朝隋唐史資料》第 16 輯，武漢大學出版社 1998 年版。　楊紹勛：人名。籍貫不詳。五代將領。本書僅此一見。

[5]孔目官：官名。五代藩鎮幕府僚佐，掌蕃漢兵馬、軍機要事。

[6]五谿蠻：又稱 "武陵蠻""盤瓠蠻"，南方地區古族名。泛指東漢至宋代分布在今湖南沅江上游的若干民族總稱。因其地有五溪，故名。　洪州：州名。治所在今江西南昌市。

[7]淄州：州名。治所在今山東淄博市。　陳思讓：人名。幽州盧龍（今河北盧龍縣）人。五代、宋初將領。傳見《宋史》卷二六一。中華書局本有校勘記："原作 '陳恩讓'，據邵本校、本書卷一〇五《蔡王信傳》、《冊府》卷四一四、《宋史》卷二六一《陳思讓傳》改。"見《宋本冊府》卷四一四《將帥部·赴援門》、《通鑑》卷二九〇廣順元年二月條。

[8]宋州：州名。治所在今河南商丘市睢陽區。

[9]皋門村：地名。位於今河南開封市市郊。

[10]巡檢：官名。五代始設巡檢，設於京師、陪都、重要的州及邊防重鎮。設於都城的稱京城巡檢使、都巡檢、都巡檢使。掌地方治安。　申州：州名。治所在今河南信陽市。　馬鐸：人名。籍貫不詳。五代將領。事見本書本卷及卷一〇五、一三〇，《新五代史》卷一八。

[11]監國：古代皇帝外出或因其他緣故，由太子、諸王或其他宗室、重臣留守京師，處理國政，稱爲監國。

[12]"先是"至"遣侍衛馬軍指揮使郭崇率七百騎往衛之"：《舊五代史考異》："案《東都事略·郭崇傳》：王峻遣崇率七百騎拒贇，遇于睢陽，崇曰：'澶州兵變，遣崇來衛乘輿，非有他也。'具言軍情有屬，天命已定。贇執崇手而泣，崇即送贇就館。""具言軍情有屬"，中華書局本有校勘記："'具言'，原作'至若'，據殿本、劉本、《東都事略》卷二一《郭崇傳》改。"見《東都事略》卷二一《郭崇傳》。

明年正月丁卯，太后誥，奉符寶於監國，可即皇帝位。周太祖踐阼，奉太后爲母，遷於西宮，[1]上尊號曰昭聖太后。是月十五日，周太祖與百僚詣帝殯宮，成服親奠，不視朝七日。又詔太常定諡曰隱。以其年八月二日，復遣前宗正卿劉皥護靈輴，備儀仗，葬于許州陽翟縣之潁陵，[2]祔神主于高祖之寢宮。帝姿貌白皙，眉目疏朗，未即位時，目多閃掣，唾洟不止，即位之始，遂無此態，及内難將作，復如故。帝自關西平定之後，[3]稍生驕易，然畏憚大臣，未至縱恣。嘗因乾象差忒，宮中或有怪異，召司天監趙延乂訊其休咎，[4]延乂對以修德即無患。既退，遣中使就問延乂曰："何者爲德？"延乂勸讀《貞觀政要》。[5]邇後與聶文進、郭允明、後贊狎習，信其邪説，以至于敗。高祖之征鄴城也，一旦，帝語周太祖曰：[6]"我夜來夢爾爲驢，負我升天，既捨，爾俄變爲龍，捨我南去，是何祥也？"周太祖撫掌而笑。冥符肸蠁，豈偶然哉！《永樂大典》卷一萬六千二百二。[7]

[1]西宮：宮名。指洛陽上陽宮，因其位於宮城之西，故名。

位於今河南洛陽市。

　[2]陽翟縣：縣名。治所在今河南禹州市。　潁陵：一作“隱陵”。五代後漢隱帝劉承祐陵。位於今河南禹州市西五十里。

　[3]關西：地區名。漢、唐時泛指函谷關或潼關以西的地區。

　[4]司天監：官（署）名。其長官稱司天監，掌天文、曆法以及占候等事。參見趙貞《唐宋天文星占與帝王政治》，北京師範大學出版社2016年版。　趙延义：人名。一作“趙延義”。秦州（今甘肅秦安縣）人。五代十國時前蜀大臣趙温珪之子。通術數。傳見本書卷一三一、《新五代史》卷五七。

　[5]延义勸讀《貞觀政要》：《舊五代史考異》：“案《東都事略·張昭傳》：隱帝年十九，猶有童心，昵近小人。昭上疏諫‘請近師傅，延問正人，以開聰明。’隱帝不省。”“延問正人”，中華書局本有校勘記：“‘問’，原作‘聞’，據《東都事略》卷三〇改。”見《東都事略》卷三〇《張昭傳》。《貞觀政要》，書名。唐吳兢著。政論性史書，記載了唐太宗在位時與諸大臣的治政討論。

　[6]帝語周太祖曰：中華書局本有校勘記：“‘周’字原闕，據《永樂大典》卷一三一三九引《五代史·後漢隱帝紀》補。”見《大典》卷一三一三九“夢”字韻“事韻七”。

　[7]《大典》卷一六二〇二“漢”字韻“漢隱帝（一）”事目。

　　史臣曰：隱帝以尚幼之年，嗣新造之業。受命之主，德非禹、湯；[1]輔政之臣，復非伊、吕。[2]將欲保延洪之運，守不拔之基，固不可得也。然西摧三叛，雖僅滅於檟檟；而内穉群兇，俄自取於狼狽。自古覆宗絶祀之速者，未有如帝之甚也。噫！蓋人謀之弗臧，非天命之遽奪也。《永樂大典》卷一萬六千二百二。[3]

[1]禹：人名。即大禹。夏朝的建立者。紀見《史記》卷二。
湯：人名。商朝的建立者。紀見《史記》卷三。

[2]伊：人名。即伊尹。商初名臣。事見《史記》卷三。
吕：人名。即吕尚。西周初政治家、軍事家。本姓姜，後改吕氏，
名望，一説字子牙，尊稱姜太公或太公望。事見《史記》卷四。

[3]《大典》卷一六二〇二"漢"字韻"漢隱帝（一）"
事目。

舊五代史　卷一〇四

漢書六

后妃列傳第一[1]

[1]按，本卷末闕史論。

李皇后

高祖皇后李氏，[1]晋陽人也。[2]高祖微時，嘗牧馬於晋陽別墅，因夜入其家，劫而取之。及高祖領藩鎮，累封魏國夫人。高祖建義於太原，[3]欲行頒賚於軍士，以公帑不足，議率井邑，助成其事。后聞而諫曰：“自晋高祖建義，[4]及國家興運，雖出於天意，亦土地人民福力同致耳，未能惠其衆而欲奪其財，非新天子恤隱之理也。今後宮所積，宜悉以散之，設使不厚，人無怨言。”高祖改容曰：“敬聞命矣。”遂停斂貸之議，后傾内府以助之，中外聞者，無不感悦。天福十二年，[5]册爲皇后。隱帝即位，[6]尊爲皇太后。[7]《永樂大典》卷一萬六千三百九十。[8]

　　[1]高祖：即五代後漢高祖劉知遠。947 年至 948 年在位。紀見本書卷九九至卷一〇〇、《新五代史》卷一〇。

　　[2]晋陽：縣名。治所在今山西太原市。

　　[3]太原：府名。治所在今山西太原市。

　　[4]晋高祖：即五代後晋高祖石敬瑭。沙陀部人。五代後唐將領、後晋開國皇帝。936 年至 942 年在位。紀見本書卷七五至卷八〇、《新五代史》卷八。

　　[5]天福：五代後晋高祖石敬瑭年號（936—942）。出帝石重貴沿用至九年（944）。後漢高祖劉知遠繼位後沿用一年，稱天福十二年（947）。

　　[6]隱帝：即五代後漢隱帝劉承祐。後漢高祖劉知遠次子。948 年至 950 年在位。紀見本書卷一〇一至卷一〇三。

　　[7]"高祖皇后李氏"至"尊爲皇太后"：《輯本舊史》之原輯者案語："以下疑有闕文。據《通鑑》云：隱帝與李業等謀誅楊邠等。議既定，入白太后。太后曰：'兹事何可輕發，更宜與宰相議之。'業時在旁曰：'先帝嘗言，朝廷大事不可謀及書生，懦怯誤人。'太后復以爲言，帝忿曰：'國家之事，非閨門所知。'拂衣而出。又云：南北軍遇於劉子陂，帝欲自出勞軍，太后曰：'郭威吾家故舊，非死亡切身，何以至此！但按兵守城，飛詔諭之，觀其志趣，必有辭理，則君臣之體尚全，慎勿輕出。'帝不從。《薛史》載於《李業傳》，當係史家前後省文。"對此案語中華書局本有校勘記："'南北軍遇於劉子陂'，'軍'字原闕，據《通鑑》卷二八九補。"《新五代史》卷一八《皇后李氏傳》："高祖皇后李氏，晋陽人也，其父爲農。"又："帝年少，數與小人郭允明、後贊、李業等遊戲宮中，后數切責之。帝曰：'國家之事，外有朝廷，非太后所宜言也。'太常卿張昭聞之，上疏諫帝，請：'親近師傅，延問正人，以開聰明。'帝益不省。其後，帝卒與允明等謀議，遂至於亡。"又："邠等死，周太祖起兵嚮京師。慕容彦超敗於劉子陂，帝欲出自臨兵，太后止之曰：'郭威本吾家人，非其危疑，何肯至此！

今若按兵無動，以詔諭威，威必有説，則君臣之際，庶幾尚全。'帝不從以出，遂及於難。"明本《册府》卷三八《帝王部·尊親門》："漢隱帝即位，尊高祖皇后李氏爲皇太后。"

[8]《大典》卷一六三九〇"諫"字韻"納諫（一二）"事目。

周太祖入京，[1]凡軍國大事，皆請后發教令以行之。是歲，議立徐州節度使贇爲帝，[2]以迎奉未至，周太祖乃率群臣拜章，請后權臨朝聽政，后於是稱誥焉。及周太祖爲六軍推戴，上章具述其事，且言願事后爲慈母。后下誥答曰："侍中功烈崇高，[3]德聲昭著，翦除禍亂，安定乾坤，謳歌有歸，曆數攸屬，所以軍民推戴，億兆同歡。老身未終殘年，屬兹多難，惟以衰朽，託於始終。載省來牋，如母見待，感念深意，涕泗横流"云。仍出戎衣、玉帶以賜周太祖。周太祖即位，上尊號曰昭聖皇太后，居於太平宫。[4]周顯德元年春薨。[5]《永樂大典》卷一萬七千三百一十二。[6]

[1]周太祖：即郭威。邢州堯山（今河北隆堯縣）人。五代後周建立者。951年至954年在位。紀見本書卷一一〇至卷一一三、《新五代史》卷一一。

[2]徐州：州名。治所在今江蘇徐州市。　節度使：官名。唐時在重要地區所設掌握一州或數州軍事、民事、財政的長官。贇：人名。即劉贇。五代後漢宗室。其父劉崇爲後漢高祖劉知遠弟，贇過繼爲劉知遠養子。傳見本書卷一〇五、《新五代史》卷一八。"議立徐州節度使贇爲帝"後有《舊五代史考異》："《通鑑考異》引《隱帝實録》云：初議立徐帥，太后遣中使馳諭劉崇，請

崇入纘大位，崇知立其子，上章謙遜。以當日事理推之，既召湘陰，不應復召崇，疑傳聞之誤。"

[3]侍中：官名。秦始置。隋、唐前期爲門下省長官。唐後期多爲大臣加銜，不參與政務，實際職務由門下侍郎執行。正二品。

[4]上尊號曰昭聖皇太后：中華書局本有校勘記："'昭聖'，原作'德聖'，據本書卷一〇三《漢隱帝紀下》、卷一一〇《周太祖紀一》、《新五代史》卷一八《漢家人傳》、《五代會要》卷一、《通鑑》卷二九〇改。"

[5]顯德：五代後周太祖郭威年號（954）。世宗柴榮、恭帝柴宗訓沿用至七年（954—960）。　"周太祖入京"至"周顯德元年春薨"：本條末有《輯本舊史》之原輯者案語："案，隱帝未立皇后，據《薛史·張彥成傳》云：隱帝娶彥成女。《楊邠傳》云：隱帝所愛耿夫人，欲立爲后，邠以爲太速，夫人卒，隱帝欲以后禮葬，邠又止之。蓋隱帝在位三年，崩時年二十，故未及冊立皇后也。又，《五代會要》載：漢高祖長女永寧公主，降宋延渥，天福十二年四月封，至乾祐二年十二月，進封秦國長公主。《通鑑》以永寧公主爲晉高祖女，蓋誤。"對此案語中華書局本有校勘記："'進封秦國長公主'，'進'原作'追'，據《五代會要》卷二改。按本書卷一〇二《漢隱帝紀中》：'（乾祐二年十二月）皇帝二十一姊永寧公主進封秦國長公主。'"中華書局本並引孔本案語："又，王禹偁《小畜集·宋公神道碑》云：漢高祖領侍衛軍，朝望甚重。以公名家子，又後唐之出也，風骨俊秀，異乎諸孤，命長子承訓奉書于貴主，先以襲衣名馬遺焉。承訓，即漢之開封尹魏王也。公與貴主拒而不納。漢祖又敕其子曰：'宋氏不諧，勿復見我矣！'貴主知志不可奪，遂許之。延渥，唐義寧公主之子也。"

[6]《大典》卷一七三一二"誥"字韻"誥文（一）"事目。

舊五代史　卷一〇五

漢書七

宗室列傳第二[1]

[1]按，本卷末闕史論。

高宗諸子

魏王承訓，字德輝，高祖之長子也。[1]少溫厚，美姿儀，高祖尤鍾愛。在晉累官至檢校司空，[2]國初授左衛上將軍。[3]高祖將赴洛，[4]命承訓北京大内巡檢，[5]未幾，詔赴闕，授開封尹、檢校太尉、同平章事。[6]以天福十二年十二月十一日薨於府署，[7]年二十六。高祖發哀於太平宫，[8]哭之大慟，以至於不豫。是月，追封魏王，歸葬於太原。[9]《永樂大典》卷六千七百六十。[10]

[1]高祖：即五代後漢高祖劉知遠。947年至948年在位。紀見本書卷九九至卷一〇〇、《新五代史》卷一〇。
[2]檢校司空：官名。爲散官或加官，以示恩寵，無實際執掌。

[3]左衛上將軍：官名。唐置，掌宮禁宿衛。唐代置十六衛，即左右衛、左右驍衛、左右武衛、左右威衛、左右領軍衛、左右金吾衛、左右監門衛、左右千牛衛。各置上將軍，從二品；大將軍，正三品；將軍，從三品。《輯本舊史》之影庫本粘籤：“左衛，原本作‘左衡’，今從《歐陽史》改正。”查《新五代史》，未見此記載。《輯本舊史》卷九九《漢高祖紀上》天福十二年（947）四月甲子條：“以皇長子承訓爲左衛上將軍。”

[4]洛：地名。即洛陽。位於今河南洛陽市。

[5]北京：即太原府。治所在今山西太原市。　大内：即皇宮。巡檢：官名。五代始設巡檢，設於京師、陪都、重要的州及邊防重鎮。設於都城的稱京城巡檢使、都巡檢、都巡檢使。掌地方治安。

[6]開封尹：官名。即開封府尹。五代除後唐外均都汴州，升汴州爲開封府，置開封尹或知開封府事。執掌京師政務。從三品。檢校太尉：官名。爲散官或加官，以示恩寵，無實際執掌。　同平章事：官名。“同中書門下平章事”之簡稱。唐高宗以後，凡實際任宰相之職者，常在其本官後加同平章事的職銜。後成爲宰相專稱。後晉天福五年（940），升中書門下平章事爲正二品。　“高祖將赴洛”至“同平章事”：《輯本舊史》卷一〇〇《漢高祖紀下》天福十二年五月甲午條：“以判太原府事劉崇爲北京留守，命皇子承訓、武德使李暉大内巡檢。”《通鑑》卷二八七天福十二年九月戊寅條：“以皇子承訓爲東京留守”。

[7]天福：五代後晉高祖石敬瑭年號（936—942）。出帝石重貴沿用至九年（944）。後漢高祖劉知遠繼位後沿用一年，稱天福十二年（947）。

[8]太平宮：宮殿名。位於今河南開封市。

[9]“以天福十二年十二月十一日薨於府署”至“歸葬於太原”：《輯本舊史·漢高祖紀下》天福十二年十二月諸條：“甲午，以皇子開封尹承訓薨廢朝三日，追封魏王。丁酉，帝舉哀於太平

宫。"此條有《舊五代史考異》："《通鑑》云：辛卯，皇子開封尹承訓卒。乙未，追立爲魏王。與《薛史》紀日互異。"《通鑑》卷二八七天福十二年十二月辛卯條："皇子開封尹承訓卒。承訓孝友忠厚，達於從政，人皆惜之。"同月乙未條："追立皇子承訓爲魏王。"《輯本舊史》卷一〇八《任延皓傳》："及魏王承訓薨，歸葬太原，令延皓擇葬地。"《宋本册府》卷二七二《宗室部·令德門》："漢魏王承訓，少弘厚，美姿儀。從帝在藩邸，輯睦宗親，接下僚友，有士君子之風，高祖器之。每遣從帝主帳下親軍，軍中有便宜事，則馳以入奏，奏必稱旨，屢有恩錫，嘗歎曰：'此諸侯賢子弟也。'少帝時，累官至檢校司空。及義旗南向，贊開創之業，人皆服其規略。車駕入汴，命爲赤尹尹正之務，委親決之。每因問安，事其利於國者，必具以聞帝。帝嘉而納之。及杜重威叛换，帝幸鄴，以爲東都留守，俾之監撫内外，咸畏而愛之。及薨，帝左右公卿大夫聞之者無不流涕。"

[10]《大典》卷六七六〇"王"字韻"宗室封王（二四）"事目。

　　陳王承勳，亦高祖之幼子也。國初授右衛大將軍，[1]隱帝嗣位，[2]加檢校太尉、同平章事，遥領興元尹，[3]俄代侯益爲開封尹，[4]進位檢校太師、兼侍中。[5]乾祐三年冬十一月，[6]蕭牆之亂，隱帝崩，軍情欲立勳爲嗣。時勳已病，大臣及諸將請候勳起居。太后令左右以卧榻舁之以見，諸將就視，知勳之不能興，故議立劉贇。[7]周廣順元年春卒。[8]周太祖下詔封陳王。《永樂大典》卷六千七百六十。[9]

　　[1]右衛大將軍：官名。唐置，掌宫禁宿衛。唐代置十六衛之

一。正三品。《輯本舊史》卷九九《漢高祖紀上》天福十二年四月甲子條：“第三子承勳爲右衛大將軍。”

[2]隱帝：即五代後漢隱帝劉承祐。後漢高祖劉知遠次子。948年至950年在位。紀見本書卷一〇一至卷一〇三、《新五代史》卷一〇。

[3]興元：府名。治所在今陝西漢中市。

[4]侯益：人名。汾州平遥（今山西平遥縣）人。五代後唐至宋初將領。傳見《宋史》卷二五四。　開封：府名。治所在今河南開封市。

[5]檢校太師：官名。爲散官或加官，以示恩寵，無實際執掌。

侍中：官名。秦始置。隋、唐前期爲門下省長官。唐後期多爲大臣加銜，不參與政務，實際職務由門下侍郎執行。正二品。　“隱帝嗣位”至“兼侍中”：《輯本舊史》卷一〇一《漢隱帝紀》上乾祐元年（948）六月甲申條：“以皇弟右衛大將軍承勳爲興元節度使、檢校太尉、同平章事。”卷一〇二《漢隱帝紀》中乾祐二年十月甲戌條：“皇弟興元節度使承勳加檢校太師。”卷一〇三《漢隱帝紀下》乾祐三年五月丙午條：“以皇弟興元節度使承勳爲開封尹，加兼中書令，未出閤。”《通鑑》卷二八九乾祐三年五月丙午條：“以皇弟山南西道節度使承勳爲開封尹，加兼中書令，實未出閤。”胡注：“（承勳）年尚幼，且有羸疾也。”

[6]乾祐：後漢高祖劉知遠、隱帝劉承祐年號（948—950）。北漢亦用此年號。

[7]“乾祐三年冬十一月”至“故議立劉贇”：“軍情欲立勳爲嗣”，《舊五代史考異》：“立勳爲嗣，疑脱‘承’字，《册府元龜》引《薛史》亦同。蓋承勳在隱帝時避御名，故去‘承’字也。《薛史》仍當時實録之舊，未及改歸畫一，今姑仍其舊。”《輯本舊史·漢隱帝紀下》乾祐三年十一月丙戌條：“樞密使郭威以蕭墻變起，宗祧無奉，率群臣候太后，請定所立，且言：‘開封尹承勳，高祖皇帝之愛子也，請立爲嗣。’太后告以承勳羸病日久，不能自

舉，周太祖與諸將請視承勳起居，及視之，方信，遂議立高祖從子、徐州節度使贇爲嗣。"《新五代史》卷一八《承勳傳》："周太祖已敗漢兵于北郊，隱帝遇弒。太祖入京師，以謂漢大臣必相推戴，及見宰相馮道等，道殊無意。太祖不得已，見道猶下拜，道受太祖拜如平時，徐勞之曰：'公行良苦！'太祖意色皆沮，以謂漢臣未有推立己意，又難於自立，因白漢太后擇立漢嗣。而宗室河東節度使崇等在者四人，乃爲太后誥曰：'河東節度使崇、許州節度使信，皆高祖之弟，徐州節度使贇，開封尹承勳，皆高祖之子，文武百辟，其擇嗣君以承天統。'於是周太祖與王峻入見太后，言：'開封尹承勳，高祖皇帝之子，宜立。'"

[8] 廣順：五代後周太祖郭威年號（951—953）。

[9]《大典》卷六七六〇"王"字韻"宗室封王（二四）"事目。

蔡王信

蔡王信，高祖之從弟也。少從軍，漸至龍武小校。[1] 高祖鎮并州，[2] 爲興捷軍都將，[3] 領冀州刺史、檢校太保。[4] 國初，爲侍衛馬軍都指揮使、檢校太傅、兼義成軍節度使，[5] 尋移鎮許州，[6] 加太尉、同平章事。[7] 高祖寢疾大漸，楊邠受密旨遣信赴鎮，[8] 信即時戒路，不得奉辭，雨泣而去。[9] 隱帝即位，加檢校太師。[10] 關輔賊平，就加侍中。[11] 信性昏懦，黷貨無厭，喜行酷法。掌禁軍時，左右有犯罪者，召其妻子，對之臠割，令自食其肉；或從足支解至首，血流盈前，而命樂對酒，無仁愍之色。未嘗接延賓客。在鎮日，聚斂無度，會高祖山陵梓宮經由境上，信率掠吏民，以備迎奉，百姓苦之。初聞殺楊邠、史弘肇，[12]遽啓宴席，集參佐賓幕，令相致賀。曰：“我謂天無眼，令我三年不能適意。主上孤立，幾落賊手，諸公勸我一杯可也。”俄蕭牆之變，憂不能食。尋有太后令，[13]言立湘陰公，[14]即令其子往徐州奉迎。[15]數日，陳思讓率馬軍經過城西，[16]但令供頓，不敢出城。未幾，澶州軍變，[17]王峻遣前申州刺史馬鐸領軍赴州巡檢，[18]鐸引軍入城，信惶惑自殺。[19]廣順初，追封蔡王。[20]《永樂大典》卷六千七百六十。[21]

[1] 龍武：即龍武軍。唐代禁軍之一。　小校：官名。五代時期軍隊中下級軍官的別稱，可越級提拔爲副指揮使或指揮使。

[2] 并州：州名。治所在今山西太原市。

[3] 興捷軍：部隊番號。五代後晉天福七年（942），河東節度使劉知遠奏置興捷、武節等十餘軍以備契丹。《輯本舊史》之影庫本粘籤：“興捷軍，原本作‘興睫’，今從《册府元龜》改正。”查《册府》，未見此記載。《新五代史》卷一八《劉信傳》：“高祖鎮太原，以信爲興捷軍都指揮使。”　都將：官名。唐五代時節度使屬將。

[4] 龔州：州名。治所在今廣西平南縣。　檢校太保：官名。爲散官或加官，以示恩寵，無實際執掌。太保，與太師、太傅合稱三師。

[5] 侍衛馬軍都指揮使：官名。爲侍衛親軍馬軍司長官。五代後梁始置侍衛親軍，爲禁軍的一支，後唐沿置並成爲禁軍主力，下設馬、步軍。　檢校太傅：官名。爲散官或加官，以示恩寵，無實際執掌。　義成軍：方鎮名。治所在滑州（今河南滑縣）。

[6] 許州：州名。治所在今河南許昌市。

[7]太尉：官名。與司徒、司空並爲三公，唐後期、五代時多爲大臣、勳貴加官。正一品。 "領冀州刺史"至"同平章事"：《輯本舊史》卷九九《漢高祖紀上》天福十二年（947）四月己未條："以北京馬軍都指揮使、集州刺史劉信爲滑州節度使，充侍衛馬軍都指揮使、檢校太傅。"卷一〇〇《漢高祖紀下》天福十二年七月甲辰條："滑州節度使兼侍衛馬軍都指揮使劉信……加檢校太尉。"同年十一月己卯條："以滑州節度使兼侍衛馬軍都指揮使劉信爲許州節度使、同平章事，充侍衛親軍馬步軍副都指揮使。"

[8]楊邠：人名。魏州冠氏（今山東冠縣）人。五代後漢時任樞密使、宰相。傳見本書卷一〇七、《新五代史》卷三〇。

[9]"高祖寢疾大漸"至"雨泣而去"：《通鑑》卷二八七乾祐元年（948）正月丁丑條："楊邠忌侍衛馬軍都指揮使、忠武節度使劉信，立遣之鎮。"胡注："劉信以從弟之親典侍衛，故楊邠忌之，遣就鎮許州。"

[10]隱帝即位，加檢校太師：《輯本舊史》卷一〇一《漢隱帝紀上》乾祐元年三月庚申條："許州節度使兼侍衛親軍副都指揮使、檢校太尉、同平章事劉信加檢校太師。"

[11]關輔賊平，就加侍中：關輔，古地區名。關中與三輔的合稱。相當今陝西關中地區。《輯本舊史》卷一〇二《漢隱帝紀中》乾祐二年九月乙巳條："初，郭威平河中回，朝廷議加恩，威奏曰：'臣出兵已來，輦轂之下，無犬吠之警，俾臣得專一其事，軍旅所聚，貲糧不乏，此皆居中大臣鎮撫謀畫之功也，臣安敢獨擅其美乎！'帝然之，於是弘肇與宰相、樞密使、三司使，次第加恩。既而諸大臣以恩之所被，皆朝廷親近之臣，而宗室劉信及青州劉銖等皆國家元勳，必有不平之意，且外慮諸侯以朝廷有私於親近也，於是議及四方侯伯，普加恩焉。"同月己未條："許州劉信加兼侍中。"

[12]史弘肇：人名。鄭州滎澤（今河南鄭州市）人。五代後漢將領。傳見本書卷一〇七、《新五代史》卷三〇。

[13]尋有太后令：《輯本舊史》卷一〇三《漢隱帝紀下》乾祐

三年十一月丙戌條：“今則凶黨既除，群情共悦。神器不可以無主，萬機不可以久曠，宜擇賢君，以安天下。河東節度使崇、許州節度使信，皆高祖之弟，徐州節度使贇、開封尹承勛，高祖之男，俱列磐維，皆居屏翰，宜令文武百辟，議擇嗣君，以承大統云。”

[14] 湘陰公：即劉贇。五代後漢宗室。其父劉崇爲後漢高祖劉知遠弟，贇過繼爲劉知遠養子。傳見本書本卷、《新五代史》卷一八。

[15] 徐州：州名。治所在今江蘇徐州市。

[16] 陳思讓：人名。幽州盧龍（今河北盧龍縣）人。五代、宋初將領。傳見《宋史》卷二六一。

[17] 澶州：州名。唐、五代初，治所在今河南清豐縣。後晋天福四年（939），移治於今河南濮陽縣。

[18] 王峻：人名。相州安陽（今河南安陽市）人。五代後漢、後周將領。傳見本書卷一三〇、《新五代史》卷五〇。　申州：州名。治所在今河南信陽市。　馬鐸：人名。五代將領。事見《新五代史》卷一七。

[19] 信惶惑自殺：《宋本册府》卷四四五《將帥部·軍不整門》：“王峻在京，以許州節度使劉信是漢之宗室，遣（馬）鐸至許州圖之，鐸至，信自殺。”《通鑑》卷二八九乾祐三年十二月己未條：“馬鐸引兵入許州，劉信惶惑自殺。”《新五代史》卷五〇《王峻傳》：“峻與王殷謀，遣侍衛馬軍指揮使郭崇率兵之宋州、前申州刺史馬鐸之許州以伺變，崇、鐸遂殺贇、信。”

[20] 廣順初，追封蔡王：《輯本舊史》卷一一一《周太祖紀二》廣順元年四月辛亥條：“故許州節度使劉信追封蔡王。”

[21] 《大典》卷六七六〇“王”字韻“宗室封王（二四）”事目。

湘陰公贇[1]

[1]《輯本舊史》之原輯者案語："案：《湘陰公傳》，原本殘闕，今採《册府元龜》補之，以存大概。"

湘陰公贇，高祖弟崇之子也，[1]高祖愛之，以爲己子。乾祐元年，拜贇徐州節度使。[2]乾祐元年八月中，有雲見五色。[3]

[1]崇：人名。即劉旻。太原（今山西太原市）人。五代後漢高祖劉知遠從弟。後漢時任太原尹，專制一方。後周代漢，他稱帝於太原，國號漢，史稱北漢。傳見本書卷一三五、《新五代史》卷七〇。

[2]"湘陰公贇"至"拜贇徐州節度使"：《新五代史》卷一八《漢家人傳六》。《輯本舊史》卷一〇二《漢隱帝紀中》乾祐二年（949）十月庚午條："徐州劉贇並加同平章事。"

[3]乾祐元年八月中，有雲見五色：《宋本册府》卷九五一《總録部·咎徵門二》。

明年冬杪，有鳥翔集於鮮碧堂庭樹，黃質朱喙，金目青翼，紺趾玄尾，有類於鳳。有賓佐歎曰："野鳥入室，主人將去。"旬浹而不知所之。《永樂大典》卷一萬一千四百八十五。[1]

[1]《大典》卷一一四八五"鳥"字韻"事韻（二）"，應爲"有鳥翔集"或"野鳥入室"事目。

　　乾祐三年冬十一月，周太祖駐軍于京師，議立嗣君，奉太后詔，立贇爲嗣。傳詔之際，馮道笏墜於地，[1]左右惡之。《永樂大典》卷一萬七千三百一十一。[2]馮道至，贇出郊迎，常所乘馬比甚馴服，至是馬蹄齧奔逸，人不可制，乃以他馬代之，時以爲不祥。《永樂大典》卷一萬二千六百五十五。[3]贇行至宋州，太祖自澶州爲兵士擁還京師，王峻慮贇左右生變，遣侍衛馬軍指揮使郭崇以兵七百騎衛贇。[4]崇至宋州，贇登樓問崇所以來之意，崇曰：“澶州軍變，懼未察之，遣崇護衛，非惡意也。”贇召崇，崇不敢進，馮道出與崇語，崇乃登樓見贇，已而奪贇部下兵。太祖以書召道先歸，留其副趙上交、王度奉贇入朝太后。[5]道乃先還。贇謂道曰：“寡人此來，所恃者以公三十年舊相，是以不疑。”道默然。贇客將賈正等數目道，[6]欲圖之。贇曰：“勿草草，事豈出於公邪！”道已去，郭崇幽贇于外館，殺賈正及判官董裔、牙内都虞候劉福、孔目官夏昭度等。[7]其將鞏廷美、楊溫爲贇守徐州。[8]

　　[1]馮道：人名。瀛州景城（今河北滄縣）人。五代時官拜宰相，歷仕後唐至後周，亦曾臣服於契丹。傳見本書卷一二六、《新五代史》卷五四。

　　[2]“乾祐三年冬十一月”至“左右惡之”：《大典》卷一七三一一“詰”字韻“事韻”，應爲“傳詰”事目。《宋本册府》卷八《帝王部·創業門》載，三年十一月二十四日，“太后令曰：‘北京留守崇、許州節度使信，高祖皇帝之愛弟也，徐州節度使贇、開封尹勳，皆高祖之裔子也，俱列盤維，皆分屏翰，已委文武百寮六軍

將校議擇賢明，以承大統．'二十六日，帝率群臣班於明德門外起
居太后，獻議請以劉贇入承正統。太后下令：宜備法駕，迎贇於徐
州即皇帝位。即遣太師馮道備儀注往奉迎"。亦見《新五代史》卷
一八《漢家人傳六》。

〔3〕"馮道至"至"時以爲不祥"：《大典》卷一一六五五
"馬"字韻"事韻"，應爲"馬蹄"或"乘馬"事目。

〔4〕郭崇：人名。應州金城（今山西應縣）人。五代、宋初將
領。傳見《宋史》卷二五五。

〔5〕趙上交：人名。涿州范陽（今河北涿州市）人。五代、宋
初大臣。本名遠，字上交，避後漢高祖劉知遠諱，遂以字爲名。傳
見《宋史》卷二六二。

〔6〕賈正：人名。籍貫不詳。五代後漢時曾任監察御史、樞密
直學士等職。事見本書卷一〇〇。

〔7〕判官：官名。唐、五代方鎮僚屬，位在行軍司馬下。分掌
使衙內各曹事，並協助使職官員通判衙事。　董裔：人名。籍貫不
詳。劉贇判官，後被郭崇所殺。事見《新五代史》卷一八。　牙內
都虞候：官名。唐末、五代藩鎮衙內之牙將。　劉福：人名。籍貫
不詳。劉贇牙將。　孔目官：官名。五代藩鎮幕府僚佐，掌蕃漢兵
馬、軍機要事。　夏昭度：人名。籍貫不詳。劉贇僚佐。　"贇行
至宋州"至"孔目官夏昭度等"：《新五代史》卷一八《漢家人傳
六》。

〔8〕鞏廷美：人名。籍貫不詳。劉贇部將，時爲右都押牙。後
爲後周將領王彦超所殺。事見《通鑑》卷二九〇。　楊溫：人名。
籍貫不詳。劉贇部將，時爲教練使。後爲後周將領王彦超所殺。事
見《通鑑》卷二九〇。　其將鞏廷美、楊溫爲贇守徐州：《新五代
史》卷一一《周本紀》乾祐三年（950）十二月癸丑條。

廣順元年正月丙戌，河東劉崇借號，[1]太祖遣供奉

官張令權齎敕書，[2]曉諭晉、絳、慈、隰諸州軍民曰：[3]“朕早事劉氏，共立漢朝，當高祖寢疾既危，朕與揚州史弘肇於御床之前，[4]同受顧託。嗣君既立，叛亂繼興，朕討平河中，[5]克寧關內，敢言勞苦，貴保宗祧。自鎮鄴都，[6]復當戎寄，忘食廢寢，夜思晝行，固護邊疆，訓齊師旅，憂時憂國，盡節盡忠。不期群小連謀，蔽惑幼主，忽於內殿，併害大臣。朕方在外藩，亦遭讒構，密降宣命，潛遣行誅。諸將知此無辜，乞除君側之惡，遂與將士，同赴闕廷。凶豎計窮，迫害幼主。朕遂奏太后，請立劉贇。比候到京，方議冊立。”[7]湘陰公劉贇、丁元從、右都押衙鞏廷美、教練使楊溫等據徐州以拒命。[8]帝遣新授武寧軍節度使王彥超率兵赴之。[9]廷美等遷延不肯開門，遂詔進攻，仍曉諭城內軍民曰：“昨以鞏廷美、楊溫等不認朝旨，妄蓄疑心，累令招攜，明示誠信，雖有章奏，尚未開門。既無果決之心，必是疑君之計。今以指揮王彥超排此大軍，攻討汝等。若能誅斬元惡，應接官軍上城者，若是將校員寮，只與超拜官資，兼授刺史，百姓即給厚賞，穩便安排。但收此絹書，以為憑信。”[10]

[1]河東：方鎮名。治所在太原府（今山西太原市）。

[2]供奉官：官名。泛指侍奉皇帝左右的臣僚，亦為東、西頭供奉官通稱。　張令權：人名。籍貫不詳。郭威隨從。本書僅此一見。

[3]晉：州名。治所在今山西臨汾市。　絳：州名。治所在今山西新絳縣。　慈：州名。治所在今山西吉縣。　隰（xí）：州名。

治所在今山西隰縣。

[4]揚州：州名。治所在今江蘇揚州市。

[5]河中：府名。治所在今山西永濟市。

[6]鄴都：地名。五代後晋陪都。位於今河北大名縣。

[7]廣順元年正月丙戌”至“方議册立”：明本《册府》卷六六《帝王部·發號令門五》。

[8]都押衙：官名。“押衙”即“押牙”。唐、五代時期節度使辟署的屬官，有稱左、右都押衙或都押衙者。掌領方鎮儀仗侍衛、統率軍隊。參見劉安志《唐五代押牙（衙）考略》，武漢大學歷史系魏晋南北朝隋唐史研究室編《魏晋南北朝隋唐史資料》第16輯，武漢大學出版社1998年版。　教練使：官名。唐末、五代方鎮軍將。分左、右兩員，多選善兵法武藝者，掌軍事訓練。

[9]武寧軍：方鎮名。治所在徐州（今江蘇徐州市）。　王彦超：人名。大名臨清（今河北臨西縣）人。五代、宋初將領。傳見《宋史》卷二五五。

[10]“湘陰公劉贇、丁元從、右都押衙鞏廷美”至“以爲憑信”：明本《册府》卷一二三《帝王部·征討門三》。

太祖已監國，[1]太后乃下誥曰：“比者樞密使郭威，志安宗社，議立長君，以徐州節度使贇高祖近親，立爲漢嗣，乃自藩鎮召赴京師。雖誥命已行，而軍情不附，天道在北，人心靡東。適當改卜之初，俾膺分土之命。贇可降授開府儀同三司，檢校太師、上柱國，[2]封湘陰公。”[3]三月，王彦超克徐州，廷美等皆見殺。初，贇將離彭城，[4]嘗一夕，天有白光一道自西來，照城中如晝，有聲如雷，時人謂之天裂；又有巨星墜於徐野，殷其有聲，或謂之天狗。後贇果廢死。[5]

[1]監國：代表皇帝行使權力稱監國。軍國大事全權處置。

[2]上柱國：官名。南北朝北周武帝建德四年（575），置上柱國爲高級勳官。隋唐沿置。五代後唐明宗天成三年（928）詔，今後凡加勳，先自武騎尉經十二轉方授爲上柱國。正二品。

[3]“太祖已監國”至“封湘陰公”：《新五代史》卷一八《漢家人傳六》。

[4]彭城：縣名。治所在今江蘇徐州市。

[5]“三月”至“後贇果廢死”：《宋本册府》卷九五一《總錄部·咎徵門二》。《輯本舊史》卷一一〇《周太祖紀一》廣順元年（951）正月戊寅條：“湘陰公殂。”《舊五代史考異》：“《五代史補》：郭忠恕，七歲童子及第，富有文學，尤工篆隸。嘗有人於龍山得鳥迹篆，忠恕一見，輒誦如宿習。乾祐中，湘陰公鎮徐州，辟爲推官。周祖之入京師也，少主崩於北崗，周主命宰相馮道迎湘陰公，將立之，至宋州，高祖已爲三軍推戴。忠恕知事變，乃正色責道曰：‘令公累朝大臣，誠信著於天下，四方談士，無賢不肖皆以爲長者，今一旦返作脱空漢，前功業並棄，令公之心安乎？’道無言對。忠恕因勸湘陰公殺道以奔河東，公猶豫未決，遂及於禍。忠恕竄跡久之，晚年尤好輕忽，卒以此敗，坐除名配流焉。案：《湘陰公傳》，原本殘闕，考《十國春秋·湘陰公傳》云：湘陰公贇，世祖子也，高祖愛之，以爲己子。乾祐元年，拜武寧軍節度使，二年，加同平章事。郭威既敗慕容彦超於北郊，隱帝遇弑，威入京師，謂諸大臣密相推戴，及見宰相馮道等，道殊無意。威不得已，見道下拜，而道猶受拜如平時，徐勞之曰：‘公行良苦。’威意色皆沮，以爲大臣未有推己意，又難于自立，因與王峻入白太后，推擇漢嗣。群臣乃共奏曰：‘武寧節度使贇，高祖愛以爲子，宜立爲嗣。’乃遣太師馮道率百官往迎，道揣威意不在贇，直前問曰：‘公此舉由衷乎？’威指天爲誓。道既行，語左右曰：‘吾生平不作謬語人，今謬語矣。’道見贇，傳太后意召之。贇行至宋州，威已自澶州爲兵士擁還京師。王峻慮贇左右生變，遣侍衛馬軍指揮使郭崇威

以兵七百騎衛贇。崇威至宋州，贇登樓問崇威所以來之意，崇威
曰：‘澶州軍變，懼未察之，遣崇威護衛，非惡意也。’贇召崇威，
崇威不敢進。馮道出與崇威語，崇威乃登樓見贇。時護聖指揮使張
令超帥步兵爲贇宿衛，判官董裔說贇曰：‘觀崇威瞻視舉措，必有
異謀。道路皆言郭威已爲天子，而陛下深入不止，禍其至哉。請急
召令超，諭以禍福，使夜以兵劫崇威所屬士卒，明日掠睢陽金帛，
募士卒，北走太原。彼新定京邑，未暇追我，此策之上也。’贇猶
豫未決。是夕，崇威密誘令超歸郭氏，盡奪贇部下兵。郭威以書召
道先歸，留其副趙上交、王度奉贇入朝太后，道乃辭贇先還。贇謂
道曰：‘寡人此來，所恃者以公三十年舊相，是以不疑。’道默然。
贇客將賈貞等數目道，欲圖之，贇曰：‘勿草草，事豈出于公耶！’
道已去，崇威乃幽贇于外館，殺賈貞、董裔及牙内都虞候劉福、孔
目官夏昭度等。郭威已監國，太后乃下詔曰：‘比者，樞密使威，
志安宗社，議立長君，以徐州節度使贇，高祖親近，立爲漢嗣，乃
自藩鎮，召赴京師。雖誥命已行，而軍情不附。天道在北，人心靡
東，適當改卜之初，俾應分士之命。贇可降授開府儀同三司、檢校
太師、上柱國，封湘陰公。’贇卒以殺死。”中華書局本有校勘記：
“‘湘陰公鎮徐州’，‘公’字原闕，據《五代史補》卷五補。”又：
“‘群臣乃共奏曰’，‘群臣’二字原闕，據殿本、劉本、《十國春
秋》卷一〇六補。”又：“‘太后乃下誥曰’，‘誥’，原作‘詔’，據
《十國春秋》卷一〇六改。”

舊五代史　卷一〇六

漢書八

列傳第三

王周

王周，魏州人。[1]少勇健，從軍事唐莊宗、明宗，[2]稍遷裨校，以戰功累歷郡守。晉天福初，[3]范延光叛於魏州，[4]周從楊光遠攻降之；[5]安重榮以鎮州叛，[6]從杜重威討平之，[7]以功授貝州節度使，[8]歲餘，移鎮涇州。[9]先是，前帥張彥澤在任苛虐，[10]部民逃者五千餘戶，及下車，革前弊二十餘事，逃民歸復，賜詔褒美。[11]後歷鄧、陝二鎮。[12]陽城之役，[13]周時爲定州節度使，[14]大軍往來，供饋無闕，未幾，遷鎮州節度使。周稟性寬惠，人庶便之。開運末，[15]杜重威降於契丹，[16]引契丹主臨城諭之。[17]周泣曰："受國重恩，不能死戰，而以兵降，何面南行見人主與士大夫乎？"乃痛飲，欲引決，家人止之，事不獲已。及見契丹主，僞授鄧州節度使、檢校太師。[18]高祖定天下,[19]移鎮徐州,[20]加同平章事。[21]乾祐元年二月,[22]以疾卒於鎮,輟視朝二日,[23]贈中書令。[24]周性寬恕,不忤物情。初刺信都,[25]州城西橋敗,覆民租車。周曰:"橋梁不飭,刺史之過也。"[26]乃還其所沈粟,出私財以修之,民庶悦焉。[27]《永樂大典》卷一萬八千一百三十二。[28]

[1]魏州:州名。治所在今河北大名縣。

[2]莊宗:即李存勗。代北沙陀部人。五代後唐開國皇帝,923年至926年在位。紀見本書卷二七至卷三四、《新五代史》卷四至卷五。 明宗:即李嗣源。沙陀部人。原名邈佶烈,李克用養子。五代後唐明宗,926年至933年在位。紀見本書卷三五至卷四四、《新五代史》卷六。

[3]天福:五代後晉高祖石敬瑭年號(936—942)。出帝石重貴沿用至九年(944)。後漢高祖劉知遠繼位後沿用一年,稱天福十二年(947)。《輯本舊史》之影庫本粘籤:"天福,原本誤作'天祚',今據文改正。"案,五代無"天祚"年號,且下文所言范延光、安重榮之叛爲天福二年、六年事,據改。

[4]范延光:人名。相州臨漳(今河北臨漳縣)人。五代後唐、後晉將領。傳見本書卷九七、《新五代史》卷五一。

[5]楊光遠:人名。沙陀部人。五代後唐、後晉將領。傳見本書卷九七、《新五代史》卷五一。

[6]安重榮:人名。朔州(今山西朔州市朔城區)人。五代後唐、後晉將領。傳見本書卷九八、《新五代史》卷五一。 鎮州:州名。治所在今河北正定縣。

[7]杜重威:人名。其先朔州(今山西朔州市朔城區)人,後徙居太原(今山西太原市)。五代後晉、後漢將領。傳見本書卷一〇九、《新五代史》卷五二。

[8]貝州：州名。治所在今河北清河縣。　節度使：官名。唐時在重要地區所設掌握一州或數州軍、民、財政的長官。

[9]涇州：方鎮名。即彰義軍。治所在涇州（今甘肅涇川縣）。

"晋天福初"至"移鎮涇州"：《輯本舊史》卷七六《晋高祖紀二》天福二年（937）七月甲寅條："以右神武統軍王周充魏府行營步軍都指揮使。"卷七七《晋高祖紀三》天福三年五月丁卯條："魏府行營步軍都指揮使、檢校司徒、右神武統軍王周加檢校太保。"同年十一月辛亥條："廣晋府行營步軍都指揮使、右神武統軍王周爲貝州永清軍節度使。"卷八〇《晋高祖紀六》天福六年十二月丁亥條："以前貝州節度使王周爲馬步軍都虞候。"同卷天福七年正月乙亥條："以前貝州節度使、北面行營馬步軍都虞候王周爲河陽節度使，加檢校太保。"同月壬午條："以河陽節度使王周爲涇州節度使。"《通鑑》卷二八三天福七年正月壬午條作彰義節度使，彰義軍治涇州。《宋本册府》卷三六〇《將帥部·立功門一三》："晋天福初，范延光叛於魏州，周從杜重威討之，以功授貝州節度使。"亦見《宋本册府》卷三八七《將帥部·褒異門一三》。

[10]張彦澤：人名。突厥人，徙居太原（今山西太原市）。五代後晋將領，後投降於契丹。傳見本書卷九八、《新五代史》卷五二。

[11]"先是"至"賜詔褒美"：《輯本舊史》卷八〇《晋高祖紀六》天福七年閏三月癸丑條："涇州節度使王周奏，前節度使張彦澤在任日不法事二十六條已改正停廢，詔褒之。"卷九八《張彦澤傳》："周至任，奏彦澤在郡惡迹二十六條、逃散五千餘户。"明本《册府》卷六七三《牧守部·褒寵門二》："勑曰：'王周佐國賢臣，殿邦良帥，戰伐之功顯著，葺綏之政尤彰。昨者殄寇常山，總戎涇水。安邊静塞，克施撫馭之方；察俗觀風，盡去煩苛之弊。備陳條件，足驗公清。一方既洽於詠歌，百姓頓期於蘇息。王周宜賜詔獎飾，兼頒下諸道，仍付所司。'周於勳臣中最爲清慎，累爲劇郡，皆有聲績。屬張彦澤虐政之後，民不堪命，因寢其無名科徭，

以章上聞，故有詔襃之。”《宋本册府》“周於勳臣中”作“同於勳臣中”，“累爲劇郡”作“累爲郡”，明本較優，今從明本。

[12]鄧：州名。治所在今河南鄧州市。　陝：州名。治所在今河南三門峽市陝州區。

[13]陽城：地名。位於今河北保定市清苑區陽城鎮。

[14]定州：州名。治所在今河北定州市。

[15]開運：五代後晉出帝石重貴年號（944—946）。

[16]契丹：部族、政權名。公元4世紀中葉宇文部爲前燕攻破，始分離而成單獨的部落，自號契丹。唐貞觀中，置松漠都督府，以其首領爲都督。唐末强盛，916年迭剌部耶律阿保機建立契丹國（遼）。先後與五代、北宋並立，保大五年（1125）爲金所滅。參見張正明《契丹史略》，中華書局1979年版。

[17]契丹主：即遼太宗耶律德光。契丹族。遼太祖耶律阿保機次子。927年至947年在位。紀見《遼史》卷三、卷四。

[18]僞授鄧州節度使：“僞”字原無，中華書局本有校勘記：“‘授’，《永樂大典》卷六八五一引《五代薛史》作‘僞授’。”今據補。　檢校太師：官名。爲散官或加官，以示恩寵，無實際執掌。　“後歷鄧、陝二鎮”至“檢校太師”：《輯本舊史》卷八二《晉少帝紀二》天福八年十月丙寅：“以涇州節度使王周爲陝府節度使。”同卷開運元年（944）正月庚辰條：“以陝府節度使王周爲步軍左廂排陣使。”同年四月己酉：“詔取今月八日車駕還京，令高行周、王周留鎮澶淵，近地兵馬委便宜制置。”卷八三《晉少帝紀三》開運元年七月乙亥：“前陝州節度使王周加檢校太尉，改定州節度使。”同卷開運二年三月乙巳條：“以王周爲馬步軍右廂排陣使。”同年四月壬辰條：“定州節度使王周加檢校太師。”卷八四《晉少帝紀四》開運二年六月己丑：“以定州節度使王周爲恒州節度使。”《新五代史》卷四八《王周傳》：“契丹以周爲武勝軍節度使。”武勝軍治鄧州，時間應在開運三年十二月。該月杜重威降契丹。

[19]高祖：五代後漢開國皇帝劉知遠，沙陀族，太原（今山

西太原市）人。947 年至 948 年在位。紀見本書卷九九、卷一〇〇，
《新五代史》卷一〇。

［20］徐州：州名。治所在今江蘇徐州市。

［21］同平章事：官名。“同中書門下平章事”之簡稱。唐高宗
以後，凡實際任宰相之職者，常在其本官後加同平章事的職銜。後
成爲宰相專稱。後晋天福五年（940），升中書門下平章事爲正二
品。　高祖定天下，移鎮徐州，加同平章事：《輯本舊史》卷一〇
〇《漢高祖紀下》天福十二年七月庚子條：“以鄧州節度使、檢校
太師王周爲徐州節度使，加同平章事。”徐州，《新五代史》卷四
八作“武寧”，武寧軍治徐州。

［22］乾祐：五代後漢高祖劉知遠年號（948）。隱帝劉承祐沿
用至乾祐三年（950）。北漢亦用此年號。

［23］輟視朝二日：中華書局本有校勘記：“‘二日’，明本《册
府》卷三八七作‘三日’。”見明本《册府》卷三八七《將帥部·
褒異門十三》。《輯本舊史》卷一〇一《漢隱帝紀上》乾祐元年二
月己丑：“徐州節度使王周卒。”

［24］中書令：官名。漢代始置，隋、唐前期爲中書省長官，屬
宰相之職；唐後期多爲授予元勳大臣的虚銜。正二品。

［25］信都：縣名。治所在今河北衡水市冀州區。

［26］刺史：官名。州一級行政長官。漢武帝時始置，總掌考核
官吏、勸課農桑、地方教化等事。唐中期以後，節度使、觀察使轄
州而設，刺史爲其屬官，職任漸輕。從三品至正四品下。

［27］“周性寬恕”至“民庶悦焉”：亦見《新五代史》卷四
八。州，《宋本册府》卷六七五《牧守部·仁惠門》稱“冀州”，
《新五代史》卷四八稱“定州”。此句有“初刺信都”，信都屬冀
州。然未見王周曾任冀州刺史之記載。

［28］《大典》卷一八一三二“將”字韻“後漢將”事目。現
存之《大典》卷六八五一“王”字韻“姓氏（三六）”事目亦收
録《舊五代史》之《王周傳》。

劉審交

劉審交，字求益，幽州文安人也。[1]祖海，[2]父師遂。[3]審交少讀書，尤精吏道，起家署北平主簿，[4]轉興唐令，[5]本府召補牙職。劉守光之僭號，[6]僞署兵部尚書，[7]燕亡，歸於太原。[8]莊宗知之，用爲諸府從事。同光初，趙德鈞鎮幽州，[9]朝廷以內官馬紹宏爲北面轉運使，[10]辟審交爲判官。[11]王都據定州叛，[12]朝廷命王晏球進討，[13]以審交爲轉運供軍使，王都平，以勞授遼州刺史。[14]明年，復爲北面供軍轉運使，改磁州刺史，[15]以母年高，去官就養。及丁內艱，毀瘠過禮，服闋，不調累年。[16]

[1]幽州：州名。治所在今北京市。　文安：縣名。治所在今河北文安縣。

[2]海：人名。即劉海。幽州文安（今河北文安縣）人。劉審交之祖父。本書僅此一見。

[3]師遂：人名。即劉師遂。幽州文安（今河北文安縣）人。劉審交之父。本書僅此一見。

[4]北平：地名。位於今河北盧龍縣。　主簿：官名。司農寺卿佐官。掌印，署抄目，勾檢失。從七品上。

[5]興唐：縣名。五代後唐同光元年（923）由元城縣改名而來。　令：官名。即縣令。縣的行政長官，掌治本縣。唐代之縣，分赤（京）、次赤、畿、次畿、望、緊、上、中、中下、下十等。縣令分六等，正五品上至從七品下。

[6]劉守光：人名。深州樂壽（今河北獻縣）人。唐末五代幽州節度使劉仁恭之子。劉守光囚父自立，號大燕皇帝，後爲晋王李

存勗俘殺。傳見本書卷一三五、《新五代史》卷三九。

[7]兵部尚書：官名。尚書省兵部主官。掌兵衛、武選、車輦、甲械、厩牧之政令。正三品。

[8]太原：府名。治所在今山西太原市。

[9]同光初，趙德鈞鎮幽州：《輯本舊史》卷九八《趙德鈞傳》：“同光三年，移鎮幽州。”三年不當言“初”。同光，五代後唐莊宗李存勗年號（923—926）。趙德鈞，人名。幽州（今北京市）人。初爲幽州節度使劉守光部將，後爲後唐將領，後又投降遼國。傳見本書卷九八。

[10]馬紹宏：人名。又作“李紹宏”。籍貫不詳。五代後唐莊宗近臣。傳見本書卷七二。　轉運使：官名。唐、五代時期負責軍需物資的籌集、調運、供給。

[11]判官：官名。唐、五代方鎮僚屬，位在行軍司馬下。分掌使衙內各曹事，並協助使職官員通判衙事。

[12]王都：人名。原名“劉雲郎”。中山陘邑（今河北定州市）人。妖人李應之送與王處直爲養子，改姓名爲王都。後爲義武軍節度使。傳見本書卷五四、《新五代史》卷三九。

[13]王晏球：人名。洛陽（今河南洛陽市）人。五代將領。傳見本書卷六四、《新五代史》卷四六。

[14]遼州：州名。治所在今山西左權縣。《輯本舊史》之影庫本粘籤：“遼州，原本作‘達州’，今據《册府元龜》改正。”見《宋本册府》卷四八三《邦計部·選任門》。

[15]磁州：州名。治所在今河北磁縣。

[16]不調累年：《舊五代史考異》：“《歐陽史》作‘不調累年’。”此《考異》中華書局本有校勘記：“‘不調累年’，‘調’原作‘出’，據殿本考證、《新五代史》卷四八《劉審交傳》改。”

晋高祖踐阼，[1]范延光以魏州叛，命楊光遠總兵討之，復召審交爲供饋使。[2] 鄴中平，[3] 命審交爲三司使，[4] 授右衛大將軍。[5] 六年夏，出爲陳州防禦使，[6] 歲餘，移襄州防禦使，[7] 審交治襄漢，撫綏有術，民庶懷之。青州楊光遠平，[8] 降平盧軍爲防禦州，[9] 復用審交爲防禦使，累官至檢校太傅。[10] 時用軍之後，審交矜恤撫理，凋弊復蘇。

[1] 晋高祖：即石敬瑭。沙陀部人。五代後晋開國皇帝。936 年至 942 年在位。紀見本書卷七五至卷八〇、《新五代史》卷八。

[2] 供饋使：官名。專門負責軍隊後勤補給的官員。　“晋高祖踐阼”至“復召審交爲供饋使”：“命楊光遠總兵討之”，中華書局本有校勘記：“‘楊光遠’下原有‘以’字，據彭校、《册府》卷四八三删。”見《宋本册府》卷四八三《邦計部·選任門》。《輯本舊史》卷七六《晋高祖紀二》天福二年（937）六月丁酉條：“以前磁州刺史劉審交爲魏府計度使。”《新五代史》卷四八《劉審交傳》：“議者請檢天下民田，宜得益租，審交曰：‘租有定額，而天下比年無閑田，民之苦樂，不可等也。’遂止不檢，而民賴以不擾。”

[3] 鄴：地名。即鄴都。位於今河北大名縣。五代後唐同光元年（923），改魏州爲興唐府，建號東京。三年，改東京爲鄴都。

[4] 三司使：官名。五代後唐明宗天成元年（926）將晚唐以來的户部、度支、鹽鐵三部合爲一職，設三司使統之。主管國家財政。

[5] 右衛大將軍：官名。唐置，掌宫禁宿衛。唐代置十六衛，即左右衛、左右驍衛、左右武衛、左右威衛、左右領軍衛、左右金吾衛、左右監門衛、左右千牛衛，各置上將軍，從二品；大將軍，正三品；將軍，從三品。

[6] 陳州：州名。治所在今河南淮陽縣。　防禦使：官名。唐

代始置，設有都防禦使、州防禦使兩種。常由刺史或觀察使兼任，實際上爲唐代後期州或方鎮的軍政長官。　六年夏，出爲陳州防禦使：《輯本舊史》卷八〇《晋高祖紀六》天福六年七月辛酉條："以三司使劉審交爲陳州防禦使。"此處不當言"夏"。《宋本册府》卷六七八《牧守部·勸課門》："晋劉審交爲陳州刺史，出省風俗，見耕夫田器鈕鑮甚薄而拙，乃於河北取樣，特鑄造以給民。"

[7]襄州：州名。治所在今湖北襄陽市。

[8]青州：州名。治所在今山東青州市。

[9]平盧軍：方鎮名。治所在青州（今山東青州市）。

[10]檢校太傅：官名。爲散官或加官，以示恩寵，無實際執掌。

　　契丹破晋，審交以代歸，蕭翰在都，[1]復用爲三司使。翰歸蕃，李從益在汴州，[2]召高行周、武行德，[3]將委以軍事，皆不受命。尋聞高祖起義於太原，史弘肇在澤潞，[4]都人大懼。時有燕軍千人守捉諸門，[5]李從益母王淑妃詢於文武臣僚曰：[6]"予子母在洛，孤危自處，一旦爲蕭翰所逼，致令及此。但遣人迎請太原，勿以予子母爲事。"或曰："收拾諸處守營兵士與燕軍，足以把城，[7]以俟河北救應可也。"妃曰："非謀也，我子母亡國之餘，安敢與人争天下！"衆議籍籍，猶以把城爲詞。審交曰："余燕人也，今城有燕軍，固合爲燕謀，然事機有所不可。此城經敵軍破除之後，民力空匱，餘衆幸存，若更謀之不臧，閉門拒守，一月之内，無復遺類。諸君勿言，[8]宜從太妃處分。"繇是從益遣使往太原貢奉。高祖至汴，罷使歸班。隱帝嗣位，[9]用爲汝州防禦使，[10]汝爲近輔，號爲難治，審交盡去煩弊，無擾於民，百姓歌之。

[1]蕭翰：人名。契丹人。遼朝宰相蕭敵魯之子，述律太后之姪，太宗皇后之兄。遼初將領。傳見本書卷九八、《遼史》卷一一三。

[2]李從益：人名。沙陀部人。五代後唐明宗李嗣源幼子，封許王。契丹滅後晉，蕭翰北歸，以其爲傀儡統治中原地區。傳見本書卷五一。　汴州：州名。治所在今河南開封市。

[3]高行周：人名。嬀州懷戎（今河北懷來縣）人。五代後唐至後周將領。傳見本書卷一二三、《新五代史》卷四八。　武行德：人名。并州榆次（今山西晋中市榆次區）人。五代、宋初將領。傳見《宋史》卷二五二。

[4]史弘肇：人名。鄭州滎澤（今河南鄭州市）人。五代後漢將領。傳見本書卷一〇七、《新五代史》卷三〇。　澤潞：方鎮名。治所在潞州（今山西長治市）。

[5]千人：《舊五代史考異》：“《杜重威傳》作千五百人。”見《輯本舊史》卷一〇九《杜重威傳》。《新五代史》卷四八《劉審交傳》作“數千”。

[6]王淑妃：五代後唐明宗妃嬪。傳見本書卷五一、《新五代史》卷一五。

[7]足以把城：《輯本舊史》之影庫本粘籤：“把城，原本作‘將城’，今從《通鑑》改正。”查《通鑑》，未見此記載。

[8]諸君勿言：中華書局本有校勘記：“‘君’原作‘軍’，據殿本、劉本改。《通鑑》卷二八七敘其事作‘願諸公勿復言’。”

[9]隱帝：即五代後漢隱帝劉承祐。後漢高祖劉知遠次子。948年至950年在位。紀見本書卷一〇一至卷一〇三、《新五代史》卷一〇。

[10]汝州：州名。治所在今河南汝州市。

乾祐三年春卒，[1]年七十四。郡人聚哭柩前所，[2]列狀乞留葬本州界，立碑起祠，以時致祭，本州以聞。詔曰：“朝廷之制，皆有舊章，牧守之官，比無贈典。其或政能殊異，惠及蒸黎，生有令名，没留遺愛，褒賢獎善，豈限彝章。可特贈太尉，[3]吏民所請宜依。”故相國、太師、秦國公馮道聞之曰：[4]“予嘗爲劉汝州僚佐，知其爲人廉平慈善，無害之良吏也。刺遼、磁，治陳、襄、青，皆稱平允，不顯殊尤。其理汝也，又安有異哉！民之租賦不能減也，徭役不能息也，寒者不能衣也，餒者不能食也，百姓自汲汲然，而使君何有於我哉！然身死之日，致黎民懷感如此者，誠以不行鞭朴，不行刻剥，不因公而循私，不害物以利己，確然行良吏之事，薄罰宥過，謹身節用，[5]安俸禄、守禮分而已。凡從事於斯者，孰不能乎？但前之守土者，不能如是，是以汝民咨嗟愛慕。今天下戎馬之後，四方兇盜之餘，杼軸空而賦斂繁，人民稀而倉廩匱，謂之康泰，未易輕言。侯伯牧宰，若能哀矜之，不至聚斂，不殺無辜，知民爲邦本，[6]政爲民本，和平寬易，即劉君之政安足稱耶，復何患不至於令名哉！”道仍爲著哀詞六章，鐫於墓碑之陰焉。《永樂大典》卷九千九十九。[7]

[1]乾祐三年春卒：中華書局本有校勘記：“‘三年’，原作‘二年’，據本書卷一〇三《漢隱帝紀下》，《册府》卷一四〇、卷六七三、卷六八三，《新五代史》卷四八《劉審交傳》，《通鑑》卷二八九改。”見《通鑑》卷二八九乾祐三年（950）二月丁亥條，《宋本册府》卷一四〇《帝王部・旌表門四》、卷六七三《牧守

部·襃寵門二》、卷六八三《牧守部·遺愛門二》。《輯本舊史》卷一〇三《漢隱帝紀下》乾祐三年二月丁亥條："汝州防禦使劉審交卒。"

[2]郡人聚哭柩前所：中華書局本有校勘記："'柩前所'，《册府》卷一四〇、卷六八三作'於柩所'。"見明本《册府》卷一四〇《帝王部·旌表門四》、卷六八三《牧守部·遺愛門二》。

[3]太尉：官名。與司徒、司空並爲三公，唐後期、五代多爲大臣、勳貴加官。正一品。

[4]相國：宰相的尊稱。　太師：官名。與太傅、太保合稱三師，唐後期、五代多爲大臣、勳貴加官。正一品。　馮道：人名。瀛州景城（今河北滄縣）人。五代時官拜宰相，歷仕後唐至後周，亦曾臣服於契丹。傳見本書卷一二六、《新五代史》卷五四。

[5]謹身節用：《輯本舊史》之影庫本粘籤："節用，原本脱'用'字，今從《册府元龜》增入。"見明本《册府》卷七九二《總録部·思賢門》。

[6]知民爲邦本：中華書局本有校勘記："'知'原作'之民'，據《册府》卷七九二改。"

[7]《大典》卷九〇九九"劉"字韻"姓氏（二七）"事目。

武漢球

武漢球，澤州人也。[1]少拳勇，潞帥李嗣昭倚爲親信，[2]事唐莊宗、明宗，繼爲禁軍裨校。清泰中，[3]會晋高祖引契丹爲援，與朝廷隔絶，遂歸晋祖。天福初，授趙州刺史，[4]入爲奉國軍都指揮使，[5]出刺曹州。[6]開運初，[7]遷耀州團練使。[8]高祖至東京，授洺州刺史，[9]漢球以目疾年高辭郡，帝曰："廣平小郡，卿卧理有餘，無以疾辭。"至郡未期，復以目疾請代而免。乾祐二年秋，卒於京師。[10]漢球雖出自行伍，然長於撫理，常以掊斂爲戒，民懷其惠，身死之日，家無餘財。有管迴者，[11]漢球守洺郡日，[12]辟爲判官。及漢球卒於汴，迴在洺州未之知，一日，忽謂所親曰："太保遣人召我。"遂沐浴，新衣冠，無疾瞑目而終。家人不知其故，後數日，方聞漢球卒。《永樂大典》卷一萬八千一百三十二。[13]

　　[1]澤州：州名。治所在今山西澤州縣。

　　[2]李嗣昭：人名。汾州（今山西汾陽市）人。唐末、五代李克用義子、部將。傳見本書卷五二、《新五代史》卷三六。

　　[3]清泰：五代後唐廢帝李從珂年號（934—936）。

　　[4]趙州：州名。治所在今河北趙縣。《輯本舊史》之影庫本粘籤："趙州，原本訛作'趙祖'，今據文改正。"

　　[5]奉國軍：部隊番號。五代中央禁軍之一。　都指揮使：官名。唐末、五代軍隊多置都指揮使、指揮使，爲統兵將領。

　　[6]曹州：州名。治所在今山東曹縣西北。

　　[7]開運：五代後晉出帝石重貴年號（944—946）。

　　[8]耀州：州名。治所在今陝西銅川市耀州區。　團練使：官名。唐代中期以後，於不設節度使的地區設團練使，掌本區各州軍事。

　　[9]洺州：州名。治所在今河北邯鄲市永年區。

　　[10]乾祐二年秋，卒於京師：《輯本舊史》卷一〇二《漢隱帝紀中》乾祐二年（949）七月丁卯條："前洺州團練使武漢球卒。"

　　[11]管迴：人名。籍貫不詳。本書僅此一見。

　　[12]漢球守洺郡日：中華書局本沿《輯本舊史》，闕"洺"字。《大典》卷四八九"終"字韻"事韻"事目引《五代薛史》作"漢球守洺郡日"，今據補。

［13］《大典》卷一八一三二"將"字韻"後漢將"事目。

　　張瓘

　　張瓘，同州車渡村人，[1]故太原監軍使承業之猶子也。[2]承業，《唐書》有傳。[3]唐天祐中，[4]承業佐唐武皇、莊宗有功，[5]甚見委遇，瓘聞之，與昆仲五人，自故里奔于太原，莊宗皆任用之。瓘，天祐十三年補麟州刺史。[6]承業治家嚴毅，小過無所容恕，一姪爲磁州副使，以其殺河西賣羊客，[7]承業立捕斬之。常誡瓘等曰："汝車渡村百姓劉開道下賊，[8]慣作非爲，[9]今須改行，若故態不除，死無日矣。"故瓘所至不敢誅求。晋天福中，爲密州刺史，[10]秩滿，入居環衛。[11]乾祐三年夏，卒於官。[12]輟視朝一日。《永樂大典》卷六千三百五十。[13]

　　［1］同州：州名。治所在今陝西大荔縣。　車渡村：地名。位於今陝西蒲城縣東南車渡村。

　　［2］監軍使：官名。爲臨時差遣，代表朝廷協理軍務、督察將帥。五代時常以宦官爲監軍。　承業：人名。即張承業。同州（今陝西大荔縣）人。唐末、五代宦官，河東監軍。傳見本書卷七二、《新五代史》卷三八。

　　［3］承業，《唐書》有傳：《張承業傳》，見《輯本舊史》卷七二。

　　［4］天祐：唐昭宗李曄開始使用的年號（904）。唐哀帝李柷即位後沿用（904—907）。唐亡後，河東李克用、李存勗仍稱天祐，沿用至天祐二十年（923）。五代其他政權亦有行此年號者，如南吳、吳越等，使用時間長短不等。

　　[5]唐武皇：即李克用。沙陀族，生於神武川新城（一説是今山西朔州市朔城區之梵王寺村，一説是今山西應縣縣城，一説在今山西懷仁縣之日中城）。唐末軍閥，受封晋王。五代後唐太祖。紀見本書卷二五、《新五代史》卷四。

　　[6]麟州：州名。治所在今陝西神木縣。

　　[7]河西：方鎮名。治所在涼州（今甘肅武威市）。

　　[8]劉開道：即劉知俊。徐州沛縣（今江蘇沛縣）人。唐末、五代將領。先後隸時溥、朱温、李茂貞、王建。傳見本書卷一三、《新五代史》卷四四。《輯本舊史》之影庫本粘籤：“劉開道下賊，疑有脱字。據《薛史·劉知俊傳》云，當時稱知俊爲劉開道，蓋承業謂瓘少時嘗從劉知俊作賊也，今姑仍原文。”見《輯本舊史》卷一三《劉知俊傳》。

　　[9]慣作非爲：中華書局本有校勘記：“‘爲’，《宋本册府》卷八一七作‘違’。”見《宋本册府》卷八一七《總録部·訓子門二》。

　　[10]密州：州名。治所在今山東諸城市。

　　[11]“晋天福中”至“入居環衛”：明本《册府》卷一六九《帝王部·納貢獻門》晋少帝條天福八年（943）十一月：“密州刺史張瓘奏膠西縣孝行鄉諸城村百姓于希得蛇吐珠一顆，進之。時無慰答，亦無錫賚，議者非之。”

　　[12]乾祐三年夏，卒於官：《輯本舊史》卷一〇三《漢隱帝紀下》乾祐三年（950）四月戊子條：“左千牛上將軍張瓘卒。”

　　[13]《大典》卷六三五〇“張”字韻“姓氏（二〇）”事目。

　　李殷

　　李殷，薊州人也。[1]自後唐莊宗、明宗、晋高祖朝，以偏校遞遷，歷官至檢校司徒，[2]累爲郡守。性沈厚，所蒞無苛暴之名。晋少帝禦契丹於澶淵,[3] 殷典禁旅,[4] 駕還,授鄜州留後,[5] 俄加檢校太保。開運中,授定州節度使,將行,啓少帝曰:“臣之此行,破敵必矣。”[6] 衆皆壯其言。及至郡,威略無聞,敵再至,首納降款。後隨契丹至常山,[7] 其將解里遣殷與契丹首領楊安同拒我師於洺水,[8] 俄而安退,殷以橐裝馳馬遺安。安既北走,殷匿於丘墓獲免,馳以歸我。高祖嘉其首赴朝闕,及魏州平,以甘陵乏帥,[9] 乃命殷爲貝州節度使,加檢校太傅。[10] 乾祐初,卒於鎮。詔贈太師。《永樂大典》卷一萬三百九十。[11]

[1] 薊州:州名。治所在今天津市薊州區。

[2] 檢校司徒:官名。爲散官或加官,以示恩寵加此官,無實際執掌。

[3] 晋少帝:即五代後晋出帝石重貴。沙陀部人。石敬瑭之侄。942 年至 946 年在位。天福七年 (942),石敬瑭卒,石重貴被侍衛親軍都指揮使景延廣及宰臣馮道擁立爲帝。開運三年 (946),契丹兵第三次進攻後晋,攻占都城開封,出帝被虜,後死於建州 (今遼寧朝陽市西南)。紀見本書卷八一至卷八五、《新五代史》卷九。

澶淵:地名。位於今河南濮陽市西北。

[4] 晋少帝禦契丹於澶淵,殷典禁旅:《輯本舊史》卷八三《晋少帝紀三》開運二年 (945) 二月甲午條:“侍衛步軍都指揮使李殷充步軍左右廂都指揮使。”卷九五《程福贇傳》:“(天福) 九年春,少帝將幸澶淵,福贇部下有軍士文榮等八人,潛謀作亂,於本營縱火,福贇尋領腹心之士撲滅之,福贇亦有所傷。福贇性本純厚,又以車駕順動,秘而不奏。同列李殷,居福贇下無名,欲危福贇以自升,遂密陳其事,云:‘福贇若不爲亂,何得無言?’少帝至

封丘，出福贇爲商州刺史，尋下獄鞫之。福贇終不自明，以至見殺，人甚冤之。”

[5]鄜州：州名。治所在今陝西富縣。　留後：官名。唐、五代節度使多以子弟或親信爲留後，以代行節度使職務，亦有軍士、叛將自立爲留後者。掌一州或數州軍政。

[6]“開運中”至“破敵必矣”：《輯本舊史》卷八四《晋少帝紀四》開運三年五月諸條：“戊申，以鄜州留後李殷爲定州節度使。辛亥，詔皇甫遇爲北面行營都部署，張彦澤爲副，李殷爲都監，領兵赴易、定等州，尋止其行。”同年六月條：“定州奏，蕃寇壓境。詔李守貞爲北面行營都部署，滑州皇甫遇爲副，相州張彦澤充馬軍都指揮使，定州李殷充步軍都指揮使。”卷八五《晋少帝紀五》開運三年十二月丙寅條：“定州李殷奏，前月二十八日夜，領捉生四百人往曲陽嘉山下，逢賊軍車帳，殺千餘人，獲馬二百匹。”《通鑑》卷二八五開運三年六月乙丑條：“義武節度使薊人李殷充步軍都指揮使兼都排陣使。”

[7]常山：即鎮州，治所在今河北正定縣。

[8]解里：人名。即耶律解里。《遼史》卷三《太宗紀上》作“解里德”。契丹突吕不部人。遼國將領。傳見《遼史》卷七六。

其將解里：中華書局本有校勘記：“‘其’，殿本、孔本作‘常山’。‘解里’，殿本、孔本作‘耶律解里’。按《遼史》卷七六有《耶律解里傳》。”解里，《通鑑》作“麻答”。卷二八七天福十二年（947）閏七月辛巳條：“麻答遣使督運於洺州，洺州防禦使薛懷讓聞帝入大梁，殺其使者，舉州降。帝遣郭從義將兵萬人會懷讓攻劉鐸於邢州，不克。鐸請兵於麻答，麻答遣其將楊安及前義武節度使李殷將千騎攻懷讓於洺州。”麻答即耶律拔里得，《遼史》卷七六亦有傳。　楊安：人名。契丹將領。本書僅此一見。　洺水：水名。即洺河。位於今河北南部。

[9]甘陵：地名。指代貝州，治所在今河北清河縣。

[10]乃命殷爲貝州節度使，加檢校太傅：《輯本舊史》卷

一〇〇《漢高祖紀下》天福十二年十一月己卯條：“以前定州節度使李殷爲貝州節度使。”卷一〇一《漢隱帝紀上》乾祐元年（948）三月丙子條：“貝州節度使、檢校太傅李殷加檢校太尉。”

［11］《大典》卷一〇三九〇“李”字韻“姓氏（三五）”事目。

劉在明

劉在明，幽州人。少有膽氣，本州節度使劉守光用爲親信，出爲平塞軍使。[1]守光敗，歸於太原，唐莊宗收爲列校。明宗時，爲捧聖左厢都指揮使，領和州刺史。[2]從幸汴州，至滎陽，[3]聞朱守殷叛，[4]用爲前鋒。至汴城，[5]率先登城，賊平，授汴州馬步軍都指揮使。應順初，[6]爲貝州刺史。明年，移趙州，兼北面行營馬軍都指揮使，以軍戍易州。[7]清泰末，[8]幽州節度使趙德鈞引軍赴團柏谷，[9]路由易州，取在明軍從。及德鈞兵敗，在明奔歸懷州，[10]唐末帝令與萇從簡同守河陽。[11]晉祖至，乃迎之，京都事定，出爲單州刺史。[12]天福中，李金全以安州叛，[13]在明從李守貞攻之，[14]大破淮賊，以功授安州防禦使，明年，移絳州。[15]楊光遠據青州叛，召爲行營馬步軍都指揮使，領齊州防禦使。[16]青州平，遷相州留後，[17]歷邢州、晉州留後。[18]高祖踐阼，授幽州道行營都部署，[19]時虜守中山，[20]在明出師經略，虜乃棄城而去，遂授鎮州留後。乾祐元年五月，正授鎮州節度使。[21]六月，以疾卒于鎮。[22]贈侍中。[23]《永樂大典》卷九千九十九。[24]

　　[1]平塞軍使：官名。平塞軍，位於今河北北部。軍使，唐末邊防將領。《新唐書》卷五〇《兵志》：“唐初，兵之戍邊者，大曰軍，小曰守捉，曰城，曰鎮……武德至天寶以前邊防之制，其軍、城、鎮、守捉皆有使。”

　　[2]和州：州名。治所在今安徽和縣。

　　[3]滎陽：縣名。治所在今河南滎陽市。

　　[4]朱守殷：人名。籍貫不詳。五代後唐將領。傳見本書卷七四、《新五代史》卷五一。

　　[5]汴城：地名。位於今河南開封市。

　　[6]應順：五代後唐閔帝李從厚年號（934）。

　　[7]易州：州名。治所在今河北易縣。

　　[8]清泰：五代後唐廢帝李從珂年號（934—936）。

　　[9]趙德鈞：人名。幽州（今北京市）人。初爲幽州節度使劉守光部將，再爲五代後唐將領，後來投降遼國。傳見本書卷九八。

　　團柏谷：地名。位於今山西祁縣，是太原與上黨地區間交通要道。

　　[10]懷州：州名。治所在今河南沁陽市。

　　[11]唐末帝：即五代後唐廢帝李從珂，又稱末帝。鎮州平山（今河北平山縣）人。本姓王氏，爲後唐明宗養子，改名從珂。934年至936年在位。紀見本書卷四六至卷四八、《新五代史》卷七。

　　萇從簡：人名。陳州（今河南淮陽縣）人。五代後唐、後晉將領。傳見本書卷九四、《新五代史》卷四七。　　河陽：方鎮名。全稱“河陽三城”。治所在孟州（今河南孟州市）。　　“清泰末”至“唐末帝令與萇從簡同守河陽”：《通鑑》卷二八〇天福元年（936）十月癸酉條：“趙州刺史、北面行營都指揮使劉在明先將兵戍易州，德鈞過易州，命在明以其衆自隨。”閏十一月諸條：“丁卯，至團柏，與唐兵戰，趙德鈞、趙延壽先遁，符彥饒、張彥琦、劉延朗、劉在明繼之，士卒大潰，相騰踐死者萬計。己巳，延朗、在明至懷州。……丁丑，唐主命河陽節度使萇從簡與趙州刺史劉在明守河陽南城，遂斷浮梁，歸洛陽。”

　　[12]單州：州名。治所在今山東單縣。　　“晋祖至”至“出爲單州刺史”：《通鑑》卷二八〇天福元年閏十一月己卯條：“帝至河陽，萇從簡迎降，舟楫已具。彰聖軍執劉在明以降，帝釋之，使復其所。”

　　[13]李金全：人名。吐谷渾族。早年爲五代後唐明宗李嗣源奴僕，驍勇善戰，因功升遷。後晋時封安遠軍節度使，後投奔南唐。傳見本書卷九七、《新五代史》卷四八。　　安州：州名。治所在今湖北安陸市。《輯本舊史》之影庫本粘籤：“安州，原本作‘要州’，今據《通鑑》改正。”《宋本册府》卷三六〇《將帥部·立功門十三》劉在明條：“晋天福初，爲安州刺史。”

　　[14]李守貞：人名。河陽（今河南孟州市）人。五代將領。傳見本書卷一〇九、《新五代史》卷五二。

　　[15]絳州：州名。治所在今山西新絳縣。

　　[16]齊州：州名。治所在今山東濟南市。

　　[17]相州：州名。治所在今河南安陽市。

　　[18]邢州：州名。治所在今河北邢臺市。　　晋州：州名。治所在今山西臨汾市。　　“青州平”至“歷邢州、晋州留後”：《舊五代史考異》：“案《通鑑》云：契丹入汴，建雄留後劉在明朝于契丹，以節度副使駱知朗知州事。”見《通鑑》卷二八六天福十二年正月庚辰條。“駱知朗”，《輯本舊史》卷九九《漢高祖紀上》天福十二年二月庚辰條、《新五代史》卷一〇《漢本紀》天福十二年二月辛未條及《通鑑》均作“駱從朗”。《輯本舊史》卷八三《晋少帝紀三》開運二年（945）正月己亥條：“以齊州防禦使劉在明爲相州留後。”卷八四《晋少帝紀四》開運二年十月庚寅條：“以邢州兵馬留後劉在明爲晋州兵馬留後。”

　　[19]都部署：官名。五代後唐始置，爲臨時委任的大軍區統帥。掌管屯戍、攻防等事務。　　授幽州道行營都部署：《舊五代史考異》：“案《通鑑》：在明先爲成德軍留後，繼授幽州道馬步都部

署。與《薛史》前後互異。"見《通鑑》卷二八八乾祐元年（948）三月甲戌條。

[20]中山：地名。此處代指唐末河北方鎮義武軍（治所在定州）。　時虜守中山："虜"原作"契丹"，乃輯者忌清諱竄改，現據明本《册府》卷三六〇回改。下文"虜乃棄城而去"之"虜"同。

[21]"在明出師經略"至"正授鎮州節度使"：《輯本舊史》卷一〇一《漢隱帝紀上》乾祐元年二月庚寅條："以前晋州留後劉在明爲鎮州留後、幽州馬步軍都部署，加檢校太尉。"同年三月丙子條："以鎮州留後兼幽州一行馬步軍都部署、檢校太傅劉在明爲鎮州節度使，加檢校太師，部署如故。"《通鑑》同。《宋本册府》卷三八七《將帥部・褒異門十三》："乾祐元年五月二日，授鎮州節度使。"

[22]六月，以疾卒于鎮：《輯本舊史》卷一〇一乾祐元年六月丙申條："鎮州奏，節度使劉在明卒。"

[23]侍中：官名。秦始置。隋、唐前期爲門下省長官。唐後期多爲大臣加銜，不參與政務，實際職務由門下侍郎執行。正二品。

[24]《大典》卷九〇九九"劉"字韻"姓氏（二七）"事目。

馬萬

馬萬，澶州人也。少從軍，善水游。唐莊宗與梁軍對壘於河上，莊宗於德勝渡夾河立南北寨。[1]會梁軍急攻南寨，[2]於中流聯戰艦以絶援路，晝夜攻城者三日，寨將氏延賞告急於莊宗。[3]莊宗隔河望敵，無如之何，乃召人能水游破賊者。時萬兄弟皆應募，遂潛行入南寨，往來者三，又助燒船艦，汴軍遂退。由此升爲水軍小校，漸典禁軍，遥領刺史，累遷奉國左厢都指揮使、泗州防禦使。[4]晋天福二年夏，范延光叛於鄴，牙將孫銳率兵至黎陽，[5]朝廷遣侍衛馬軍都指揮使白奉進領兵渡滑州，[6]萬亦預其行。時滑州節度使符彦饒潛通鄴下，[7]殺白奉進於牙署。萬領本軍兵士將助亂，會奉國右厢都指揮使盧順密亦以兵至，[8]諭以逆順，萬不得已，與順密急趨公府，執彦饒生送闕下。[9]朝廷即以萬爲滑州節度使，[10]而盧順密酬之甚淺。居無何，晋高祖稍知其事，即以順密爲涇州兵馬留後，[11]漸薄於萬。萬鎮鄧州，未幾罷鎮，授上將軍，以目疾致仕。[12]乾祐三年四月卒。輟視朝一日。《永樂大典》卷一萬八千一百三十二。[13]

[1]德勝渡：地名。黄河重要渡口之一。李存勗部將李存審築於黄河津要處德勝口，有南北二城。南城在今河南濮陽市東南五里，北城在今河南濮陽市區。

[2]會梁軍急攻南寨：《輯本舊史》之影庫本粘籤：“立南北寨，原本脱‘會梁軍急攻南寨’七字，今據《册府元龜》增入。”查《册府》，未見此記載。

[3]氏延賞：人名。籍貫不詳。五代將領。事見本書卷五五、卷六五。

[4]泗州：州名。治所在今江蘇泗洪縣東南。

[5]孫銳：人名。籍貫不詳。五代後晋將領，范延光屬官。事見本書卷七六、卷九七。　黎陽：縣名。治所在今河南浚縣。

[6]白奉進：人名。雲州清塞軍（今山西陽高縣）人。五代後唐、後晋將領。傳見本書卷九五。　滑州：州名。治所在今河南滑縣。

[7]符彦饒：人名。陳州宛丘（今河南淮陽縣）人。符存審次

子。五代後唐、後晋將領。傳見本書卷九一、《新五代史》卷二五。

　　[8]盧順密：人名。汶陽（今山東泰安市）人。五代將領。傳見本書卷九五。

　　[9]"晋天福二年夏"至"執彦饒生送闕下"：《舊五代史考異》："案《薛史‧晋列傳》：符彦饒以忿争殺白奉進，非潛通鄴下也。此傳蓋沿實録傳聞之誤，《通鑑》從《晋列傳》。"見《輯本舊史》卷九五《白奉進傳》、《通鑑》卷二八一天福二年（937）秋七月條。《輯本舊史》卷九一《符彦饒傳》、卷九五《白奉進傳》均謂馬萬時爲步軍都校，盧順密爲次校。《通鑑》卷二八一同。《輯本舊史》卷七六《晋高祖紀二》天福二年七月甲寅條："奉國都指揮使馬萬奏，滑州節度使符彦饒作亂，屠害侍衛馬軍都指揮使白奉進，尋以所部兵擒到彦饒，差立功都虞候方太押送赴闕。尋賜死於路。"

　　[10]滑州節度使：《通鑑》卷二八一天福二年七月乙卯條作"義成節度使"，滑州爲義成軍治所。

　　[11]涇州：州名。治所在今甘肅涇川縣。　涇州兵馬留後：《輯本舊史》卷七七《晋高祖紀三》天福三年三月甲戌條、卷九五《盧順密傳》同。《通鑑》卷二八一天福二年七月丙辰條作"昭義留後"。時杜重威領昭義節度以討張從賓，故以盧順密爲昭義留後以獎之。《通鑑》應是。

　　[12]以目疾致仕：《輯本舊史》卷八四《晋少帝紀第四》開運二年（945）五月丁酉條："以右衛上將軍馬萬爲左金吾上將軍致仕。"

　　[13]《大典》卷一八一三二"將"字韻"後漢將"事目。

李彦從

　　李彦從，字士元，汾州孝義人。[1]父德，[2]麟州司馬。[3]彦從少習武藝，出行伍間，高祖典禁軍，以鄉里之舊，任爲親信。國初，用爲左飛龍使、檢校司空。[4]鎮州逐虜之際，請兵于朝廷，高祖令彦從率軍赴之。乾祐初，領恩州刺史。[5]趙暉討王景崇于岐下，[6]彦從爲兵馬都監，[7]破川軍有功。[8]賊平，授濮州刺史，[9]治有政能，百姓悦之。乾祐三年冬，卒於郡。《永樂大典》卷一萬三百九十。[10]

[1]汾州：州名。治所在今山西汾陽市。　孝義：縣名。治所在今山西孝義市。

[2]德：人名。即李德。汾州孝義（今山西孝義市）人。李彦從之父。本書僅此一見。

[3]司馬：官名。即行軍司馬。方鎮屬官。掌軍籍符伍、號令印信，是藩鎮重要的軍政官員。

[4]左飛龍使：官名。唐代掌閑厩御馬之內使，又稱“內飛龍使”。五代沿置。　檢校司空：官名。爲散官或加官，以示恩寵，無實際執掌。

[5]恩州：州名。治所在今廣東陽江市。

[6]趙暉：人名。澶州（今河南濮陽市）人。五代將領。傳見本書卷一二五。　王景崇：人名。邢州（今河北邢臺市）人。五代後漢時升任鳳翔節度使。傳見本書附録、《新五代史》卷五三。岐下：地名。此指鳳翔。治所在今陝西鳳翔縣。

[7]兵馬都監：官名。唐代中葉命將出征，常以宦官爲監軍、都監。後爲臨時委任的統兵官，稱都監、兵馬都監。掌屯戍、邊防、訓練之政令。

[8]“鎮州逐虜之際”至“破川軍有功：亦見明本《册府》卷四一四《將帥部·赴援門》。虜，中華書局本沿《輯本舊史》作“敵”，乃輯者忌清諱竄改，現據明本《册府》回改。《新五代史》

卷五三《王景崇傳》：“景崇乃叛，盡殺侯益家屬，與趙思綰共推李守貞爲秦王。隱帝即以（鳳翔節度使）趙暉討之。景崇西招蜀人爲助，蜀兵至寶鷄，爲暉將藥元福、李彦從所敗。”明本《册府》卷四三五《將帥部·獻捷門二》乾祐元年（948）九月：“永興行營都部署郭從義奏：‘今月十四日，鳳翔王景崇兵士離本城，尋遣監軍李彦從率兵追襲至法門寺西，殺戮二千餘人。”《輯本舊史》卷一〇一《漢隱帝紀中》乾祐元年九月壬申條：“郭威奏，得郭從義報，今月十四日，鳳翔王景崇兵士離本城，尋遣監軍李彦從率兵襲至法門寺西，殺戮二千餘人。”《通鑑》卷二八八乾祐元年九月壬子條：“蜀兵援王景崇軍于散關，趙暉遣都監李彦從襲擊，破之。蜀兵遁去。”《考異》曰：“《實録》：戊辰（廿三），樞密使郭諱（威）上言：‘都監李彦從將兵掩襲川賊，至大散關，殺賊三千餘，其餘棄甲而遁。’《漢隱帝實録》：九月，李彦從敗蜀兵於散關。”

　　[9]濮州：州名。治所在今山東鄄城縣。

　　[10]《大典》卷一〇三九〇“李”字韻“姓氏（三五）”事目。

郭謹

　　郭謹，字守節，太原晋陽人。[1]謹少從軍，能騎射，歷河中教練使。[2]晋天福中，遷奉國右厢都指揮使，領禹州刺史。[3]三年，轉奉國左厢都指揮、泗州防禦使，歲餘，授侍衛步軍都指揮使兼寧江軍節度使。[4]六年，從幸鄴。七年，晋祖崩，少帝即位，授彰德軍節度使，[5]領軍如故。[6]開運初，出授鄜州。[7]二年，入爲左神武統軍。[8]三年，復鎮鄜州。[9]高祖踐阼，以鄉國舊臣，加檢校太尉，移鎮滑臺。[10]乾祐初，復授彰德軍節度使。[11]二年，就加檢校太師。[12]三年，入朝，加食邑。[13]是歲冬十月，卒於位，年六十。[14]輟視朝二日，贈侍中。《永樂大典》卷二萬二千一百六十一。[15]

[1]晉陽：地名。太原故城別稱，爲宋太宗火燒、水淹而毀。城址位於今山西太原市西南晉源區。

[2]河中：府名。唐開元八年（720）改蒲州爲河中府，因地處黄河中游而得名，其後名稱屢有改易。治所在今山西永濟市。教練使：官名。唐末、五代方鎮軍將。分左、右兩員，多選善兵法武藝者，掌軍事訓練。

[3]禺州：州名。治所在今廣西北流市。

[4]寧江軍：方鎮名。治所在夔州（今重慶市奉節縣）。　授侍衛步軍都指揮使兼寧江軍節度使：《輯本舊史》卷七八《晋高祖紀四》天福四年（939）四月丙子：“以奉國左右厢都指揮使郭謹爲侍衛親軍步軍都指揮使、夔州寧江軍節度使。”

[5]彰德軍：方鎮名。治所在相州（今河南安陽市）。

[6]“七年”至“領軍如故”：《輯本舊史》卷八〇《晋高祖紀六》天福七年三月丁丑條：“以夔州節度使兼侍衛步軍都指揮使郭謹爲相州節度使。”據《輯本舊史》卷八〇，晋高祖崩於天福七年六月乙丑，郭謹“授彰德軍節度使”在此之前。卷八一《晋少帝紀一》天福七年七月癸卯條：“相州彰德軍節度使、侍衛步軍都指揮使郭瑾，並加檢校太傅，仍增爵邑。”卷八二《晋少帝紀二》天福八年十一月辛丑條：“遣侍衛步軍都指揮使郭謹領兵赴鄆州。”同卷開運元年（944）二月甲辰條：“鄆州奏，博州刺史周儒以城降契丹，又與楊光遠潛約，光遠引契丹於馬家渡濟河。時郭謹在汶陽，遣左武衛將軍蔡行遇率數百騎赴之，遇伏兵於葭葦中，突然而出。轉鬭數合，部下皆遁，行遇爲賊所執，鋒鏑重傷，不能乘馬，坐畚中舁至幕帳。遣李守貞等水陸進兵而下，以救汶陽。”《通鑑》

卷二八三天福八年十一月壬寅條：“遣侍衛步軍都指揮使郭謹將兵成鄆州。”《胡注》：“以防河津，使楊光遠不得與契丹交通也。”《新五代史》卷九《晋本紀》天福七年八月庚申條：“天平軍節度使景延廣、義成軍節度使李守貞、彰德軍節度使郭謹，進錢粟助作山陵。”

[7]開運初，出授鄴州：《輯本舊史》卷八三《晋少帝紀三》開運元年十一月丙戌條：“以前相州節度使郭謹爲鄴州節度使。”

[8]左神武統軍：官名。唐代左神武軍統兵官。唐置六軍，分左、右羽林，左、右龍武，左、右神武，即“北衙六軍”。興元元年（784），六軍各置統軍，以寵功勳臣。其品秩，《唐會要》卷七一、《舊唐書》卷一二記載爲“從二品”，《通鑑》卷二二九記載爲“從三品”。 二年，入爲左神武統軍：《輯本舊史》卷八四《晋少帝紀》四開運二年八月丙子條：“以前鄴州節度使郭謹爲左神武統軍。”

[9]三年，復鎮鄴州：中華書局本有校勘記：“‘鄴州’，原本作‘麟州’，據劉本、彭本、本書卷八四晋少帝紀四改。按本卷上文記其‘開運初，出授鄴州’。”《輯本舊史》卷八四開運三年五月甲寅條：“以左神武統軍郭謹爲鄴州節度使。”

[10]滑臺：地名。位於今河南滑縣。 “高祖踐阼”至“移鎮滑臺”：《輯本舊史》卷一〇〇《漢高祖紀下》天福十二年十二月辛丑條：“以前鄴州節度使郭謹爲滑州節度使，加檢校太尉。”

[11]彰德軍節度使：《輯本舊史》卷一〇一《漢隱帝紀上》乾祐元年（948）三月甲戌條：“以滑州節度使、檢校太尉郭謹爲鄴州節度使。”

[12]二年，就加檢校太師：《輯本舊史》卷一〇二《漢隱帝紀中》乾祐二年丙子條：“相州郭謹、貝州王繼弘、邢州薛懷讓並加檢校太尉。”

[13]三年，入朝，加食邑：中華書局本有校勘記：“‘三年’原作‘三日’，據殿本、劉本、《册府》卷一七二改。按本書卷一〇

三《漢隱帝紀下》：'（乾祐三年冬十月）彰德軍節度使郭謹卒'。"見明本《冊府》卷一七二《帝王部·求舊門二》："三年春，入朝，加食邑。"《輯本舊史》卷一○三《漢隱帝紀下》乾祐三年四月戊辰條："相州郭謹、河陽李暉並進邑封。"《通鑑》卷二八九繫此事於乾祐三年三月丙午，胡注曰："許之赴嘉慶節上壽，故入朝。"

　　[14]是歲冬十月，卒於位，年六十：《輯本舊史》卷一○三乾祐三年十月戊申條："彰德軍節度使郭謹卒。"

　　[15]《大典》卷二二一六一"郭"字韻"姓氏（六）"事目。

　　皇甫立

　　皇甫立，代北人也。[1]唐明宗之刺代州，[2]署爲牙校，從歷藩鎮。性純謹，明宗深委信之，王建立、安重誨策名委質，[3]皆在立後。明宗踐阼，以立爲忻州刺史。[4]長興末，[5]轉洺州團練使。應順初，遷鄜州節度使，檢校太保。[6]清泰三年春，移鎮潞州，未幾，改華州。[7]晉天福中，授左神武統軍。[8]少帝即位，歷左金吾衛上將軍，[9]累官至檢校太尉。高祖定天下，授特進、太子太師致仕。[10]乾祐二年秋卒。[11]《永樂大典》卷一萬九百七十一。[12]

　　[1]代北：方鎮名。治所在代州（今山西代縣）。

　　[2]代州：州名。治所在今山西代縣。

　　[3]王建立：人名。遼州榆社（今山西榆社縣）人。五代後唐、後晉大臣。傳見本書卷九一、《新五代史》卷四六。　安重誨：人名。應州（今山西應縣）人。五代後唐大臣。傳見本書卷六六、

《新五代史》卷二四。

[4]忻州：州名。治所在今山西忻州市。 明宗踐阼，以立爲忻州刺史：明本《册府》卷三三九《宰輔部・忌害門》："（明宗）頻詔安重誨授（皇甫立）一藩鎮，重誨奏曰：'立嘗申意於臣，且願舊地。'繇是遷改留滯，蓋重誨扼之也。"

[5]長興：五代後唐明宗李嗣源年號（930—933）。

[6]"應順初"至"檢校太保"："應順初"，中華書局本有校勘記："原作'廣順'，據殿本、劉本、《册府》卷一七二改。按本書卷四五《唐閔帝紀》，皇甫立爲鄜州刺史在應順元年。"後唐無"廣順"年號，明宗長興後即爲閔帝應順。《輯本舊史》卷四五《唐閔帝紀》應順元年（934）正月甲午條："前洺州團練使皇甫立加檢校太保，充鄜州節度使。"《宋本册府》卷一七二《帝王部・求舊門》二："應順元年正月，以前洺州團練使皇甫立爲保大軍節度。立，明宗微時舊人也，性不趨競。同時數輩皆秉節鉞，唯立纔及二千石。朱、馮舉其勞舊，故有是命。"

[7]華州：州名。治所在今陝西渭南市華州區。 "清泰三年春"至"改華州"：《輯本舊史》卷四八《唐末帝紀下》清泰三年（936）二月庚辰條："以前鄜州節度使皇甫立爲潞州節度使。"同年七月乙未條："以潞州節度使皇甫立爲華州節度使。"《通鑑》卷二八〇天福元年五月戊戌條："昭義節度使皇甫立奏（石）敬瑭反。"胡注："并、潞二鎮接境，故知其事而先奏之。"天福元年即清泰三年。

[8]晋天福中，授左神武統軍：《輯本舊史》卷七六《晋高祖紀二》天福二年（937）正月戊寅條："以前鎮國軍節度使皇甫立爲神武統軍。"

[9]左金吾衛上將軍：官名。唐置，掌宫禁宿衛。唐代十六衛之一。從二品。 少帝即位，歷左金吾衛上將軍：《輯本舊史》卷八一《晋少帝紀一》天福七年十二月乙丑條："以前華州節度使皇甫立爲左金吾衛上將軍。"卷八四《晋少帝紀四》開運二年八月戊

寅條：“以左金吾上將軍皇甫立爲左衛上將軍。”明本《册府》卷四八五《邦計部·濟軍門》晋少帝條天福八年七月：“左金吾衛上將軍皇甫立進助國粟三千石。”亦見同卷《輸財門》。

[10]特進：官名。西漢末期始置，授給列侯中地位較特殊者。隋唐時期，特進爲散官，授給有聲望的文武官員。正二品。　太子太師：官名。與太子太傅、太子太保統稱太子三師。隋唐以後多作加官或贈官。從一品。　授特進、太子太師致仕：《輯本舊史》卷一〇〇《漢高祖紀下》天福十二年閏七月辛酉條：“以左衛上將軍皇甫立爲太子太師致仕。”

[11]乾祐二年秋卒：《輯本舊史》卷一〇二《漢隱帝紀中》乾祐二年（949）九月辛亥條：“太子太師致仕皇甫立卒。”

[12]《大典》卷一〇九七一“甫”字韻“姓氏（二）”事目。

白再榮

　　白再榮，本蕃部人也。[1]少從軍，累遷護聖左厢都指揮使。[2]晋末，契丹犯闕，[3]明年，虜主北去，再榮從虜帳至真定。[4]其年閏七月晦，李筠、何福進相率殺虜帥麻答，[5]據甲仗庫，敵勢未退，筠等使人召再榮。再榮端坐本營，遲疑久之，爲軍吏所迫，乃行。翊日，逐出麻答，諸軍以再榮名次在諸校之右，乃請權知留後事。[6]

　　[1]本蕃部人也：《舊五代史考異》：“《歐陽史》作不知其世家何人也。”見《新五代史》卷四八《白再榮傳》。

　　[2]累遷護聖左厢都指揮使：中華書局本有校勘記：“‘都’字

原闕，據《册府》卷四四六、卷四五五，《通鑑》卷二八四補。"
見明本《册府》卷四四六《將帥部・觀望門》、卷四五五《將帥部・貪黷門》，《通鑑》卷二八四開運元年（945）二月甲辰條。

[3]晋末，契丹犯闕：《通鑑》卷二八四開運元年二月甲辰條："命護聖都指揮使白再榮守馬家口。未幾，周儒引契丹將麻答自馬家口濟河。"

[4]真定：縣名。治所在今河北正定縣。　明年，虜王北去，再榮從虜帳至真定："虜王"，中華書局本沿《輯本舊史》作"契丹主"，乃輯者忌清諱竄改，據明本《册府》卷四四六《將帥部・觀望門》、卷四五五《將帥部・貪黷門》回改。下"虜"字原闕，亦據補。

[5]李筠：人名。并州太原（今山西太原市）人。五代、宋初將領。傳見《宋史》卷四八四。《舊五代史考異》："案《東都事略・李筠傳》：筠請馮道領節度，道曰：'予主奏事而已，留後事當議功臣爲之。'以諸將之甲者爲留後。"見《東都事略》卷二十二《李筠傳》。《通鑑》卷二八七作"李榮"。　何福進：人名。太原（今山西太原市）人。五代將領。傳見本書卷一二四。　虜帥：《輯本舊史》作"契丹帥"，乃輯者忌清諱竄改，據明本《册府》卷四五五《將帥部・貪黷門》回改。　麻答：人名。即耶律拔里得。契丹人。遼初皇室，遼太宗耶律德光堂弟。傳見《遼史》卷七六。參見鄧廣銘（署名鄺又銘）《遼史兵衛志"御帳親軍""大首領部族軍"兩事目考源》，《北京大學學報》（人文科學）1956年第2期。

[6]"其年閏七月晦"至"乃請權知留後事"：《輯本舊史》卷一〇〇《漢高祖紀下》天福十二年（947）八月壬午條："鎮州駐屯護聖左厢都指揮使白再榮等，逐契丹所命節度使麻答，復其城。"《新五代史》卷一〇《漢本紀》亦謂八月。《通鑑》卷二八七天福十二年閏七月辛巳條："漢兵奪契丹守門者兵擊契丹，殺十餘人，因突入府中。李榮先據甲庫，悉召漢兵及市人，以鎧仗授之，焚牙

門，與契丹戰。榮召諸將并力，護聖左厢都指揮使、恩州團練使白再榮（胡注：‘恩州時屬南漢境，白再榮遥領也。’）狐疑，匿於別室，軍吏以佩刀决幕，引其臂，再榮不得已而行。諸將繼至，煙火四起，鼓譟震地。麻答等大驚，載寶貨家屬，走保北城。而漢兵無所統壹，貪狡者乘亂剽掠，懦者竄匿。”同年八月壬午條：“契丹自北門入，勢復振，漢民死者二千餘人。前磁州刺史李毅恐事不濟，請馮道、李崧、和凝至戰所慰勉士卒，士卒見道等至，爭自奮。會日暮，有村民數千譟於城外，欲奪契丹寶貨、婦女，契丹懼而北遁。……馮道等四出安撫兵民，衆推道爲節度使。道曰：‘我書生也，當奏事而已，宜擇諸將爲留後。’時李榮功最多，而白再榮位在上，乃以再榮權知留後。”此段先言殺麻答，後又言逐出麻答，前後矛盾。麻答，《遼史》卷七六傳言，滅晋後，州郡往往叛以應劉知遠，因不能守而歸。當世宗時卒。故本傳所言疑誤。

　　再榮貪昧無决，舉止多疑，出入騎從，露刃注矢，諸校不相統攝，互有猜貳。奉國廂主王饒懼爲再榮所并，[1]乃據東門樓，以兵自衛，僞稱足疾，不敢見再榮。司天監趙延乂俱與之善，[2]乃來往解釋，遂無相忌之意。再榮以李崧、和凝携家在彼，[3]令軍士數百人環迫崧、凝，以求賞給。崧、凝各出家財與之，再榮欲害崧以利其財。[4]前磁州刺史李毅謂再榮曰：[5]“公與諸將爲契丹所擄，凌辱萬端，旦夕憂死。今日衆力逐出蕃戎，鎮民死者不下三千人，豈獨公等之功！纔得生路，便擬殺一宰相，他日到闕，儻有所問，何以爲辭？”再榮默然。再榮又欲括率在城居民家財，以給軍士，李毅又譬解之，乃止。其漢人曾事麻答者盡拘之，以取其財。

[1]王饒：人名。慶州華池（今甘肅華池縣）人。五代將領。傳見本書卷一二五。

[2]司天監：官（署）名。其長官稱司天監，掌天文、曆法以及占候等事。參見趙貞《唐宋天文星占與帝王政治》，北京師範大學出版社 2016 年版。　趙延義：人名。一作“趙延義”。秦州（今甘肅秦安縣）人。五代十國時前蜀大臣趙温珪之子。通術數。傳見本書卷一三一、《新五代史》卷五七。

[3]李崧：人名。深州饒陽（今河北饒陽縣）人。五代後晉宰相，歷仕後唐至後漢。傳見本書卷一〇八、《新五代史》卷五七。

和凝：人名。鄆州須昌（今山東東平縣）人。五代後晉宰相。傳見本書卷一二七、《新五代史》卷五六。

[4]再榮欲害崧以利其財：《通鑑》卷二八七天福十二年（947）八月壬午條：“又欲殺崧、凝以滅口。”

[5]李穀：人名。潁州汝陰（今安徽阜陽市）人。五代官員，後周時任宰相。傳見《宋史》卷二六二。

　　高祖以再榮爲鎮州留後，爲政貪虐難狀，鎮人呼爲“白麻答”。[1]未幾，移授滑州節度使，[2]箕斂誅求，民不聊生，乃徵還京師。周太祖入京城，[3]軍士攻再榮之第，迫脅再榮，盡取財貨既，軍士前啓曰：“某等軍健，常趨事麾下，一旦無禮至此，今後何顏謁見？”即奮刃擊之，挈其首而去，後家人以帛贖葬之。[4]《永樂大典》卷一萬八千一百三十二。[5]

　　[1]“高祖以再榮爲鎮州留後”至“鎮人呼爲‘白麻答’”：《通鑑》卷二八七乾祐元年（948）二月庚寅條：“朝廷知成德留後白再榮非將帥才，以前建雄留後劉在明代之。”

[2]移授滑州節度使：《輯本舊史》卷一〇一《漢隱帝紀上》乾祐元年三月甲戌條：“以前鎮州留後、檢校太傅白再榮爲滑州節度使，加檢校太尉。”

[3]周太祖：即五代後周太祖郭威。邢州堯山（今河北隆堯縣）人。後周建立者。951年至954年在位。紀見本書卷一一〇至卷一一三、《新五代史》卷一一。

[4]“周太祖入京城”至“後家人以帛贖葬之”：《輯本舊史》卷一〇三《漢隱帝紀下》乾祐三年十一月乙酉條：“前滑州節度使白再榮爲亂兵所害。”

[5]《大典》卷一八一三三“將”字韻“後周將（二）”事目，誤，應爲卷一八一三二“將”字韻“後漢將”事目。

張鵬

張鵬，鎮州鼓城人。[1]幼爲僧，知書，有口辯，喜大言，後歸俗。[2]唐末帝爲潞王時，鵬往依焉，及即位，用爲供奉官，[3]累監軍旅。[4]晋開運中，契丹迫澶州，[5]鵬爲前鋒監押，奮身擊敵，被創而還。其後累於邊城戍守，士伍服其勇。乾祐初，授鎮州副使，過鄴城，高行周接之甚歡，鵬因言及晋朝傾亡之事，少帝任用失人，藩輔之臣，唯務積財富家，不以國家爲意，以至宗社泯滅，非獨帝王之咎也。行周性寬和，[6]不以鵬言爲過。鵬既退，行周左右謂行周曰：“張副使之言，蓋譏令公也。”行周因發怒，遂奏鵬怨國訛言，故朝廷降詔就誅於常山，時乾祐元年七月也。[7]《永樂大典》卷六千三百五十一。[8]

　　[1]鼓城：縣名。治所在今河北晋州市。

　　[2]“張鵬”至“後歸俗”：《宋本册府》卷六一三《刑法部·定律令門五》唐明宗條長興四年（933）六月：“敕御史中丞龍敏、給事中張鵬、中書舍人盧導、刑部侍郎任贊、大理卿李延範等，詳定《大中刑法統類》。”《輯本舊史》卷四五《唐閔帝紀》應順元年（934）閏正月戊申條：“以給事中張鵬爲御史中丞。”

　　[3]供奉官：官名。泛指侍奉皇帝左右的臣僚，亦爲東、西頭供奉官通稱。

　　[4]“唐末帝爲潞王時”至“累監軍旅”：《輯本舊史》卷四七《唐末帝紀中》清泰二年（935）二月辛巳條：“以御史中丞張鵬爲刑部侍郎。”卷七六《晋高祖紀二》天福二年（937）三月甲寅條：“刑部侍郎張鵬改兵部侍郎。”《宋本册府》卷五一七《憲官部·振舉門二》唐末帝條清泰元年：“御史中丞張鵬奏：‘文武常參官入閣日，廊下設食，每宣放仗拜後就食，相承以爲謝食拜。臣以每日常朝宣不坐後拜退，豈謝食之謂乎？如臣所見，自今宣放仗拜後，且就次候將設食，別降使於敷政門外宣賜酒食，群臣謝恩後食。’從之。是年，鵬又自舉内殿起居門外序班，與御史晚到失儀，詔各罰一月俸料。”注：“故事，御史府不治，尚書左、右丞舉奏。今鵬自彈，則尚書左右可知矣。”明本《册府》卷一〇八《帝王部·朝會門二》繫此事於六月辛卯。明本《册府》卷一一八《帝王部·親征門三》：“（天福九年正月庚辰，契丹入寇）以護聖左右厢主王景、王萬敢爲騎軍左右將，慈州刺史周景殷、武衛將軍張鵬監護。”

　　[5]契丹迫澶州：《輯本舊史》之影庫本粘籤：“澶州，原本作‘沮州’，今從《通鑑》改正。”見《通鑑》卷二八四開運元年（944）三月癸酉條。《輯本舊史》卷八五《晋少帝紀五》開運三年十二月壬戌條：“博望縣都監張鵬入奏蕃軍事勢。”

　　[6]行周性寬和：《宋本册府》卷九三三《總録部·誣構門二》作“行周性比寬厚”。

　　[7]時乾祐元年七月也：《輯本舊史》卷一〇一《漢隱帝紀上》

乾祐元年（948）七月庚午條：“鎮州奏，準詔處斬節度副使張鵬訖。”

　　[8]《大典》卷六三五一“張”字韻“姓氏（二一）”事目。

　　史臣曰：晋、漢之際，有以懋軍功、勤王事取旌旄符竹者多矣，其間有及民之惠者無幾焉。如王周之闈政，審交之民譽，蓋其優者也，漢球、張瓘抑又次焉。是宜紀之篇以示來者，其餘皆不足觀也已。張鵬以一言之失，遽滅其身，亦足誠後代多言橫議之徒歟！《永樂大典》卷六千三百五十一。[1]

　　[1]《大典》卷六三五一“張”字韻“姓氏（二一）”事目。

舊五代史　卷一〇七

漢書九

列傳第四

> 史弘肇　子德珫　弟福

史弘肇，字化元，鄭州滎澤人也。[1]父璠，[2]本田家。弘肇少游俠無行，拳勇健步，日行二百里，[3]走及奔馬。梁末，每七户出一兵，弘肇在籍中，後隸本州開道都，[4]選入禁軍。嘗在晉祖麾下，[5]遂留爲親從，及踐阼，用爲控鶴小校。[6]高祖鎮太原，[7]奏請從行，升爲牙校，[8]後置武節左右指揮，[9]以弘肇爲都將，[10]遙領雷州刺史。[11]高祖建號之初，代州王暉叛，[12]以城歸契丹，[13]弘肇征之，一鼓而拔，尋授許州節度使，[14]充侍衛步軍都指揮使。[15]會王守恩以上黨求附，[16]虜主命大將耿崇美率衆登太行，[17]欲取上黨，高祖命弘肇以軍應援。[18]軍至潞州，[19]契丹退去，翟令奇以澤州迎降。[20]會河陽武行德遣人迎弘肇，[21]遂率衆南下，與行德合。

故高祖由蒲、陝赴洛如歸，[22]弘肇前鋒之功也。[23]

[1]鄭州：州名。治所在今河南鄭州市。　滎澤：縣名。治所在今河南鄭州市。

[2]璠：人名。即史璠。鄭州滎澤（今河南鄭州市）人。史弘肇之父。本書僅此一見。中華書局本有校勘記：“‘璠’，原作‘潘’，據《永樂大典》卷一二一四八引《五代史·弘肇傳》改。”

[3]日行二百里：明本《册府》卷三四七《將帥部·佐命門八》作“日行三百里”。

[4]隸本州開道都：《新五代史》卷三〇作“隸開道指揮”。“開道”爲部隊番號。

[5]晋祖：即五代後晋開國皇帝石敬瑭，沙陀部人。936 年至 941 年在位。紀見本書卷七五至卷八〇、《新五代史》卷八。

[6]控鶴小校：即控鶴軍小軍官。“控鶴”爲軍隊番號。小校，明本《册府》卷三四七《將帥部·佐命門八》作“偏將”。

[7]高祖：即五代後漢開國皇帝劉知遠，太原（今山西太原市）人，沙陀族。947 年至 948 年在位。紀見本書卷九九、卷一〇〇及《新五代史》卷一〇。　太原：府名。治所在今山西太原市。

[8]升爲牙校：明本《册府》卷三四七《將帥部·佐命門八》作“用爲牙隊大將”。

[9]武節左右指揮：官名。“武節”爲部隊番號。“指揮”是唐末、五代時期的一種軍事編制單位，分左、右，五百人爲一“指揮”。

[10]都將：官名。唐、五代時節度使屬將。

[11]雷州：州名。治所在今廣東雷州市。　刺史：官名。州一級行政長官。漢武帝時始置，總掌考核官吏、勸課農桑、地方教化等事。唐中期以後，節度使、觀察使轄州而設，刺史爲其屬官，職

任漸輕。從三品至正四品下。　“高祖鎮太原”至“遙領雷州刺史”：《輯本舊史》之影庫本粘籤：“雷州，原本作‘累州’，今據《歐陽史》改正。”見《新五代史》卷三〇《史弘肇傳》。明本《册府》卷三四七繫“領雷州刺史”於破王暉後。

〔12〕代州：州名。治所在今山西代縣。　王暉：人名。籍貫不詳。五代後唐官員。事見本書卷九九、《新五代史》卷三〇。

〔13〕契丹：古部族、政權名。公元4世紀中葉宇文部爲前燕攻破，始分離而成單獨的部落，自號契丹。唐貞觀中，置松漠都督府，以其首領爲都督。唐末强盛，916年迭剌部耶律阿保機建立契丹國（遼）。先後與五代、北宋並立，保大五年（1125）爲金所滅。參見張正明《契丹史略》，中華書局1979年版。

〔14〕許州：州名。治所在今河南許昌市。　節度使：官名。唐時在重要地區所設掌握一州或數州軍事、民事、財政的長官。

〔15〕侍衛步軍都指揮使：官名。五代時皇帝親軍侍衛步軍司之最高長官。　“高祖建號之初”至“充侍衛步軍都指揮使”：《宋本册府》卷三六九《將帥部·攻取門二》下有“斬暉以徇”四字。《輯本舊史》卷九九《漢高祖紀上》天福十二年（947）二月己卯條：“帝遣都將史弘肇率兵討代州，平之。”同年四月己未條：“以北京武節都指揮使、雷州刺史史弘肇爲許州節度使。”卷一一〇《周太祖紀一》：“開運末，契丹犯闕，晋帝北遷。帝與蘇逢吉、楊邠、史弘肇等勸漢祖建號，以副人望。”

〔16〕王守恩：人名。太原（今山西太原市）人。五代後晋潞州節度使王建立之子，後漢時曾任宰相。傳見本書卷一二五。　上黨：即潞州。治所在今山西長治市。

〔17〕虜主：中華書局本沿《輯本舊史》作“契丹主”，乃清輯者忌諱而改，今據明本《册府》卷三四七《將帥部·佐命門八》回改。　耿崇美：人名。籍貫不詳。契丹大將，時爲昭義節度使，分據要地。事見本書卷九九、《遼史》卷四。　太行：即太行山。

〔18〕“會王守恩以上黨求附”至“高祖命弘肇以軍應援”：

《輯本舊史》卷九九《漢高祖紀上》天福十二年四月乙丑條：“遣史弘肇率兵一萬人趨潞州。”

[19]潞州：州名。治所在今山西長治市。

[20]翟令奇：人名。籍貫不詳。時爲澤州刺史。事見本書卷一〇〇《漢高祖紀下》。 澤州：州名。治所在今山西澤州縣。

[21]河陽：縣名。治所在今河南孟州市。 武行德：人名。并州榆次（今山西晉中市榆次區）人。五代、宋初將領。傳見《宋史》卷二五二。

[22]蒲：州名。即河中府。治所在今山西永濟市。 陝：州名。治所在今河南三門峽市陝州區。 洛：地名。即洛陽。位於今河南洛陽市。

[23]“軍至潞州”至“弘肇前鋒之功也”：《輯本舊史》卷九九天福十二年四月條：“蕃將耿崇美屯澤州，史弘肇遣先鋒將馬誨率兵擊之，崇美退保懷州。”卷一〇〇《漢高祖紀下》天福十二年五月丁酉條：“史弘肇奏，澤州刺史翟令奇以郡來降。”此條有《舊五代史考異》：“《宋史·李萬超傳》：史弘肇路經澤州，刺史翟令奇堅壁拒命。萬超馳至城下，諭之曰：‘今契丹北遁，天下無主，并州劉公仗大義，定中土，所向風靡，後服者族，盍早圖之。’令奇乃開門迎納，弘肇即留萬超權州事。”同年七月條載，許州節度使兼侍衛步軍都指揮使史弘肇加檢校太尉。《通鑑》卷二八七天福十二年五月丁酉條：“始，弘肇攻澤州，刺史翟令奇固守不下。帝以弘肇兵少，欲召還。蘇逢吉、楊邠曰：‘今陝、晉、河陽皆已向化，崔廷勳、耿崇美朝夕遁去；若召弘肇還，則河南人心動搖，虜勢復壯矣。’帝未決，使人諭指於弘肇；曰：‘兵已及此，勢如破竹，可進不可退。’與逢吉等議合，帝乃從之。弘肇遣部將李萬超說令奇，令奇乃降；弘肇以萬超權知澤州。”

弘肇嚴毅寡言，部轄軍衆，有過無舍，兵士所至，秋毫不犯。部下有指揮使，[1]嘗因指使少不從命，弘肇立撾殺之，將吏股慄，以至平定兩京，無敢干忤。[2]從駕征鄴迴，[3]加同平章事，[4]充侍衛親軍都指揮使，[5]兼鎮宋州。[6]高祖大漸，與樞密使楊邠、周太祖、蘇逢吉等同受顧命。[7]隱帝嗣位，[8]加檢校太師、兼侍中。[9]居無何，河中、永興、鳳翔連橫謀叛，[10]關輔大擾，[11]朝廷日有徵發，群情憂懨，亦有不逞之徒，妄搆虛語，流布京師。弘肇都轄禁軍，[12]警衛都邑，專行刑殺，略無顧避，無賴之輩，[13]望風匿迹，路有遺棄，人不敢取。然而不問罪之輕重，理之所在，但云有犯，便處極刑，枉濫之家，莫敢上訴。巡司軍吏，因緣爲姦，嫁禍脅人，不可勝紀。[14]

[1]指揮使：官名。唐末、五代藩鎮皆置都指揮使、指揮使，爲統兵將領。

[2]“弘肇嚴毅寡言”至“無敢干忤”：明本《册府》卷四〇一《將帥部·行軍法門》：“史弘肇爲侍衛步軍都指揮使，自晋赴洛，將抵河內，左右軍校持楯爭道，候者馳告，及頓軍，召而詰之，乃獲其首爲亂者，既伏罪，親以鐵撾擊而斃之，梟首示衆，見者爲之惕息。凡騎士自河涉洛。有犯田、繫馬於樹者，咸戮之。繇是軍衆肅然，無敢犯其令。”

[3]鄴：地名。即鄴都。位於今河北大名縣。五代後唐同光元年（923），改魏州爲興唐府，建號東京。三年，改東京爲鄴都。

[4]同平章事：官名。全稱“同中書門下平章事”。唐高宗以後，凡實際任宰相之職者，常在其本官後加同平章事的職銜。後成爲宰相專稱。後晋天福五年（940），升中書門下平章事爲正二品。

[5]侍衛親軍都指揮使：官名。五代時侍衛親軍之長官。多爲

皇帝親信。

[6]宋州：州名。治所在今河南商丘市睢陽區。　"從駕征鄴迴"至"兼鎮宋州"：《輯本舊史》卷一〇〇《漢高祖紀下》天福十二年（947）十一月己卯條："以許州節度使兼侍衛步軍都指揮使史弘肇爲宋州節度使、同平章事，充侍衛親軍馬步軍都指揮使。"明本《册府》卷四三一《將帥部·勤戎事門》："漢史弘肇爲許州節度使。時高祖委以禁戎，留扈京邑，屬杜重威據鄴爲亂，車駕親狩，命弘肇從行。自九月駐師，及重威歸命，凡三月，弘肇擐甲在野，晝巡宵警，與士卒均其甘苦，無所間然。時人推其威而有愛，乃近代之良將也。"

[7]樞密使：官名。樞密院長官。唐代宗時始以宦官掌機密，至昭宗時借朱温之力盡誅宦官，始改以士人任樞密使。備顧問，參謀議，出納詔奏，權侔宰相。參見李全德《唐宋變革期樞密院研究》，國家圖書館出版社2009年版。　楊邠：人名。魏州冠氏（今山東冠縣）人。五代後漢時任樞密使、宰相。傳見本書本卷、《新五代史》卷三〇。　周太祖：即五代後周開國皇帝郭威。邢州堯山（今河北隆堯縣）人。951年至954年在位。紀見本書卷一一〇至卷一一三、《新五代史》卷一一。　蘇逢吉：人名。長安（今陝西西安市）人。五代後漢宰相。傳見本書卷一〇八、卷三〇。

[8]隱帝：即五代後漢隱帝劉承祐。後漢高祖劉知遠次子。948年至951年在位。紀見本書卷一〇一至卷一〇三、《新五代史》卷一〇。

[9]檢校太師：官名。爲散官或加官，以示恩寵，無實際執掌。太師，與太傅、太保並爲三師。　侍中：官名。秦始置。隋、唐前期爲門下省長官。唐後期多爲大臣加銜，不參與政務，實際職務由門下侍郎執行。正二品。　隱帝嗣位，加檢校太師、兼侍中：《輯本舊史》卷一〇一《漢隱帝紀上》乾祐元年（948）三月丙辰條："宋州節度使兼侍衛親軍馬步軍都指揮使、檢校太尉、同平章事史弘肇，並加檢校太師、兼侍中。"《通鑑》卷二八七乾祐元年二月

條：“侍衛馬步都指揮使、同平章事史弘肇遭母喪，不數日，復出朝參。”卷二八八乾祐元年三月丙辰條：“史弘肇起復，加兼侍中。”

[10]河中：方鎮名。治所在河中府（今山西永濟市）。 永興：方鎮名。治所在京兆府（今陝西西安市）。《輯本舊史》之影庫本粘籤：“永興，原本作‘求與’，今據《通鑑》改正。”見《通鑑》卷二八八乾祐元年三月條。 鳳翔：方鎮名。治所在鳳翔府（今陝西鳳翔縣）。

[11]關輔：地名。西漢景帝二年（前155）分内史爲左、右内史，與主爵中尉（不久改爲主爵都尉）同治長安，管轄京畿地區，合稱“三輔”。武帝太初元年（前104）改爲京兆尹、左馮翊、右扶風。轄境相當今陝西中部地區。

[12]弘肇都轄禁軍：中華書局本有校勘記：“‘都’，《册府》卷四四八作‘部’。”見明本《册府》卷四四八《將帥部‧殘酷門》。

[13]無賴之輩：明本《册府》卷四四八作“惡少無賴之輩”。

[14]“居無何”至“不可勝紀”：《舊五代史考異》：“《宋史‧邊歸讜傳》：史弘肇怙權專殺，閭里告訐成風。歸讜言曰：‘邇來有匿名書及言風聞事，搆害良善，有傷風化，遂使貪吏得以報復私怨，讒夫得以肆其虛誕。請明行條制，禁遏誣妄，凡顯有披論，具陳姓名。其匿名書及風聞事者，並見止絶。’論者韙之。”見《宋史》卷二六二。《輯本舊史》卷一一〇《周太祖紀一》：“河中李守貞據城反，朝廷憂之，諸大臣共議進取之計。史弘肇曰：‘守貞，河陽一客司耳，竟何能爲？’帝曰：‘守貞雖不習戎行，然善接英豪，得人死力，亦勁敵，宜審料之。’”

時太白晝見，[1]民有仰觀者，爲坊正所拘，[2]立斷其腰領。又有醉民抵忤一軍士，則誣以訛言棄市。其他斷舌、決口、斮筋、折足者，僅無虛日。[3]故相李崧爲部曲誣告，[4]族戮於市，取其幼女爲婢。自是仕宦之家畜僕隸者，皆以姑息爲意，而舊勳故將失勢之後，爲廝養輩之所脅制者，往往有之。[5]軍司孔目吏解暉，[6]性狡而酷，凡有推劾，隨意鍛鍊。人有抵軍禁者，被其苦楚，[7]無不自誣以求死所，都人遇之，莫敢仰視。有燕人何福殷者，[8]以商販爲業，嘗以十四萬市得玉枕一，[9]遣家僮及商人李進賣於淮南，[10]易茗而迴。[11]家僮無行，隱福殷貨財數十萬，福殷責其償，不伏，遂杖之。未幾，家僮詣弘肇上變，言虜主之入汴也，[12]趙延壽遣福殷齎玉枕陰遺淮南，[13]以致誠意。弘肇即日遣捕福殷等繫之。解暉希旨，[14]榜掠備至，福殷自誣，連罪者數輩，並棄市。妻女爲弘肇帳下分取之，其家財籍没。[15]

[1]太白晝見：即金星晝見。預示將有兵禍。

[2]坊正：職役名。唐代兩京及州縣郭城内住宅區稱爲“坊”。每坊皆有名稱，設坊正，掌坊門管鑰及坊内督查之事。晨夕啓閉坊門，執行夜禁。中華書局本有校勘記：“‘坊正’，《册府》卷四四八作‘坊巡’。”見明本《册府》卷四四八《將帥部·殘酷門》。

[3]“時太白晝見”至“僅無虚日”：“則誣以訛言棄市”，明本《册府》作“則誣以訛言，竟見棄市”。後又有：“又有醉民抵忤一軍人，則誣以訛言，竟見棄市。嘗有醉者，誤入民家，婦呼之爲盜。巡司遇之，以檛其腦，血流被體，乃就鄰舍子，假錢二緡，令醉者負之，即斬於所犯之地。”《新五代史》卷三〇《史弘肇傳》：“凡民抵罪，吏以白弘肇，但以三指示之，吏即腰斬之。”

[4]李崧：人名。深州饒陽（今河北饒陽縣）人。五代後晉宰相，歷仕後唐至後漢。傳見本書卷一〇八、《新五代史》卷五七。

[5]“故相李崧爲部曲誣告”至“往往有之”：“取其幼女爲

婢",《册府》卷四四八上有"而"字。《輯本舊史》卷一〇八《李崧傳》:"有部曲葛延遇者,逋李嶼船備,嶼撻之,督其所負,遇有同輩李澄亦事逢吉,葛延遇夜寄宿於澄家,以嶼見督情告,遂一夕通謀告變。逢吉覽狀示史弘肇,其日逢吉遣吏召崧至第,從容語及葛延遇告變之事,崧以幼女爲托,逢吉遣吏送於侍衛獄。……舉家遇害。"

[6]孔目吏:吏職名。即孔目官。唐置,爲各府州及方鎮孔目院屬員,掌文書簿籍或財計出納事務,隸都孔目。因軍府細事皆經其手,一孔一目無不綜理,故名。明本《册府》卷四四八《將帥部·殘酷門》無"孔目吏"三字。 解暉:人名。洺州臨洺(今河北邯鄲市永年區)人。五代、宋初將領。傳見《宋史》卷二七一。

[7]被其苦楚:明本《册府》卷四四八《將帥部·殘酷門》作"被甚苦楚"。

[8]燕:即今河北北部。 何福殷:人名。燕(今河北北部)人。本書僅此一見。《輯本舊史》之影庫本粘籤:"福殷,原本作'福因',今據《通鑑》改正。"查《通鑑》,未見此記載,但明本《册府》卷四四八作"福殷"。《舊五代史考異》:"《歐陽史》作何福進,疑訛。"此《考異》中華書局本有校勘記:"'疑訛',以上二字原闕,據《殿本考證》《劉本考證》補。"

[9]嘗以十四萬市得玉枕一:中華書局本有校勘記:"'一'字原闕,據《册府》卷四四八補。"

[10]李進:人名。籍貫不詳。本書僅此一見。 淮南:方鎮名。治所在揚州(今江蘇揚州市)。

[11]易茗而迴:明本《册府》卷四四八《將帥部·殘酷門》作"大得茗迴"。

[12]虜主:《輯本舊史》原作"契丹主",乃清輯者忌諱而改,今據明本《册府》卷四四八《將帥部·殘酷門》回改。 汴:州名。治所在今河南開封市。

　　[13]趙延壽：人名。本姓劉，恒山（今河北正定縣）人。五代後唐明宗李嗣源女婿，後降契丹，引導契丹攻滅後晋。傳見《遼史》卷七六。"趙延壽遣福殷齎玉枕陰遺淮南"，中華書局本有校勘記："'趙延壽'上《册府》卷有四四八'僞燕王'三字。""淮南"，《册府》下有"主"字。

　　[14]解暉希旨：中華書局本有校勘記："句下《册府》卷四四八有'斷成'二字。"

　　[15]"有燕人何福殷者"至"其家財籍没"：《輯本舊史》卷一二四《唐景思傳》："乾祐中，命景思爲沿淮巡檢使，屢挫淮賊。時史弘肇淫刑黷貨，多織羅南北富商殺之，奪其財，大開告密之門。景思部下有僕夫，希求無厭，雖委曲待之，不滿其心，一日拂衣而去，見弘肇，言景思受淮南厚賂，私貯器械，欲爲内應。弘肇即令親吏殿三十騎往收之……使者搜索其家，唯衣一笥，軍籍糧簿而已，乃寬之。景思曰：'使但械繫送我入京。'先是，景思別有紀綱王知權者，在京，聞景思被誣，乃見史弘肇曰：'唐景思赤心爲國，某服事三十年，孝於父母，義於朋友，被此誣罔，何以伸陳。某請先下獄，願公追劾景思，免至冤橫。'弘肇愍之，令在獄，日與酒食。景思既桎梏就路，穎、亳之人隨至京師，衆保證之。弘肇乃令鞫告事者，具伏誣陷，即斬之。遂奏釋景思。""妻女爲弘肇帳下分取之，其家財籍没"，明本《册府》卷四四八《將帥部·殘酷門》作"妻女爲弘肇帳下健卒分取之，其家財並籍没"。明本《册府》卷四七六《臺省部·奏議門七》"邊歸讜"條："乾祐三年上言：'臣伏見諸處有人抛無名文書，及言風聞訪聞之事，不委根苗，接便追擾。既非責實，多是構虛。窮理本之有傷，瀆化源之無益，遂使貪吏狡吏，蓄私憾以讎人；讒夫佞夫，扇狂言而害物。請明行條制，庶絶罔誣。其受納獄訟，直須顯有披論，具陳名姓，即據理詳按，無縱舞文。其無名文書及風聞訪聞，並望止絶，不得施行。俾存欽恤之風，不失含弘之體。'從之。時史弘肇弄權，殺害酷毒，不循理體，以羅織成風，歸讜嫉之，故有是奏。"

弘肇不喜賓客，嘗言：“文人難耐，輕我輩，謂我輩爲卒，可恨，可恨！”弘肇所領睢陽，[1]其屬府公利，委親吏楊乙就府檢校，[2]貪戾兇橫，負勢生事，吏民畏之。副戎已下，望風展敬，聚斂刻剝，無所不至，月率萬緡，以輸弘肇，一境之内，嫉之如讎。[3]周太祖平河中班師，推功於衆，以弘肇有翊衛鎮重之功，言之於隱帝，即授兼中書令。[4]隱帝自關西賊平之後，[5]昵近小人，太后親族，[6]頗行干託，弘肇與楊邠甚不平之。太后有故人子求補軍職，弘肇怒而斬之。帝始聽樂，賜教坊使玉帶，[7]諸伶官錦袍，[8]往謝弘肇，弘肇讓之曰：“健兒爲國戍邊，忍寒冒暑，未能徧有霑賜，爾輩何功，敢當此賜！”盡取袍帶還官。其兇戾如此。

[1]睢陽：縣名。治所在今河南商丘市睢陽區。

[2]楊乙：人名。籍貫不詳。本書僅此一見。

[3]“弘肇不喜賓客”至“嫉之如讎”：《舊五代史考異》：“《東都事略·薛居正傳》：‘史弘肇領侍衛親軍，威震人主，殘忍自恣，人莫敢忤其意。其部下吏告民犯鹽禁，法當死，居正疑其不實，召詰之，乃其吏以私憾而誣之也。逮捕吏鞫之，具伏，以吏抵法，弘肇雖怒甚，竟亦無以屈也’。”見《東都事略》卷三一。《新五代史》卷三○《史弘肇傳》：“弘肇領歸德，其副使等月率私錢千緡爲獻。潁州麴場官麴溫與軍將何拯爭官務，訟之三司，三司直溫。拯訴之弘肇，弘肇以謂潁已屬州，而溫不先白己，乃追溫殺之，連坐者數十人。”

[4]中書令：官名。漢代始置，隋、唐前期爲中書省長官，屬宰相之職；唐後期多爲授予元勳大臣的虚銜。正二品。 即授兼中書令：《輯本舊史》卷一○二《漢隱帝紀中》乾祐二年（949）九

月乙巳條："宋州節度使兼侍衛親軍都指揮使史弘肇加兼中書令。"

[5]關西：泛指函谷關或潼關以西的地區。

[6]太后：即五代後漢高祖劉知遠皇后李氏，隱帝即位後册尊爲皇太后。晋陽（今山西太原市）人。傳見本書卷一〇四、《新五代史》卷一八。

[7]教坊使：官名。唐於京都置左、右教坊，掌俳優雜技，以宦官爲教坊使。五代沿置。中華書局本有校勘記："'教坊使'下《册府》卷四五四、　《新五代史》卷三〇《史弘肇傳》有'等'字。"

[8]伶官：古代樂人。五代後唐莊宗朝用伶人爲官，故稱伶官。

　　周太祖有鎮鄴之命，弘肇欲其兼領機樞之任，蘇逢吉異其議，弘肇忿之。[1]翌日，因竇貞固飲會，[2]貴臣悉集，弘肇屬色舉爵屬周太祖曰："昨晨廷論，一何同異！今日與弟飲此。"[3]楊邠、蘇逢吉亦舉大爵曰："此國家之事也，何足介意！"俱飲釂。弘肇又屬聲言曰："安朝廷，定禍亂，直須長槍大劍，至如毛錐子，[4]焉足用哉！"三司使王章曰：[5]"雖有長槍大劍，若無毛錐子，贍軍財賦，自何而集？"弘肇默然，少頃而罷。

　　[1]"周太祖有鎮鄴之命"至"弘肇忿之"：《輯本舊史》卷一〇八《蘇逢吉傳》："周太祖之將鎮鄴也，逢吉奏請落樞密使，隱帝曰：'有前例否？'逢吉奏白：'樞密之任，方鎮帶之非便。'史弘肇曰：'兼帶樞密，所冀諸軍禀畏。'竟從弘肇之議。弘肇怒逢吉之異已，逢吉曰：'此國家之事也，且以内制外則順，以外制内豈得便耶！'事雖不從，物議多之。"

　　[2]竇貞固：人名。同州白水（今陝西白水縣）人。五代後漢

宰相。傳見《宋史》卷二六二。

　　[3]今日與弟飲此:"弟",明本《册府》卷九一八《總録部·
忿争門》作"公"。

　　[4]至如毛錐子:《輯本舊史》之影庫本粘籤:"毛錐,原本作
'毛鍾',考《通鑑》作'毛錐'。胡三省注云:'毛錐,謂筆也。
以束毛爲筆,其形如錐也。'今改正。"見《通鑑》卷二八九乾祐
三年(950)四月條。

　　[5]三司使:官名。五代後唐明宗天成元年(926)將晚唐以
來的户部、度支、鹽鐵三部合爲一職,設三司使統之。主管國家財
政。　　王章:人名。大名南樂(今河南南樂縣)人。五代後漢三司
使、同平章事,以聚斂刻急著稱。傳見本書本卷、《新五代史》卷
三〇。

　　未幾,三司使王章於其第張酒樂,時弘肇與宰相、
樞密使及内客省使閻晉卿等俱會。[1]酒酣,爲手勢令,
弘肇不熟其事,而閻晉卿坐次弘肇,屢教之。蘇逢吉戲
弘肇曰:"近坐有姓閻人,何憂罰爵!"弘肇妻閻氏,本
酒妓也,弘肇謂逢吉譏之,大怒,以醜語詬逢吉。逢吉
不校。弘肇欲毆逢吉,逢吉策馬而去。弘肇遽起索劍,
意欲追逢吉。楊邠曰:"蘇公是宰相,公若害之,致天
子何地,公細思之。"邠泣止之。[2]弘肇索馬急馳而去,
邠慮有非常,連鑣而進,送至第而還。自是將相不協如
水火矣。隱帝遣王峻將酒樂於公子亭以和之,[3]竟不
能解。

　　[1]内客省使:官名。内客省長官。　　閻晉卿:人名。忻州
(今山西忻州市)人。五代後漢將領。傳見本書本卷。

[2]邠泣止之：中華書局本有校勘記：“‘止之’，原作‘下’，據《册府》卷九一八、《通鑑》卷二八九改。”見明本《册府》卷九一八《總録部·忿争門》，《通鑑》卷二八九乾祐三年（950）六月癸丑條。

[3]王峻：人名。相州安陽（今河南安陽市）人。五代將領，後周時任樞密使兼宰相。傳見本書卷一三〇、《新五代史》卷五〇。

公子亭：建築名。位於開封城相國寺（今河南開封市內）前。

其後李業、郭允明、後贊、聶文進居中用事，[1]不悦執政。又見隱帝年漸長，厭爲大臣所制，嘗有忿言，業等乃乘間譖弘肇等，隱帝稍以爲信。業等乃言弘肇等專權震主，終必爲亂，隱帝益恐。嘗一夕，聞作坊鍛甲之聲，疑外有兵仗卒至，達旦不寐。[2]自是與業等密謀禁中，欲誅弘肇等，議定，入白太后。太后曰：“此事豈可輕發耶！更問宰臣等。”李業在側，曰：“先皇帝言，朝廷大事，莫共措大商量。”太后又言之，隱帝怒曰：“閨門之內，焉知國家之事！”拂衣而出。內客省使閻晉卿潛知其事，乃詣弘肇私第，將欲告之，弘肇以他事拒之不見。

[1]李業：人名。晉陽（今山西太原市）人。五代後漢高祖李皇后之弟。隱帝時受信任，掌宮廷財務。傳見本書本卷、《新五代史》卷三〇。　郭允明：人名。河東（今山西）人。五代將領。隨漢隱帝率軍於京師北郊抵禦郭威軍，兵敗，殺死隱帝後又自殺。傳見本書本卷、《新五代史》卷三〇。　後贊：人名。兖州瑕丘（今山東濟寧市兖州區）人。五代後漢隱帝寵臣。傳見本書本卷、《新五代史》卷三〇。　聶文進：人名。并州（今山西太原市）

人。五代後漢隱帝寵臣。傳見本書本卷、《新五代史》卷三〇。

[2]"嘗一夕"至"達旦不寐":《通鑑》卷二八九乾祐三年（950）十一月乙亥條:"司空、同平章事蘇逢吉既與弘肇有隙,知李業等怨弘肇,屢以言激之。"

乾祐三年冬十一月十三日,[1]弘肇入朝,與樞密使楊邠、三司使王章同坐於廣政殿東廡下,[2]俄有甲士數十人自內而出,害弘肇等於閣,夷其族。[3]先是,弘肇第數有異,[4]嘗一日,於階砌隙中有煙氣蓬勃而出。禍前二日昧爽,[5]有星落於弘肇前三數步,如迸火而散,俄而被誅。周太祖踐阼,追封鄭王,以禮葬,官爲立碑。[6]

[1]乾祐:五代後漢高祖劉知遠年號（948）。隱帝劉承祐沿用至乾祐三年（950）。北漢亦用此年號。

[2]廣政殿:殿名。五代後周顯德四年（957）以新修永福殿改名。故址在今河南開封市。《輯本舊史》之影庫本粘籤:"廣政殿,原本作'廣徵',今從《通鑑》改正。"見《通鑑》卷二八九乾祐三年十一月丙子條。

[3]"乾祐三年冬十一月十三日"至"夷其族":《舊五代史考異》:"《歐陽史·漢臣傳》作十月。吳縝《纂誤》云:《漢隱帝紀》《周太祖紀》俱作十一月,傳誤也。"見《輯本舊史》卷一〇三《漢隱帝紀下》乾祐三年十一月丙子條、卷一一〇《周太祖紀一》乾祐三年十一月十三日條。十三日即丙子。《輯本舊史》卷一〇三《漢隱帝紀下》乾祐三年十一月丙子條:"又誅弘肇弟小底軍都虞候弘朗……分兵收捕邠等家屬及部曲傔從,盡戮之。少頃,樞密承旨聶文進急召宰臣百僚,班於崇元殿,庭宣曰:'楊邠、史弘肇、王

章等同謀叛逆，欲危宗社，並斬之，與卿等同慶。’班退，召諸軍將校至萬歲殿，帝親諭史弘肇等欲謀逆亂之狀，且言：‘弘肇等欺朕年幼，專權擅命，使汝輩常懷憂恐，自此朕自與汝等爲主，必無橫憂也。’”

　　[4]弘肇第數有異：“異”，《宋本册府》卷九五一《總録部·咎徵門二》作“怪異”。

　　[5]昧爽：猶黎明。天將亮未亮時。

　　[6]“周太祖踐阼”至“官爲立碑”：《輯本舊史》卷一一〇《周太祖紀一》廣順元年（951）正月丁卯條：“是日，帝自皋門入大内，御崇元殿，即皇帝位。制曰：‘……故樞密使楊邠、侍衛都指揮使史弘肇、三司使王章等，以勞定國，盡節致君，千載逢時，一旦同命，悲感行路，憤結重泉，雖尋雪於沈冤，宜更伸於渥澤，並可加等追贈，備禮歸葬，葬事官給，仍訪子孫敘用。’同月庚辰條：‘故宋州節度使兼侍衛親軍都指揮使史弘肇追封鄭王。’”

　　弘肇子德珫，[1]乾祐中，授檢校司空，[2]領忠州刺史。[3]粗讀書，[4]親儒者，常不悦父之所爲。貢院嘗録一學科於省門叫譟，[5]申中書門下，[6]宰相蘇逢吉令送侍衛司，請痛笞刺面。德珫聞之，白父曰：“書生無禮，有府縣御史臺，非軍務治也。公卿如此，蓋欲彰大人之過。”弘肇深以爲然，即破械放之。後之識者尤嘉德珫之爲人焉。

　　[1]弘肇子德珫：《輯本舊史》之影庫本粘籤：“德珫，原本作‘德玩’，今從《通鑑》改正。”見《通鑑》卷二八八乾祐二年（949）三月己未條。

　　[2]檢校司空：官名。爲散官或加官，以示恩寵加此官，無實

際執掌。司空，與太尉、司徒並爲三公。

[3]忠州：州名。治所在今重慶市忠縣。　領忠州刺史：《通鑑》卷二八八乾祐二年三月己未條：“以歸德牙内指揮使史德珫領忠州刺史。”

[4]粗讀書：《通鑑》卷二八八乾祐二年三月己未條作“頗讀書”。

[5]貢院：官署名。亦稱“試院”“棘院”等。科舉考試的場所和機構。始設於唐，後歷代因之。

[6]中書門下：官署名。唐代以來爲宰相處理政務的機構。參見劉後濱《唐代中書門下體制研究——公文形態·政務運行與制度變遷》，齊魯書社 2004 年版。

　　弘肇弟福，[1]比在滎陽別墅，[2]聞禍，匿於民間。[3]周太祖即位，累遷閑厩使。[4]仕皇朝，歷諸衛將軍。[5]《永樂大典》卷一萬一百八十三。[6]

[1]弘肇弟福：明本《册府》卷一六九《帝王部·納貢獻門》謂弘肇弟名弘福。

[2]滎陽：縣名。治所在今河南滎陽市。

[3]比在滎陽別墅，聞禍，匿於民間：《舊五代史考異》：“《宋史·李崇矩傳》：史弘肇爲先鋒都校，聞崇矩名，召署親吏。乾祐初，弘肇總禁兵，兼京城巡檢，多殘殺軍民，左右稍稍引去，惟崇矩事之益謹。及弘肇誅，獨得免。周祖與弘肇素厚善，即位，訪求弘肇親舊，得崇矩，謂之曰：‘我與史公受漢厚恩，勠力同心，共獎王室，爲奸邪所搆，史公卒罹大禍，我亦僅免。汝史家故吏也，爲我求其近屬，我將恤之。’崇矩上其母弟福。崇矩素主其家，盡籍財産以付福，周祖嘉之。”見《宋史》卷二五七。

[4]閑厩使：官名。唐聖曆三年（700）二月置，掌仗内六厩，

管理御用馬匹。

[5]諸衛將軍：官名。唐置十六衛，掌宮禁宿衛。即左右衛、左右驍衛、左右武衛、左右威衛、左右領軍衛、左右金吾衛、左右監門衛、左右千牛衛，各置上將軍，從二品；大將軍，正三品；將軍，從三品。

[6]《大典》卷一〇一八三“史”字韻“姓氏（一）”事目。

楊邠

楊邠，魏州冠氏人也。[1]少以吏給事使府，後唐租庸使孔謙，[2]即其妻之世父也。謙領度支，[3]補勾押官，[4]歷孟、華、鄆三州糧料使。[5]高祖爲鄴都留守，[6]用爲左都押衙。[7]高祖鎮太原，益加親委。[8]高祖既自洛入汴，河朔漸寧，[9]賞邠之功，故有是命。[10]是時，契丹犯闕之後，國家新造，物力未充。王章與史弘肇、邠等罷不急之務，惜無用之費，收聚財賦，專事西征。軍旅所資，供饋無乏。及三叛平，賜與之外，國有餘積。[11]邠與王章不喜儒士，群官所請月俸，皆取不堪資軍者給之，謂之閑雜物，命所司高估其價，估定更添，謂之抬估。[12]

[1]魏州：州名。治所在今河北大名縣。　冠氏：縣名。治所在今山東冠縣。

[2]租庸使：官名。唐代爲主持催徵租庸地税的財政官員。五代後梁、後唐時，租庸使取代鹽鐵、度支、户部，爲中央財政長官。　孔謙：人名。魏州（今河北大名縣）人。五代後唐大臣，善聚斂錢財，爲李存勖籌畫軍需。傳見本書卷七三、《新五代史》卷

二六。

[3]度支：財政官署。掌管天下租賦物産，歲計所出而支調之，故名。安史亂後，因軍事供應浩繁，以宰相爲度支使，由户部尚書、侍郎或他官兼領度支事務，稱度支使或判度支、知度支事，權任極重，與鹽鐵使、判户部或户部使合稱"三司"。

[4]勾押官：吏名。五代州縣屬吏有勾押官、都勾押官，掌徵收兩税錢穀等事。

[5]孟：州名。治所在今河南孟州市。　華：州名。治所在今陝西渭南市華州區。　鄆：州名。治所在今山東東平縣。　糧料使：官名。唐後期或爲節度使屬官，或由度支使差派。掌供應軍餉、糧草。

[6]留守：官名。古代皇帝出巡或親征時指定親王或大臣留守京城，綜理國家軍事、行政、民事、財政等事務，稱京城留守。在陪都或軍事重鎮也常設留守，以地方長官兼任。

[7]左都押衙：官名。"押衙"即"押牙"。唐、五代時期節度使辟署的屬官，有稱左、右都押衙或都押衙者。掌領方鎮儀仗侍衛、統率軍隊。參見劉安志《唐五代押牙（衙）考略》，武漢大學歷史系魏晋南北朝隋唐史研究室編《魏晋南北朝隋唐史資料》第16輯，武漢大學出版社1998年版。

[8]"楊邠"至"益加親委"：《大典》卷六〇五二"楊"字韻"姓氏（一二）"事目。亦見《宋本册府》卷三〇九《宰輔部·佐命門二》及《新五代史》卷三〇《楊邠傳》。"魏州冠氏人也"，中華書局本有校勘記："'冠氏'，原作'寇氏'，據劉本、邵本校，《册府》卷三〇九、《新五代史》卷三〇《楊邠傳》、《通鑑》卷二八六改。按《新唐書》卷三九《地理志》，冠氏屬河北道魏州。""左都押衙"，中華書局本有校勘記："'左'原作'在'，據殿本、劉本、邵本、彭本、《册府》卷三〇九改。邵本校、本書卷九九《漢高祖紀上》、《新五代史》卷一〇《漢本紀》、卷三〇《楊邠傳》作'右'。影庫本批校：'左都押衙，左訛在。'《舊五代史

考異》卷四："案《歐陽史》作右都。"明本《册府》卷三〇九《宰輔部·佐命門二》："及高祖鎮太原，方開霸府，以羅英乂，邠遂棄職，挈族歸之。帝察其誠，賞其來，喜而納焉，置之近列。俄置牙門都校，軍國庶務，靡不委之。邠性亮直廉約，蒞事平允，帝甚寵之。及虜陷汴水，晋少帝北徙，群議推迫帝建尊號，帝固拒之。邠與周太祖繼入，請曰：'戎人亂華，勢不能久。今天下無主，是曆數歸大王也。且億兆之口，不謀同辭。若巨山已斷，無能抑也，乘龍在天，不可下也。'由是帝心遂定。至帝建義，南向巡幸晋、絳，撫寧陝、虢，内定歸略，皆訪於邠。邠每有密啓，帝皆可之。因謂曰：'始見公，心爲治粟都尉之才也；今見公方略，真撥亂經始之良臣也。'"

[9]河朔：古地區名。泛指黄河以北地區。

[10]"高祖既自洛入汴"至"故有是命"：《宋本册府》卷三〇九《宰輔部·佐命門》。

[11]"是時"至"國有餘積"：明本《册府》卷四八三《邦計部·材略門》，亦見卷三二九《宰輔部·任職門》及《輯本舊史》卷一〇七《王章傳》。

[12]"邠與王章不喜儒士"至"謂之抬估"：《宋本册府》卷五一〇《邦計部·重斂門》，亦見《輯本舊史》卷一〇七《王章傳》。

　　漢國建，遷檢校太保、權樞密使。[1]汴洛平，正拜樞密使、檢校太傅。[2]及高祖大漸，與蘇逢吉、史弘肇等同受顧命，輔立嗣君。[3]

[1]檢校太保：官名。爲散官或加官，以示恩寵，無實際執掌。太保，與太師、太傅合稱三師。

[2]檢校太傅：官名。爲散官或加官，以示恩寵，無實際執掌。

[3]“漢國建”至“輔立嗣君”:《大典》卷六〇五二。《輯本舊史》卷九九《漢高祖紀上》載,天福十二年(947)夏四月己未,“以北京隨使、右都押衙楊邠爲權樞密使、檢校太保”。亦見《新五代史》卷一〇《漢本紀》天福十二年四月己未條。《輯本舊史》卷一〇〇《漢高祖紀下》天福十二年閏七月辛未條:“以權樞密使楊邠爲樞密使,加檢校太傅。”卷一〇五《漢宗室列傳》:“楊邠受密旨遣信赴鎮,信即時戒路,不得奉辭,雨泣而去。”亦見《新五代史》卷一八《漢家人傳》。

隱帝即位,宰臣李濤上章,[1]請出邠與周太祖爲藩鎮,邠等泣訴於太后,由是罷濤而相邠,加中書侍郎兼吏部尚書、同平章事,[2]仍兼樞密使。時中書除吏太多,訛謬者衆,及邠居相位,帝一以委之,凡南衙奏事、中書除命,先委邠斟酌,如不出邠意,至於一簿一掾,亦不聽從。邠雖長於吏事,不識大體,嘗言:“爲國家者,但得帑藏豐盈,甲兵强盛。至於文章禮樂,並是虛事,何足介意也。”平河中,並加右僕射。[3]邠既專國政,觸事苛細。條理煩碎,前資官不得于外方居止,自京師至諸州府,行人往來,並須給公憑。所由司求請公憑者,朝夕填咽,旬日之間,民情大擾,行路擁塞,邠乃止其事。[4]邠與蘇逢吉、蘇禹珪同在相位。邠稍奪二蘇之權,自是中書斂手而已。[5]每懲二蘇之失,難於除拜,事多壅滯,士人怨讟。邠比與二相不協,又深嫉儒士,凡所有平章,動多矛盾。周行之內,自漢受命以至滅,不沾一命者十有六七焉。諸司補吏及閹胄出身,一切停罷。時論以邠之蔽固如是,亦由逢吉與禹珪本不能至公於物之所致也。邠與王章同郡，尤相親愛。其獎用進拔者，莫非鄉舊。嘗輕視文臣，曰："此等若與一把算子，未知顛倒，何益於事。"[6]帝以樞密院直學士、刑部侍郎王度爲考功郎中。[7]近例，直樞院自正郎爲給諫，王度憸巧瀆貨，邠頗惡之，故改轉，未離郎署。[8]

[1]李濤：人名。京兆萬年（今陝西西安市長安區）人。五代、宋初大臣。傳見《宋史》卷二六二。

[2]中書侍郎：官名。中書省副長官。唐後期三省長官漸爲榮銜，中書侍郎、門下侍郎卻因參議朝政而職位漸重，常常用爲以"同三品"或"同平章事"任宰相者的本官。正三品。　吏部尚書：官名。尚書省吏部長官，與二侍郎分掌六品以下文官選授、勳封、考課之政令。正三品。

[3]右僕射：官名。秦始置。隋、唐前期以左、右僕射佐尚書令總理六官，綱紀庶務，如不置尚書令，則總判省事，爲宰相之職。唐後期多爲大臣加銜。從二品。

[4]"隱帝即位"至"邠乃止其事"：《大典》卷六〇五二。《輯本舊史》卷一〇一《漢隱帝紀上》乾祐元年（948）三月丁丑條："中書侍郎兼户部尚書、平章事李濤罷免，勒歸私第。時蘇逢吉等在中書，樞密使楊邠、副樞密使郭威等權勢甚盛，中書每有除授，多爲邠等所抑。濤不平之，因上疏請出邠等，以藩鎮授之，樞密之務，宜委（蘇）逢吉、（蘇）禹珪。疏入，邠等知之，乃見太后，泣訴其事，太后怒，濤由是獲譴。先是，中書厨釜鳴者數四，未幾，濤罷免。"同年四月壬午條："以樞密使楊邠爲中書侍郎兼吏部尚書、平章事，使如故。"亦見《新五代史》卷一〇《漢本紀》乾祐元年四月壬午條、卷三〇《楊邠傳》，及《通鑑》卷二八八乾祐元年四月壬午條。《輯本舊史》卷一〇二《漢隱帝紀二》載，乾祐二年九月辛亥，"楊邠加右僕射，依前兼樞密使"。亦見明本

《册府》卷三三六《宰輔部·識闇門》。

[5]"邠與蘇逢吉"至"自是中書斂手而已"：明本《册府》卷三三五《宰輔部·不稱門》。

[6]"每懲二蘇之失"至"何益於事"：明本《册府》卷三三六《宰輔部·識闇門》，亦見《輯本舊史》卷一〇七《王章傳》。

[7]樞密院直學士：官名。五代後唐同光元年（923），改直崇政院置，選有政術文學者充任。充皇帝侍從，備顧問應對。 刑部侍郎：官名。尚書省刑部次官。協助刑部尚書掌天下刑法及徒隸、勾覆、關禁之政令。正四品下。 王度：人名。籍貫不詳。五代後漢時曾任監察御史、樞密直學士等職。事見本書卷一〇〇《漢高祖紀下》。 考功郎中：官名。唐、五代尚書省吏部考功司長官，掌考察内外百官及功臣家傳、碑、頌、誄、謚等事。從五品上。

[8]"帝以樞密院直學士"至"未離郎署"：明本《册府》卷三一七《宰輔部·正直門二》。

帝自關西賊平之後，昵近小人，太后親族，頗行幹托，弘肇與楊邠甚不平之。[1]時周太祖出鎮魏州，弘肇議帶樞密以行。蘇逢吉、邠以爲不可。弘肇恨之。明日，會飲竇貞固第。弘肇舉爵屬周太祖曰："昨辰廷論，一何同異。今日與弟飲此。"邠、蘇逢吉亦舉大爵曰："此國家之事也，何足介意。"遂俱引爵。弘肇又厲聲言曰："安朝廷，定禍亂，直須長槍大劍，至如毛錐子焉足用哉！"三司使王章曰："雖有長槍大劍，若無毛錐子，贍軍財賦，自何而集？"弘肇默然，少頃而罷。未幾，章于其第張酒樂。時弘肇與宰相、樞密使及内客省使閻晉卿等俱會。酒酣，爲手勢令，弘肇不熟其事。閻晉卿坐次於弘肇，屢教之。蘇逢吉戲弘肇曰："近坐有姓閻人，何憂罰爵？”弘肇妻閻氏，本酒妓也。弘肇謂逢吉譏之，大怒。以醜語詬逢吉，逢吉不校。弘肇欲毆逢吉，逢吉弘馬而去。弘肇遽起索劍，意欲追逢吉。邠曰：“蘇公是宰相，公若害之，致天子何地？公細思之。”邠泣止之。弘肇索馬急馳而去，邠慮有非常，連鑣而進，送至第而還。自時將相不協，如水火矣。[2]十二月，鄧州節度判官史在德棄市。[3]以其誤斷民崔彥等八人犯牛皮禁罪，[4]皆至死刑故也。時朝廷方務積甲，故牛革之禁甚峻。先是，潞州長子縣民犯鞋底二，[5]殺數人，在德援例以斷之。節度使劉重進以崔彥將牛皮於漢高廟冒鼓，[6]曾於本鎮申明，具與故犯不同，改杖放之。在德固爭，因而上言。朝廷命使案覆，在德以失入伏辜。時樞密使邠以法寺寬縱，乃召仁琢讄之。[7]仁琢讄：“上以大理寺所斷，[8]即依律文。凡斷罪，合取最後敕爲定。詳編敕云：‘宮典鞫獄枉濫，或經臺投軌，勘問不虛，元推官典，並當誅罰。’又常有忻州法橡郭業，[9]故入張仁安一人死罪，[10]合當誅罰處分。今在德故入八人罪，法寺不援後敕，準據律文。今以郭業比附在德，合處極典。”大理聞是讄，又引晉朝後敕云：“今後不得以斷郭業敕內誅罰二字爲用，並須依格律斷獄。”時宰臣蘇逢吉見之，言于邠，不能正，竟決杖死之。[11]

[1]“帝自關西賊平之後”至“弘肇與楊邠甚不平之”：明本《册府》卷四五四《將帥部・專恣門》。亦見《輯本舊史》卷一〇七《史弘肇傳》。

[2]“時周太祖出鎮魏州”至“如水火矣”：《宋本册府》卷九

一八《總録部・忿争門》，亦見《輯本舊史》卷一〇七《史弘肇傳》及《新五代史》卷三〇《史弘肇傳》。 "今日與弟飲此"，"弟"，明本《册府》作"公"。

[3]鄧州：州名。治所在今河南鄧州市。 節度判官：官名。唐、五代方鎮僚屬，位在行軍司馬下。分掌使衙内各曹事，並協助使職官員通判衙事。 史在德：人名。籍貫不詳。本書僅此一見。

[4]崔彦：人名。籍貫不詳。本書僅此一見。

[5]長子縣：縣名。治所在今山西長子縣。 鞋底二：人名。籍貫不詳。本書僅此一見。

[6]劉重進：人名。本名晏僧。幽州（今北京市）人。五代、宋初將領。傳見《宋史》卷二六一。

[7]仁琇：人名。即張仁琇。籍貫不詳。五代官員。事見本書卷七七、卷一一二。

[8]大理寺：官署名。掌邦國折獄詳刑之事。

[9]忻州：州名。治所在今山西忻州市。 法椽：即法掾。司法掾吏。 郭業：人名。籍貫不詳。本書僅此一見。

[10]張仁安：人名。籍貫不詳。本書僅此一見。

[11]"十二月"至"竟決杖死之"：《宋本册府》卷六一六《刑法部・議讞門三》。

乾祐三年夏四月辛巳，以宣徽北院使吳虔裕爲鄭州防禦使。[1]時樞密使郭上章乞解樞機，帝使中使諭之曰："樞機之職，舍卿用誰？忽有此章，莫有人離間否？"虔裕在旁揚言曰："樞密重地，難以久處，俾後來者迭居，相公辭讓是也。"中使還具奏，隱帝不悦，故有是命。[2]乾祐末，宰相郭、侍衛親軍使史弘肇執權，後贊以久次未遷，頗懷怨望，乃與樞密承旨聶文進等構變。[3]及難作，贊與同黨更侍隱帝側，剖判戎事，且防間言。北郊兵敗，贊竄歸兗州，[4]慕容彥超執之以獻。[5]有司鞫贊伏罪，周太祖命誅之。[6]時史弘肇恣行慘酷，殺戮日衆，都人士庶，相目於路，邠但稱弘肇之善。太后弟武德使李業求爲宣徽使，[7]隱帝與太后重違之，私訪於邠。邠以朝廷內使，遷拜有序，不可超居，遂止。隱帝所愛耿夫人，[8]欲立爲后，邠亦以爲太速。夫人卒，隱帝欲以后禮葬，邠又止之，隱帝意不悦。左右有承間進甘言者，隱帝益怒之。[9]

[1]宣徽北院使：官名。唐始置。宣徽北院長官。初用宦官，五代以後改用士人。與宣徽南院使通掌内諸司及三班内侍之名籍，郊祀、朝會、宴享供帳之儀，檢視内外進奉名物。參見王永平《論唐代宣徽使》，《中國史研究》1995 年第 1 期；王孫盈政《再論唐代的宣徽使》，《中華文史論叢》2018 年第 3 期。　吳虔裕：人名。許州許田（今河南許昌市）人。五代、宋初將領。傳見《宋史》卷二七一。　鄭州：州名。治所在今河南鄭州市。　防禦使：官名。唐代始置，設有都防禦使、州防禦使兩種。常由刺史或觀察使兼任，實際上爲唐代後期州或方鎮的軍政長官。

[2]“乾祐三年夏四月辛巳”至“故有是命”：《輯本舊史》卷一〇三《漢隱帝紀下》乾祐三年（950）四月辛巳條，亦見明本《册府》卷七八《帝王部・委任門》及《通鑑》卷二八九乾祐三年四月條。

[3]樞密承旨：官名。五代設樞密院承旨和樞密院副承旨，以各衛將軍擔任。主管樞密院司之事。

[4]兗州：州名。治所在今山東濟寧市兗州區。

[5]慕容彥超：人名。沙陀部人（一説吐谷渾部人）。五代後

漢將領，後漢高祖劉知遠同母弟。傳見本書卷一三〇、《新五代史》卷五三。

[6]“乾祐末”至“周太祖命誅之”：《宋本册府》卷九五二《總録部·交構門》。亦見《新五代史》卷三〇《後贊傳》。

[7]武德使：官名。五代後唐置，爲武德司長官，掌檢校皇城啓閉與警衛。

[8]耿夫人：五代後漢隱帝愛妾。事見《新五代史》卷三〇。

[9]“時史弘肇恣行慘酷”至“隱帝益怒之”：《大典》卷六〇五二。《輯本舊史》之原輯者案語：“此下當有闕文。”《輯本舊史》卷一〇三《漢隱帝紀下》乾祐三年十一月丙子條：“十一月丙子，誅樞密使楊邠、侍衛都指揮使史弘肇、三司使王章，夷其族。是日平旦，甲士數十人由廣政殿出，至東廡下，害邠等於閤内，皆死於亂刃之下……分兵收捕邠等家屬及部曲傔從，盡戮之。少頃，樞密承旨聶文進急召宰臣百僚，班於崇元殿，庭宣曰：‘楊邠、史弘肇、王章等同謀叛逆，欲危宗社，並斬之，與卿等同慶。’班退，召諸軍將校至萬歲殿，帝親論史弘肇等欲謀逆亂之狀，且言：‘弘肇等欺朕年幼，專權擅命，使汝輩常懷憂恐，自此朕自與汝等爲主，必無横憂也。’諸軍將校拜謝而退。召前任節度使、刺史、統軍等上殿諭之。帝遣軍士守捉宮城諸門，比近日旰，朝臣步出宮門而去。是日晴霽無雲，而昏霧濛濛，有如微雨，人情惴恐。日將午，載楊邠等十餘尸，分暴於南北市。”亦見《輯本舊史》卷一〇七《史弘肇傳》、《新五代史》卷一〇《漢本紀》乾祐三年十一月丙子條。

邠繕甲兵，實帑廩，俾國用不闕，邊鄙粗寧，亦其功也。[1]初，邠以功臣、國戚爲方鎮者多不閑吏事，乃以三司軍將補都押牙、孔目官、内知客，[2]其人自恃敕補，多專横，節度使不能制；至是悉罷之。[3]

[1]"邠繕甲兵"至"亦其功也"：《大典》卷六〇五二。《舊五代史考異》："案《宣和書譜》云：邠末年留意縉紳，延客門下，知經史有用，乃課吏傳寫。"《輯本舊史》卷一一〇《周太祖紀一》廣順元年（951）正月丁卯條："制曰：'故樞密使楊邠、侍衛都指揮使史弘肇、三司使王章等，以勞定國，盡節致君，千載逢時，一旦同命，悲感行路，憤結重泉，雖尋雪於沉冤，宜更伸於渥澤，並可加等追贈，備禮歸葬，葬事官給，仍訪子孫敘用。其餘同遭枉害者，亦與追贈。''庚辰，故樞密使、左僕射、平章事楊邠追封恒農郡王。'"亦見明本《册府》卷九六《帝王部‧赦宥門十五》。

[2]三司軍將：三司衙職名。供差押綱運、主官物等役使。都押牙：官名。"押牙"即"押衙"。唐、五代時期節度使辟署的屬官，有稱左、右都押衙或都押衙者。掌領方鎮儀仗侍衛、統率軍隊。參見劉安志《唐五代押牙（衙）考略》。　孔目官：官名。唐玄宗開元五年（717），始於集賢殿置孔目官一人，掌檔案及圖書目錄。後諸鎮節度使府皆置孔目官，掌管檔案及文書收發，綜理衆務，其職掌略似於諸州、府之録事參軍，爲幕府要職之一。　內知客：宮中負責差事的吏人。

[3]"初"至"至是悉罷之"：《通鑑》卷二九〇廣順元年正月條。

王章

　　王章，大名南樂人也。[1]少爲吏，給事使府。同光初，[2]隸樞密院，[3]後歸本郡，累職至都孔目官。後唐清泰末，[4]屯駐捧聖都虞候張令昭作亂，[5]逐節度使劉延皓，[6]自稱留後，章以本職爲令昭役使。末帝遣范延光討平之，[7]搜索叛黨甚急。章之妻即白文珂之女也，[8]文珂與副招討李敬周善，^[9]以章爲托。及攻下逆城，敬周匿之，載于橐馳褚中，竄至洛下，^[10]匿於敬周之私第。及末帝敗，章爲省職，歷河陽糧料使。^[11]高祖典侍衛親軍，召爲都孔目官，^[12]從至河東，^[13]專委錢穀。國初，授三司使、檢校太傅，^[14]從征杜重威於鄴下。^[15]明年，高祖崩，隱帝即位，加檢校太尉、同平章事。^[16]

[1]大名：府名。治所在今河北大名縣。 南樂：縣名。治所在今河南南樂縣。

[2]同光：五代後唐莊宗李存勖年號（923—926）。

[3]樞密院：官署名。唐代宗始設樞密使，以宦官充任。五代時，後梁設置崇政院，掌管軍國大政；後唐改稱樞密院，與中書省分理朝政。

[4]清泰：五代後唐廢帝李從珂年號（934—936）。

[5]都虞候：官名。唐、五代方鎮高級軍官。 張令昭：人名。籍貫不詳。五代後唐清泰三年（936）五月，鄴都屯駐捧聖都虞候張令昭逐節度使劉延皓，據城叛。六月，朝廷授張令昭檢校司空，行右千牛將軍，權知天雄軍府事。事見本書卷四八、卷九七。《輯本舊史》之影庫本粘籤：“張令昭，原本作‘會昭’，今從《歐陽史》改正。”見《新五代史》卷三〇《王章傳》。

[6]劉延皓：人名。應州渾元（今山西渾源縣）人。五代將領，後唐劉皇后之弟。傳見本書卷六九、《新五代史》卷一六。

[7]末帝：即五代後唐廢帝李從珂。鎮州平山（今河北平山縣）人。本姓王，後唐明宗李嗣源擄其母魏氏，遂養爲己子。應順元年（934）四月，李從珂入洛陽即帝位。清泰三年（936）五月，石敬瑭謀反，廢帝自焚死，後唐亡。紀見本書卷四六至卷四八、《新五代史》卷七。 范延光：人名。鄴郡臨漳（今河北臨漳縣）人。五代後唐、後晉將領。傳見本書卷九七。

[8]白文珂：人名。太原（今山西太原市）人。五代後唐至後周將領。傳見本書卷一二四。

[9]副招討：官名。即招討副使。唐貞元末始置招討使。爲戰時權置軍事長官，兵罷則停。其下有副使等。　李敬周：人名。避後晉高祖石敬瑭諱改名李周。邢州内丘（今河北内丘縣）人。五代後唐、後晉將領。傳見本書卷九一、《新五代史》卷四七。《新五代史》卷三〇作“李周”。

[10]洛下：即洛陽。

[11]河陽：方鎮名。全稱“河陽三城”。治所在孟州（今河南孟州市）。

[12]召爲都孔目官：“召”，中華書局本有校勘記：“原作‘詔’，據《永樂大典》卷六八五一引《五代薛史》、《册府》卷三〇九改。”見《宋本册府》卷三〇九《宗室部・佐命門二》。

[13]河東：方鎮名。治所在太原（今山西太原市）。

[14]國初，授三司使、檢校太傅：《輯本舊史》卷九九《漢高祖紀上》天福十二年（947）四月己未條：“以兩使都孔目官王章爲權三司使、檢校太保。”卷一〇〇《漢高祖紀下》天福十二年閏七月辛未條：“以權三司使王章爲三司使，加檢校太傅。”

[15]杜重威：人名。其先朔州（今山西朔州市朔城區）人，後徙居太原（今山西太原市）。五代後晉、後漢將領。傳見本書卷一〇九、《新五代史》卷五二。　鄴下：地名。即鄴都。位於今河北大名縣。　從征杜重威於鄴下：《輯本舊史》卷一〇九《杜重威傳》：“（杜重威出降）高祖遣三司使王章、樞密副使郭威，録重威部下將吏盡誅之，籍其財産與重威私帑，分給將士。”

[16]加檢校太尉、同平章事：《輯本舊史》卷一〇一《漢隱帝紀上》乾祐元年（948）四月壬午條：“三司使王章加檢校太尉、同平章事。”

　　居無何，蒲、雍、岐三鎮叛。[1]是時，契丹犯闕之後，國家新造，物力未充，章與周太祖、史弘肇、楊邠等盡心王室，知無不爲，罷不急之務，惜無用之費，收聚財賦，專事西征，軍旅所資，供饋無乏。及三叛平，賜與之外，國有餘積。[2]然以專於權利，剥下過當，斂怨歸上，物論非之。舊制，秋夏苗租，民税一斛，別輸二升，謂之“雀鼠耗”。乾祐中，輸一斛者，別令輸二斗，目之爲“省耗”。[3]百姓苦之。又官庫出納緡錢，皆以八十爲陌，至是民輸者如舊，官給者以七十七爲陌，遂爲常式。[4]民有訴田者，雖無十數户，[5]章必命全州覆視，幸其廣有苗額，以增邦賦，曾未數年，民力大困。章與楊邠不喜儒士，群官所請月俸，[6]皆取不堪資軍者給之，謂之“閑雜物”，命所司高估其價，估定更添，謂之“擡估”，章亦不滿其意，隨事更令添估。[7]章急於財賦，峻於刑法，民有犯鹽、礬、酒麴之令，[8]雖絲毫滴瀝，盡處極刑。吏緣爲姦，民不堪命。

　　[1]蒲：即河中府。治所在今山西永濟市。　雍：即京兆府。治所在今陝西西安市。　岐：唐州名。治雍縣（今陝西鳳翔縣）。唐中後期稱鳳翔府，五代因之。此爲舊稱。
　　[2]“居無何”至“國有餘積”：《輯本舊史》卷一〇二《漢隱帝紀中》乾祐二年（949）九月癸丑條：“初，郭威平河中回，朝廷議加恩，威奏曰：‘臣出兵已來，輦轂之下，無犬吠之憂，俾臣得專一其事，軍旅所聚，貲糧不乏，此皆居中大臣鎮撫謀畫之功也，臣安敢獨擅其美乎！’帝然之，於是弘肇與宰相、樞密使、三司使，次第加恩……癸丑，三司使王章加邑封。”

[3]目之爲“省耗”：《輯本舊史》之影庫本粘籤：“謂之‘省耗’，原本作‘雀耗’，今從《通鑑》改正。胡三省《通鑑》注云：唐明宗天成元年四月赦文：‘應納夏秋税子，先有省耗，每斗一升，今後祇納正税數，不量省耗。’如此，則天成以前，已有省耗，每斛更輸一斗。天成罷輸之，後至漢興，王章復令輸省耗，而又倍舊數取之也。謹附識于此。”見《通鑑》卷二八九乾祐三年十一月辛未條。

[4]“又官庫出納緡錢”至“遂爲常式”：《舊五代史考異》：“案《歸田録》：用錢之法，自五代以來，以七十七爲百，謂之‘省陌’。今市井交易，又剋其五，謂之‘依除’。”見《歸田録》卷二。

[5]十數户：《宋本册府》卷五一〇《邦計部·重斂門》作“數十户”。

[6]群官：中華書局本有校勘記：“原作‘郡官’，據邵本校、《册府》（宋本）卷五一〇改。《新五代史》卷三〇《王章傳》敘其事作‘百官’。”

[7]隨事更令添估：中華書局本有校勘記：“‘令’下原有‘更’字，據《永樂大典》卷六八五一引《五代薛史》、《册府》卷五一〇删。”見明本《册府》卷五一〇《邦計部·重斂門》。

[8]民有犯鹽、礬、酒麴之令：明本《册府》卷五一〇《邦計部·重斂門》作“民有犯鹽麴之令”。

章與楊邠同郡，尤相親愛，[1]其獎用進拔者，莫非鄉舊。常輕視文臣，曰：“此等若與一把算子，未知顛倒，何益於事！”[2]後因私第開宴席，召賓客，史弘肇、蘇逢吉乘醉諠訽而罷。章自是忽忽不樂，潜求外任，邠與弘肇深阻其意。而私第數有怪異，章愈懷憂恐。乾祐三年冬，與史弘肇、楊邠等遇害，夷其族。[3]妻白氏，[4]

禍前數月而卒。無子，惟一女，適户部員外郎張貽肅，[5]羸疾踰年，扶病就戮。[6]《永樂大典》卷六千八百五十。[7]

[1]章與楊邠同郡，尤相親愛：《新五代史》卷三一《王朴傳》："邠與王章、史弘肇等有隙。朴見漢興日淺，隱帝年少孱弱，任用小人，而邠爲大臣，與將相交惡，知其必亂，乃去邠東歸。"

[2]"常輕視文臣"至"何益於事"：史亦有王章維護文臣之載，《輯本舊史》卷一〇七《史弘肇傳》："弘肇又厲聲言曰：'安朝廷，定禍亂，直須長槍大劍，至如毛錐子，焉足用哉！'三司使王章曰：'雖有長槍大劍，若無毛錐子，贍軍財賦，自何而集？'弘肇默然，少頃而罷。"

[3]"乾祐三年冬"至"夷其族"：《輯本舊史》卷一〇三《漢隱帝紀下》乾祐三年（950）十一月丙子條："誅樞密使楊邠、侍衛都指揮使史弘肇、三司使王章，夷其族。是日平旦，甲士數十人由廣政殿出，至東廡下，害邠等於閣内，皆死於亂刃之下。"卷一一〇《周太祖紀一》廣順元年（951）正月丁卯條："制曰：'故樞密使楊邠、侍衛都指揮使史弘肇、三司使王章等，以勞定國，盡節致君，千載逢時，一旦同命，悲感行路，憤結重泉，雖尋雪於沈冤，宜更伸於漏澤，並可加等追贈，備禮歸葬，葬事官給，仍訪子孫敘用。'"同月庚辰條："故三司使、檢校太尉、平章事王章追封琅琊郡王。"

[4]白氏：即王章妻白氏。本書僅此一見。

[5]户部員外郎：官名。户部郎中的副職。從六品上。　張貽肅：人名。籍貫不詳。王章之婿，時爲户部員外郎。事見本書卷一〇三《漢隱帝紀下》、本卷《王章傳》。

[6]扶病就戮：《輯本舊史》卷一〇七《郭允明傳》："未幾，與李業董搆變，楊邠等諸子，允明親刃之於朝堂西廡下。王章女婿

户部員外郎張貽肅，血流逆注，聞者哀之。"亦見《宋本册府》卷九三一《總録部・枉横門》。

[7]《大典》卷六八五〇，誤，應爲卷六八五一"王"字韻"姓氏"事目。此卷現存。

李洪建　弟業

李洪建，太后母弟也。事高祖爲牙將，高祖即位，累歷軍校，遥領防禦使。史弘肇等被誅，以洪建爲權侍衛馬步軍都虞候。[1]及鄴兵南渡，命洪建誅王殷之族，[2]洪建不即行之，但遣人監守其家，仍令給饌，竟免屠戮。周太祖入京城，洪建被執，王殷感洪建之恩，累祈周太祖乞免其死，不從，遂殺之。[3]洪建弟業。《永樂大典》卷一萬三百九十。[4]

[1]侍衛馬步軍都虞候：官名。五代、北宋侍衛親軍馬步軍統兵官，僅次於馬步軍都指揮使、副都指揮使。《輯本舊史》卷一〇三《漢隱帝紀下》乾祐三年（950）十一月丙子條："侍衛馬軍都指揮使李洪建判侍衛司事。"

[2]王殷：人名。瀛州（今河北河間市）人。一作大名（今河北大名縣）人。五代將領。傳見本書卷一二四、《新五代史》卷五〇。本書卷七七作"王英"，或係避宋太祖父趙弘殷之諱而改。

[3]"周太祖入京城"至"遂殺之"：《通鑑》卷二八九乾祐三年十一月丙戌條："獲劉銖、李洪建，囚之。"同月壬辰條："劉銖、李洪建及其黨皆梟首於市，而赦其家。"

[4]《大典》卷一〇三九〇"李"字韻"姓氏（三五）"事目。

業，昆仲凡六人，[1]業處其季，故太后尤憐之。高祖置之麾下，及即位，累遷武德使，出入禁中。業恃太后之親，稍至驕縱。隱帝嗣位，尤深倚愛，兼掌內帑，四方進貢，二宮費用，委之出納。[2]業喜趨權利，無所顧避，執政大臣不敢禁詰。會宣徽使闕，[3]業意欲之，太后亦令人微露風旨於執政。時楊邠、史弘肇等難之，業由是積怨，蕭牆之變，自此而作。[4]楊、史既誅，業權領侍衛步軍都指揮使。[5]北郊兵敗，業自取金寶懷之，策馬西奔。行至陝郊，其節度使洪信，即其長兄也，不敢匿於家。業將奔太原，至絳州境，爲盜所殺，盡奪而去。《永樂大典》卷一萬三百九十。[6]

[1]業，昆仲凡六人：《舊五代史考異》：“案昭聖弟六人，洪信、洪義，《宋史》有傳。《歐陽史》作昆弟七人。”見《新五代史》卷三〇《李業傳》、《宋史》卷二五二《李洪信傳》《李洪義傳》。

[2]“業恃太后之親”至“委之出納”：“二宮費用”，中華書局本有校勘記：“‘用’字原闕，據《册府》卷三〇六補。”見明本《册府》卷三〇六《外戚部·專恣門》。《新五代史》卷三〇：“時天下旱、蝗，黃河決溢，京師大風拔木，壞城門，宮中數見怪物投瓦石、撼門扉。隱帝召司天趙延乂問禳除之法，延乂對曰：‘臣職天象日時，察其變動，以考順逆吉凶而已，禳除之事，非臣所知也。然臣所聞，殆山魈也。’皇太后乃召尼誦佛書以禳之，一尼如廁，既還，悲泣不知人者數日，及醒訊之，莫知其然。而帝方與業及聶文進、後贊、郭允明等狎昵，多爲庾語相誚戲，放紙鳶于宮中。太后數以災異戒帝，不聽。”

[3]會宣徽使闕：《輯本舊史》之影庫本粘籤：“宣徽使，原本作‘宜徵’，今從《通鑑》改正。”見《通鑑》卷二八九乾祐三年

（950）十一月辛未條。

　　[4]"時楊邠、史弘肇等難之"至"自此而作"：《輯本舊史》卷一〇七《史弘肇傳》："其後李業、郭允明、後贊、聶文進居中用事，不悅執政。又見隱帝年漸長，厭爲大臣所制，嘗有忿言，業等乃乘間譖弘肇等，隱帝稍以爲信。業等乃言弘肇等專權震主，終必爲亂，隱帝益恐。嘗一夕，聞作坊鍛甲之聲，疑外有兵仗卒至，達旦不寐。自是與業等密謀禁中，欲誅弘肇等，議定，入白太后。太后曰：'此事豈可輕發耶！更問宰臣等。'李業在側，曰：'先皇帝言，朝廷大事，莫共措大商量。'太后又言之，隱帝怒曰：'閨門之内，焉知國家之事！'拂衣而出。"

　　[5]楊、史既誅，業權領侍衛步軍都指揮使：《新五代史》卷三〇："邠等已死，又遣供奉官孟業以詔書殺郭威于魏州。威舉兵反，隱帝遣左神武統軍袁羲、侍衛馬軍都指揮使閻晉卿等率兵拒威于澶淵。"卷一一《周本紀》乾祐三年十一月條："又遣内養鸞脱覘（郭）威所向。鸞脱爲威所得，威乃附脱奏請縛李業等送軍中。隱帝得威奏，以示業等，業等皆言威反狀已白，乃悉誅威家屬于京師。"《輯本舊史》卷一〇三《漢隱帝紀下》乾祐三年十一月辛巳條："帝覽奏，即召李業示之，聶文進、郭允明在傍，懼形于色。初議車駕幸澶州，及聞鄴兵已至河上，乃止。帝大懼，私謂宰臣竇貞固等曰：'昨來之事，太草草耳！'李業等請帝傾府庫以給諸軍，宰相蘇禹珪以爲未可。業拜禹珪於帝前，曰：'相公且爲官家，莫惜府庫。'遂下令侍衛軍人給二十緡，下軍各給十緡，其北來將士亦準此。仍遣北來將士在營子弟各齎家問，向北諭之。"

　　[6]《大典》卷一〇三九〇"李"字韻"姓氏（三五）"事目。

閻晉卿

　　閻晉卿者，忻州人也。[1]家世富豪，少仕并門，[2]歷職至客將，[3]高祖在鎮，頗見信用。乾祐中，歷閤門使，[4]判四方館。[5]未幾，關西亂，郭從義討趙思綰於京兆，[6]晉卿偏師以攻賊壘。[7]賊平，爲內客省使，[8]丁父憂，起復前職。時宣徽使闕，晉卿以職次事望，合當其任，既而久稽拜命，晉卿頗怨執政。會李業等謀殺楊、史，詔晉卿謀之，晉卿退詣弘肇，將告其事，弘肇不見。[9]晉卿憂事不果，夜懸高祖御容於中堂，泣禱於前，遲明戎服入朝。內難既作，以晉卿權侍衛馬軍都指揮使。[10]北郊兵敗，晉卿乃自殺於家。[11]《永樂大典》卷一萬八千一百三十二。[12]

[1]忻州：州名。治所在今山西忻州市。

[2]并門：指并州。地名。位於今山西太原市。

[3]客將：官名。亦稱"典客"。唐末、五代藩鎮負責接待使節、賓客、出使等外交職責的武官。詳見吳麗娛《試論晚唐五代的客將、客司與客省》，《中國史研究》2002 年第 4 期。

[4]閤門使：官名。唐代中期始置，掌供朝會、贊引百官。初以宦官充任，五代改用武階。

[5]判四方館：官名。隋始置四方館，以通事謁者爲主官。唐、五代沿置，以通事舍人或判四方館事爲主官。掌四方往來及互市事務。

[6]郭從義：人名。沙陀部人。五代後唐至宋初將領。傳見《宋史》卷二五二。　趙思綰：人名。魏州（今河北大名縣）人。五代將領。傳見本書卷一〇九、《新五代史》卷五三。　京兆：府名。治所在今陝西西安市。

[7]"未幾，關西亂"至"晉卿偏師以攻賊壘"：《舊五代史考異》："《宋史·李韜傳》：周祖征三叛，韜從白文珂攻河中，兵傳其

城。文珂夜詣周祖議犒軍，留韜城下。時營柵未備，李守貞乘虛來襲，營中忽見火發，知賊驟至，惶怖失據。客省使閻晋卿率左右數十人，遇韜于月城側，謂韜曰：'事急矣，城中人悉被黄紙甲，爲火光所照，色俱白，此殊易辨，奈軍士無鬬志何！'韜憤怒曰：'豈有食君禄而不爲國致死耶！'即援矟而進，軍中死士十餘輩，隨韜犯賊鋒。蒲有猛將，躍馬持戈擬韜，韜刺之，洞胸而墜，又連殺數十人，蒲軍遂潰，因擊大破之。"見《宋史》卷二七一。

[8]賊平，爲内客省使：《舊五代史考異》："《宋史·李韜傳》載晋卿討賊時已爲客省使，《薛史》作賊平之後始授此職，與《宋史》異。"

[9]"會李業等謀殺楊、史"至"弘肇不見"：《輯本舊史》卷一〇七《史弘肇傳》："内客省使閻晋卿潛知其事。"《通鑑》卷二八九乾祐三年（950）十一月乙亥條："業等以其謀告閻晋卿，晋卿恐事不成，詣弘肇第欲告之。"

[10]内難既作，以晋卿權侍衛馬軍都指揮使：《輯本舊史》卷一〇三《漢隱帝紀下》乾祐三年十一月丙子條："内客省使閻晋卿權侍衛馬軍都指揮使。"

[11]北郊兵敗，晋卿乃自殺於家：《輯本舊史》卷一〇三乾祐三年十一月庚辰條："詔前開封尹侯益、前鄜州節度使張彦超、權侍衛馬軍都指揮使閻晋卿、鄭州防禦使吴虔裕等，率禁軍赴澶州守捉。"同月庚寅條："樞密使郭威奏……其劉銖等準誥旨處置訖，并蘇逢吉、郭允明、閻晋卿、聶文進首級，並梟於南北市，其骨肉放棄。"

[12]《大典》卷一八一三二"將"字韻"後漢將"事目。

聶文進[1]

[1]《輯本舊史》之原輯者案語："《聶文進傳》，《永樂大典》

已佚，今採《册府元龜》以補其闕。”

聶文進，并州人也。[1]少給事于高祖帳下。高祖鎮太原，甚見委用，職至兵馬押司官。[2]高祖入汴，授樞密院承旨，歷領軍、屯衛大將軍，[3]遷右領軍大將軍，[4]並仍舊職。[5]遇周太祖出征，稍至驕橫，久未遷改，深所怨望，與李業輩搆成變亂。史宏肇等遇害之前夕，文進與同黨預作宣詔，制置朝廷之事，凡關文字，並出文進之手。明日難作，文進點閲兵籍，徵發軍衆，指揮取舍，以爲己任，内外咨稟，前後填咽。太祖在鄴被搆，初謂文進不預其事，驗其事跡，方知文進亂階之首也，大詬詈之。太祖過封丘，[6]帝次於北郊，文進告太后曰：“臣在此，請宫中勿憂。”兵散之後，文進召同黨痛飲，歌笑自若。遲明，帝遇禍，文進奔竄，爲軍士所追，梟其首。[7]

[1]并州：州名。治所在今山西太原市。

[2]押司官：吏名。辦理案牘等各種事務。

[3]領軍、屯衛大將軍：官名。即領軍衛、屯衛大將軍。唐置，掌宫禁宿衛。唐代十六衛之一。正三品。

[4]右領軍大將軍：官名。唐置，掌宫禁宿衛。唐代十六衛之一。正三品。

[5]“聶文進”至“並仍舊職”：《宋本册府》卷七六六《總録部·攀附門二》。《新五代史》卷三〇《聶文進傳》：“聶文進，并州人也。少爲軍卒，善書算，給事漢高祖帳中。高祖鎮太原，以爲押司官。高祖即位，歷拜領軍、屯衛將軍、樞密院承旨。周太祖爲樞密使，頗親信之，文進稍橫恣。遷右領軍大將軍，入謝，召諸將軍設食

朝堂，儀鸞、翰林、御厨供帳飲食，文進自如，有司不敢劾。"

　　[6]封丘：縣名。治所在今河南封丘縣。

　　[7]"遇周太祖出征"至"梟其首"：明本《册府》卷九三五《總録部・構患門》。《新五代史》卷三〇《聶文進傳》："周太祖鎮鄴，文進等用事居中，及謀殺楊邠等，文進夜作詔書，制置中外。邠等已死，文進點閱兵籍，指麾殺戮，以爲己任。周太祖在鄴聞邠等遇害，初以爲文進不與，及發詔書，皆文進手迹，乃大詬之。周兵至京師，隱帝敗于北郊，太后懼，使謂文進善衛帝，對曰：'臣在此，百郭威何害！'慕容彦超敗走，帝宿于七里，文進夜與其徒飲酒，歌呼自若。明旦，隱帝遇弒，文進亦見殺。"《輯本舊史》卷一〇三《漢隱帝紀下》乾祐三年（950）十一月庚寅條："樞密使郭威奏，左軍巡勘得飛龍使後贊款伏，與蘇逢吉、李業、閻晋卿、聶文進、郭允明等同謀，令散員都虞候奔德等下手殺害史弘肇等。權開封尹劉銖具伏，朋附李業爲亂，屠害將相家屬。其劉銖等準詰旨處置訖，并蘇逢吉、郭允明、閻晋卿、聶文進首級，並梟於南北市，其骨肉放棄。"《通鑑》卷二八九乾祐三年十一月辛未條："樞密承旨聶文進、飛龍使後匡贊、翰林茶酒使郭允明皆有寵於帝，久不遷官，共怨致政。"同月乙酉條："聶文進挺身走，軍士追斬之。"

後贊

　　後贊，[1]兖州瑕丘人。[2]爲飛龍使。[3]贊母本倡家也，與父同郡，往來其家，生贊。從職四方，父未嘗離郡，贊既長，疑其所生。及爲内職，不欲父之來，寓書以致其意。父自郡至京師，直抵其第，贊不得已而奉之。[4]《永樂大典》卷一萬七千一百九十五。[5]

[1]後贊：《舊五代史考異》："《通鑑》作'後匡贊'，《薛史》避宋諱，去'匡'字。"《輯本舊史》之影庫本粘籤："《後贊傳》，《永樂大典》僅存一條，今引《册府元龜》以補其闕。"

[2]瑕丘：縣名。治所在今山東濟寧市兗州區。 兗州瑕丘人：《新五代史》卷三〇《後贊傳》。

[3]飛龍使：官名。唐代掌閑厩御馬之内使，又稱"内飛龍使"。五代沿置。

[4]"爲飛龍使"至"贊不得已而奉之"：《新五代史》卷三〇《後贊傳》："贊幼善謳，事張延朗。延朗死，贊更事漢高祖。高祖愛之，以爲牙將。高祖即位，拜飛龍使。" "贊母本倡家也"至"贊不得已而奉之"，亦見《宋本册府》卷九二三《總録部·不孝門》。

[5]《大典》卷一七一九五"孝"字韻"不孝"事目。

乾祐末，宰相楊邠、侍衛親軍使史弘肇執權，贊以久次未遷，頗懷怨望，乃與樞密承旨聶文進等構變。及難作，贊與同黨更侍隱帝側，剖判戎事，且防間言。北郊兵敗，贊竄歸兗州，慕容彦超執之以獻，有司鞫贊伏罪，周太祖命誅之。[1]

[1]"乾祐末"至"周太祖命誅之"：明本《册府》卷九五二《總録部·交構門》。《輯本舊史》卷一〇三《漢隱帝紀下》乾祐三年（950）十一月丙戌太后詔："逆黨皇城使李業、内客省使閻晉卿、樞密都承旨聶文進、飛龍使後贊、翰林茶酒使郭允明等，脅君於大内，出戰于近郊，及至力窮，遂行弒逆，冤憤之極，今古未聞。"同月庚寅條："樞密使郭威奏，左軍巡勘得飛龍使後贊款伏，與蘇逢吉、李業、閻晉卿、聶文進、郭允明等同謀，令散員都虞候奔德等下手殺害史弘肇等。"

郭允明

郭允明者，小名竇十，河東人也。幼隸河東制置使范徽柔，[1]徽柔被誅，[2]允明遂爲高祖廝養，服勤既久，頗得高祖之歡心。高祖鎮太原，稍歷牙職，及即位，累遷至翰林茶酒使兼鞍轡庫使。[3]隱帝嗣位，尤見親狎，每恃寵驕縱，略無禮敬。[4]與相州節度使郭謹以同宗之故，[5]頗交結。謹在鎮，允明常齎御酒以遺之，不以借上犯禁爲意。其他輕率，悉皆類此。執政大臣頗姑息之。嘗奉使荊南，車服導從，有同節度使將，州縣郵驛，奔馳畏懾，節度使高保融承迎不暇。[6]允明潛使人步度城壁之高庳，池隍之廣隘，以動荊人，冀得重賄。乾祐末，兼飛龍使。未幾，與李業輩搆變，楊邠等諸子，允明親刃之於朝堂西廡下。王章女壻户部員外郎張貽肅，血流逆注，聞者哀之。及北郊之敗，允明迫帝就民舍，手行弑逆，[7]尋亦自殺。[8]《永樂大典》卷二萬二千一百六十一。[9]

[1]制置使：官名。唐後期臨時差遣官，爲地方用兵時控制當地秩序而設。　范徽柔：人名。籍貫不詳。本書僅此一見。

[2]幼隸河東制置使范徽柔，徽柔被誅：中華書局本有校勘記："《册府》卷七六六：'郭允明，父徽柔，爲河東制置使。'後一'徽柔'二字原闕，據《册府》卷七六六補。"見《宋本册府》卷七六六《總錄部·攀附門二》。

[3]翰林茶酒使：官名。掌内廷茶酒供應之事。　鞍轡庫使：官名。掌御馬鞍轡。唐後期神策軍中置御鞍轡庫，五代置鞍轡

庫使。

　[4]"隱帝嗣位"至"略無禮敬"：《宋本册府》卷五三三《諫諍部・規諫門十》："（帝）猶有童心，疏遠正人，昵比群小，但與郭允明、後贊等廋詞醜語，宮中手放紙鳶。太后每提耳規之，即曰：'經國之謀，閨閣無宜預也。'"

　[5]相州：州名。治所在今河南安陽市。　郭謹：人名。晋陽（今山西太原市）人。五代後晋、後漢將領。傳見本書卷一〇六。

　[6]高保融：人名。陝州硤石（今河南三門峽市陝州區硤石鄉）人。五代南平國王高從誨子，後漢乾祐元年（948）繼父位。傳見本書卷一三三、《新五代史》卷六九。《輯本舊史》之影庫本粘籤："高保融，原本作'深融'，今從《通鑑》改正。"見《通鑑》卷二八八乾祐元年十月癸卯條。明本《册府》卷六六四《奉使部・辱命門》："漢郭允明爲翰林祭酒使。隱帝乾祐元年，命允明宣賜荆南高保融旄節官誥。允明出自群小，舉動驕縱，奉命之行，令本司官健荷御酒數十罌至渚宮，每保融宴席之際，惟屬聲索御酒自飲。""隱帝乾祐元年"，原作"煬帝乾祐元年"，誤。

　[7]"及北郊之敗"至"手行弑逆"：《輯本舊史》卷一〇三《漢隱帝紀下》乾祐三年十一月辛巳條："帝覽奏，即召李業示之，聶文進、郭允明在傍，懼形于色。"同月乙酉條："帝迴，與蘇逢吉、郭允明詣西北村舍，郭允明知事不濟，乃剚刃於帝而崩，時年二十。蘇逢吉、郭允明皆自殺。"《通鑑》卷二八九乾祐三年十一月條謂隱帝爲亂兵所弑。《通鑑考異》曰："《實錄》：'帝至玄化門，劉銖射帝左右，帝迴詣西北，郭允明露刃隨後，西北至趙村，前鋒已及，亂兵騰沸，上懼，下馬入於民室。郭允明知事不濟，乃抽刃犯蹕而崩。'《薛史・隱帝紀》：'郭允明知事不濟，乃剚刃於帝而崩，允明自殺。'《周太祖紀》云：'允明弑漢帝於北郊。'劉恕曰：'允明帝所親信，何由弑逆！蓋郭威兵殺帝，事成之後諱之，因允明自殺歸罪耳。'按弑帝者未必是允明，但莫知爲誰，故止云亂兵。"《舊五代史考異》曰："今考劉恕所辨，祇以揣度言之，亦無

實據，《五代春秋》作帝崩于師。"

［8］尋亦自殺：《輯本舊史》卷一○三《漢隱帝紀下》乾祐三年十一月庚寅條："樞密使郭威奏……其劉銖等準誥旨處置訖，并蘇逢吉、郭允明、閻晉卿、聶文進首級，並梟於南北市，其骨肉放棄。"

［9］《大典》卷二二一六一"郭"字韻"姓氏（六）"事目。

劉銖

劉銖，陝州人也。[1]少事梁邵王朱友誨爲牙將。[2]晋天福中，[3]高祖爲侍衛親軍都指揮使，與銖有舊，乃表爲內職。高祖出鎮并門，用爲左都押牙。銖性慘毒好殺，高祖以爲勇斷類己，深委遇之。國初，授晋昌軍節度使，[4]從定汴洛，移鎮青州，[5]加同平章事。[6]隱帝即位，加檢校太師、兼侍中。[7]銖立法深峻，令行禁止，吏民有過，不問輕重，未嘗貸免。每親事小有忤旨，[8]即令倒曳而出，至數百步外方止，膚體無完者。每杖人，遣雙杖對下，謂之"合歡杖"；或杖人如其歲數，謂之"隨年杖"。在任擅行賦斂，每秋苗一畝率錢三十，夏苗一畝錢二十，以備公用。[9]部內畏之，脅肩重迹。

［1］陝州：州名。治所在今河南三門峽市陝州區。

［2］朱友誨：人名。朱温長兄朱全昱之子。五代後梁太祖時封邵王，曾任控鶴指揮使、陝州節度使。末帝時因舉兵反叛被囚。後唐入汴時被殺。傳見本書卷一二、《新五代史》卷一三。

［3］天福：五代後晋高祖石敬瑭年號（936—942）。出帝石重貴沿用至九年（944）。後漢高祖劉知遠繼位後沿用一年，稱天福十

二年（947）。

　　[4]晋昌軍：方鎮名。治所在京兆府（今陝西西安市）。五代後晋改永平軍置，後漢改爲永興軍。《輯本舊史》原作“永興軍”。《通鑑》卷二八八乾祐元年（948）三月條：“改晋昌軍爲永興軍。”劉銖任此職早於青州節度使（史載爲天福十二年七月），則其任職時尚未改名，故此處應作“晋昌軍節度使”，劉銖未之任。《輯本舊史》卷九九《漢高祖紀上》天福十二年（947）四月甲子條：“以北京隨使、左都押衙劉銖爲河陽節度使。”亦未之任。

　　[5]青州：州名。治所在今山東青州市。

　　[6]移鎮青州，加同平章事：《輯本舊史》卷一〇〇《漢高祖紀下》天福十二年七月條：“以晋昌軍節度使、檢校太保劉銖爲青州節度使，加檢校太尉、同平章事。”

　　[7]加檢校太師、兼侍中：《輯本舊史》卷一〇二《漢隱帝紀中》乾祐二年九月己未條：“青州劉銖並加兼侍中。”

　　[8]每親事小有忤旨：中華書局本有校勘記：“‘忤’原作‘忦’，據殿本、孔本、劉本、邵本校、彭校、《册府》卷四四八改。”見明本《册府》卷四八八《邦計部・賦税門二》。

　　[9]“在任擅行賦斂”至“以備公用”：“三十”“二十”原作“三千”“二千”。中華書局本有校勘記：“‘三千’，《新五代史》卷三〇《劉銖傳》作‘三十’。按《册府》卷五四七載李元懿上書：‘臣爲北海令時，夏秋苗上每畝麻農具等錢，省司元定錢十六。及劉銖到任，每畝上加四十五。’下文‘二千’亦當作‘二十’。”《新五代史》卷三〇：“又請增民租，畝出錢三十以爲公用。”《宋本册府》卷五四七《諫諍部・直諫門十四》：“李元懿前爲北海令，廣順二年投匭獻六事：‘其一：臣爲北海令時，夏秋苗上每畝麻農具等錢，省司元定錢十六。及劉銖到任，每畝上加四十五，每頃配柴五圍、炭三秤。省條之外，別立使限徵促。臣竊聞諸道亦有如劉銖配處，望令禁止。其二：臣在任時，奉劉銖文字，放絲三萬兩，配織絹五千匹。管内七縣，大抵如是。及徵收在賦税之前，督責抑

凌，借役戶民，多造店宅碾磑典庫。請朝廷指揮，許人論告，差軍人百姓五功已上，出放物至匹斤，以坐贓論。自然止絕。其三：臣在任時，見劉銖擅棄國章，便行決配。凡罪人，或刺面填都，或決配沙門島。大凡配流加役，是朝廷格律，今後更請以不道論。'"卷四八八："（廣順）三年正月敕：'……劉銖在任時，於苗畝上每畝徵車脚錢，每頃配柴炭。今後並止絕。'"

　　乾祐中，淄青大蝗，[1]銖下令捕蝗，略無遺漏，田苗無害。先是，濱海郡邑，皆有兩浙迴易務，厚取民利，[2]自置刑禁，追攝王民，前後長吏利其厚賂，不能禁止。銖即告所部，不得與吳越徵負，[3]擅行追攝，浙人惕息，莫敢干命。朝廷懼銖之剛戾難制，因前沂州刺史郭瓊自海州用兵還，[4]過青州，遂留之，即以符彥卿代銖，[5]銖即時受代。[6]

　　[1]淄青：方鎮名。治所在青州（今山東青州市）。
　　[2]厚取民利：《宋本册府》卷六九〇《牧守部・强明門》其後有"如有所負回易吏"七字。
　　[3]不得與吳越徵負："負"，《宋本册府》卷六九〇《牧守部・强明門》作"償及"。
　　[4]沂州：州名。治所在今山東臨沂市。　郭瓊：人名。平州盧龍（今河北盧龍縣）人。五代末、宋初將領。傳見《宋史》卷二六一。《新五代史》卷三〇本傳作"郭淮"，《通鑑》卷二八九乾祐三年（950）正月丁未條、五月丙午條亦作"郭瓊"，《新五代史》誤。　海州：州名。治所在今江蘇連雲港市海州區。
　　[5]符彥卿：人名。陳州宛丘（今河南淮陽縣）人。五代後周、宋初將領。傳見《宋史》卷二五一。《輯本舊史》之影庫本粘

籤：“符彦卿，原本作‘言卿’，今據《通鑑》改正。”見《通鑑》卷二八九乾祐三年三月壬戌條。

　　[6]銖即時受代：《舊五代史考異》：“《隆平集‧郭瓊傳》云：劉銖守平盧，稱疾不朝，隱帝疑其叛，詔瓊領兵屯青州。銖將害之，張宴伏兵幕下，瓊無懼色，銖亦不敢發。瓊爲言去就禍福，銖趨召。”見《隆平集》卷一六。《通鑑》卷二八九繫劉銖入朝於乾祐三年五月庚戌。

　　離鎮之日，有私鹽數屋，雜以糞穢，填塞諸井，以土平之。彦卿發其事以聞，銖奉朝請久之，每潛載手於史弘肇、楊邠第。會李業輩同誅弘肇等，銖喜，謂業輩曰：“君等可謂傀儡兒矣。”尋以銖權知開封府事，周太祖親族及王峻家，並爲銖所害。[1]周太祖入京城，[2]執之下獄，[3]銖謂妻曰：“我則死矣，君應與人爲婢耳！”妻曰：“明公所爲如是，雅合爲之。”周太祖遣人讓銖曰：“昔日與公常同事漢室，寧無故人之情！家屬屠滅，公雖奉君命，加之酷毒，一何忍哉！公家亦有妻子，還顧念否？”銖但稱死罪。[4]遂啓太后，并一子誅之，而釋其妻。[5]周太祖踐阼，詔賜銖妻陝州莊宅各一區。[6]《永樂大典》卷六千三百五十。[7]

　　[1]“尋以銖權知開封府事”至“並爲銖所害”：《輯本舊史》卷一〇三《漢隱帝紀下》乾祐三年（950）十一月乙酉條：“帝策馬至玄化門，劉銖在門上，問帝左右：‘兵馬何在？’乃射左右。”

　　[2]周太祖入京城：《輯本舊史》卷一一〇《周太祖紀一》乾祐三年十一月條：“帝至玄化門，劉銖雨射城外，帝回車自迎春門入。”

[3]執之下獄：《宋本册府》卷四一《帝王部·寬恕門》：“帝入京城，銖夫婦裸露，以席自蔽。平旦，執之下獄。”《通鑑》卷二八九繫此事於乾祐三年十一月丙戌。

[4]“周太祖遣人讓銖曰”至“銖但稱死罪”：《新五代史》卷三〇《劉銖傳》：“是時，太祖方欲歸人心，乃與群臣議曰：‘劉侍中墜馬傷甚，而軍士逼辱，迨有微生，吾欲奏太后，貸其家屬，何如？’群臣皆以爲善。”

[5]并一子誅之，而釋其妻：《舊五代史考異》：“《歐陽史》作‘赦其妻子’。”

[6]詔賜銖妻陝州莊宅各一區：《輯本舊史》卷一一一《周太祖紀二》廣順元年三月條：“詔曰：‘故蘇逢吉、劉銖，頃在漢朝，與朕同事。朕自平禍亂，不念仇讎，尋示優弘，與全家屬。尚以幼稚無託，衣食是艱，將行矜恤之恩，俾獲生存之路，報怨以德，非我負人。賜逢吉骨肉洛京莊宅各一，賜劉銖骨肉陝州莊宅各一。’”

[7]《大典》卷六三五〇“張”字韻“姓氏（二〇）”事目，與傳無涉，但不能確定其出處，存疑。《大典》劉姓多錄自卷九〇七三至卷九一三一。《輯本舊史》於此後錄《五代史闕文》：“漢隱帝朝，銖爲開封尹，周祖自鄴起兵，銖盡誅周祖之家子孫婦女十數人，極其慘毒。及隱帝遇害，周祖以漢太后令，收銖下獄，使人責之。銖對曰：‘某爲漢家戮叛族耳，不知其他。’周祖怒，遂殺之。臣謹按：周世宗朝史官修《漢隱帝實錄》，銖之忠言，諱而不載。”

史臣曰：臣觀漢之亡也，豈繫於天命哉！蓋委用不得其人，聽斷不符於理故也。且如弘肇之淫刑，楊邠之粃政，李業、晉卿之設計，文進、允明之狂且，雖使成王爲君，周公作相，亦不能保宗社之安，延歲月之命，況隱帝、逢吉之徒，其能免乎！《易》曰：“大君有命，開國承家，小人勿用，必亂邦也。”當乾祐之末也，何斯言之驗歟！惟劉銖之忍酷，又安能逭於一死乎！《永樂大典》卷二萬二千一百六十一。[1]

　[1]《大典》卷二二一六一“郭”字韻“姓氏（六）”事目。

舊五代史　卷一〇八

漢書十

列傳第五

李崧

　　李崧，深州饒陽人。[1]父舜卿，[2]本州録事參軍。[3]崧幼而聰敏，十餘歲爲文，家人奇之。弱冠，本府署爲參軍。其父嘗謂宗人李鏻曰：[4]“大醜生處，奇形氣異，[5]前途應不居徒勞之地，賴吾兄誨激之。”大醜即崧之小字也。[6]同光初，[7]魏王繼岌爲興聖宮使，[8]兼領鎮州節鉞，[9]崧以參軍從事。時推官李蕘掌書，[10]崧見其起草不工，密謂掌事吕柔曰：[11]“令公皇子，天下瞻望，至於尺牘往來，章表論列，稍須文理合宜，李侍御起草，未能盡善。”吕曰：“公試代爲之。”吕得崧所作，示盧質、馮道，[12]皆稱之，繇是擢爲興聖宮巡官，[13]獨掌奏記。莊宗入洛，[14]授太常寺協律郎。[15]

[1]深州：州名。治所在今河北深州市。　饒陽：縣名。治所在今河北饒陽縣。

[2]舜卿：人名。即李舜卿。深州饒陽（今河北饒陽縣）人。本書僅此一見。

[3]錄事參軍：官名。州府屬官。總掌諸曹事務。從六品至從八品不等。

[4]李鏻：人名。唐朝宗室。五代大臣。傳見本書卷一〇八、《新五代史》卷五七。

[5]大醜生處，奇形氣異：《輯本舊史》之影庫本粘籤："大醜，原本作'大魏'，考《册府元龜》及《歐陽史》俱作'大醜'，今改正。"見《宋本册府》卷七七五《總錄部·幼敏門三》及卷八一九《總錄部·知子門二》。《新五代史》未見此記載。"奇形氣異"，中華書局本沿《輯本舊史》作"形奇氣異"，據上述二卷《册府》改。

[6]大醜即崧之小字也：《宋本册府》卷八一九："漢李崧，小字大醜，幼而聰敏。其父有袁、許之鑒，常謂宗人李鏻曰：'大醜生處奇形，氣異前途，應不居徒勞之地，賴君誨激之。'後果至公輔。"

[7]同光：五代後唐莊宗李存勗年號（923—926）。

[8]繼岌：人名。即李繼岌。五代後唐莊宗長子。傳見本書卷五一、《新五代史》卷一四。　興聖宮使：官名。五代掌後唐宮衛。

[9]鎮州：州名。治所在今河北正定縣。

[10]推官：官名。唐肅宗以後置，五代沿置。爲節度、觀察、團練、防禦等使的屬官。度支、鹽鐵等使也置推官掌理刑案之事。
李蕘：人名。籍貫不詳。五代後唐莊宗長子李繼岌僚佐。事見本書本卷。

[11]吕柔：人名。即吕知柔，係避後漢高祖諱省。籍貫不詳。五代後唐宦官。事見《新五代史》卷一〇《唐太祖家人傳》。

[12]盧質：人名。河南（今河南洛陽市）人。五代大臣。傳

見本書卷九三、《新五代史》卷五六。　馮道：人名。瀛州景城（今河北滄縣）人。五代時官拜宰相，歷仕後唐至後周，亦曾臣服於契丹。傳見本書卷一二六、《新五代史》卷五四。

[13]興聖宮巡官：官名。掌巡察洛陽宮城内興聖宮事務。

[14]莊宗：即李存勗。代北沙陀部人，五代後唐開國皇帝。923年至926年在位。紀見本書卷二七至卷三四、《新五代史》卷四至卷五。　洛：指都城洛陽。

[15]太常寺：官署名。北齊始置，掌禮樂祭祀活動。隋唐兩代下設郊廟、太廟、諸陵、太樂、鼓吹、太醫、太卜、廩犧等八署，長官爲太常寺卿，正三品。唐高宗龍朔年間曾改稱奉常，武則天光宅年間又曾稱爲司禮，後均復舊。歷代沿置。　協律郎：官名。太常寺屬官。掌協調、校正樂律。正八品上。

　　王師伐蜀，繼岌爲都統，[1]以崧掌書記。[2]蜀平，樞密使郭崇韜爲宦官誣搆，[3]繼岌遂殺崇韜父子，外尚未知。崧白繼岌曰：“王何爲作此危事，至於不容崇韜，至洛誅之未晚。今懸軍五千里，無咫尺書詔，便殺重臣，非謀也。”繼岌曰：“吾亦悔之。”崧召書吏三四人，登樓去梯，取黃紙矯寫詔書，倒使都統印發之。翌日，告諸軍，軍情稍定。[4]及自蜀還，[5]明宗革命，[6]任圜以宰相判三司，[7]用崧爲鹽鐵推官，[8]賜緋。丁外艱，[9]歸鄉里。服闋，鎮帥范延光奏署掌書記。[10]延光爲樞密使，拜拾遺，[11]直樞密院，[12]遷補闕、起居郎、尚書郎，[13]充職如故。[14]長興末，[15]改翰林學士。[16]清泰初，[17]拜端明殿學士、户部侍郎。[18]

　　[1]都統：官名。此處指諸道行營都統。唐末設此職，作爲各

道出征兵士的統帥。

[2]掌書記：官名。唐、五代方鎮僚屬，位在判官下。掌表奏書檄、文辭之事。

[3]樞密使：官名。樞密院長官。唐代宗時始以宦官掌機密，至昭宗時借朱温之力盡誅宦官，始改以士人任樞密使。備顧問，參謀議，出納詔奏，權侔宰相。參見李全德《唐宋變革期樞密院研究》，國家圖書館出版社 2009 年版。 郭崇韜：人名。代州雁門（今山西代縣）人。五代後唐大臣。傳見本書卷五七、《新五代史》卷二四。

[4]“王師伐蜀”至“軍情稍定”：《通鑑》卷二七四天成元年（926）正月甲子條：“都統推官滏陽李崧謂繼岌曰：‘今行軍三千里外，初無敕旨，擅殺大將，大王奈何行此危事！獨不能忍之至洛陽邪?’ 繼岌曰：‘公言是也，悔之無及。’ 崧乃召書吏數人，登樓去梯，矯爲敕書，用蠟印宣之，軍中粗定。”

[5]及自蜀還：《輯本舊史》之原輯者案語：“《歐陽史》：師還，繼岌死於道，崧至京師。”見《新五代史》卷五七《李崧傳》。

[6]明宗：即五代後唐明宗李嗣源。沙陀部人。原名邈佶烈，李克用養子。926 年至 933 年在位。紀見本書卷三五至卷四四、《新五代史》卷六。

[7]任圜：人名。京兆三原（今陝西三原縣）人。五代後唐明宗時拜同中書門下平章事，後與權臣安重誨失和，被誣與叛臣朱守殷通謀而見殺。傳見本書卷六七、《新五代史》卷二八。 三司：官署名。五代後唐明宗天成元年（926）合鹽鐵、度支、户部爲一職，始稱三司，爲中央最高之財政管理機構。

[8]鹽鐵推官：官名。唐始置，唐代後期節度、觀察、團練、防禦等使的屬官。此外，度支、鹽鐵等使也置推官，掌推按刑獄。中華書局本有校勘記：“‘推官’，《新五代史》卷五七《李崧傳》作‘判官’。”

[9]丁外艱：中華書局本沿《輯本舊史》誤作“丁內艱”。見

後"及清泰末"一段校勘記，故改。

[10]范延光：人名。相州臨漳（今河北臨漳縣）人。五代後唐、後晉將領。傳見本書卷九七。

[11]拾遺：官名。唐武則天於垂拱元年（685）置拾遺，分左右。左拾遺隸門下省，右拾遺隸中書省，與左、右補闕共掌諷諫，大事廷議，小事則上封事。從八品上。

[12]樞密院：官署名。唐代自天寶以後，宦官之權始大，領禁軍，典兵機文書。代宗時始定樞密使之名，但仍無公署，惟掌收受章奏，傳達皇帝旨意。昭宗藉朱溫之力，盡誅宦官，始以士人任樞密使。五代後梁開平元年（907）改樞密院爲崇政院，樞密使爲崇政院使，改用士人，備皇帝顧問，其地位相當於宰相。後唐復樞密院之名。

[13]補闕：官名。唐武則天時始置。分爲左右，左補闕隸於門下省，右補闕隸於中書省。掌規諫諷諭，大事可以廷議，小事則上封奏。從七品上。　起居郎：官名。唐代始置，屬門下省。與中書省起居舍人同掌起居注，記皇帝言行。從六品上。　尚書郎：官名。即郎中。尚書省屬官。分曹處理政事。吏部郎中正五品下，餘司郎中皆從五品上。

[14]"延光爲樞密使"至"充職如故"：《輯本舊史》卷四二《唐明宗紀八》長興二年（931）八月辛未條："以左拾遺、直樞密院李崧充樞密直學士。"《宋本册府》卷八二八《總錄部·論薦門》安重誨條："李崧始辟范延光常山爲管記，與宰臣李愚從莊宗。皇子繼岌伐蜀，擢爲拾遺。俄而延光入代安重誨爲樞密使，奏崧以本官爲本院學士。"亦見《宋本册府》卷九五五《總錄部·知舊門》李崧條，惟"李崧始辟范延光常山爲管記"作"李崧始辟鎮州范延光管記"，"擢爲拾遺"前有"有舊"二字。

[15]長興：五代後唐明宗李嗣源年號（930—933）。

[16]翰林學士：官名。由南北朝始設之學士發展而來，唐玄宗改翰林供奉爲翰林學士，備顧問，代王言，掌拜免將相、號令征伐

等詔令的起草。

［17］清泰：五代後唐廢帝李從珂年號（934—936）。

［18］端明殿學士：官名。五代後唐明宗始置，以翰林學士充任，負責誦讀四方書奏。　戶部侍郎：官名。尚書省戶部次官。協助戶部尚書掌天下田戶、均輸、錢穀之政令。正四品下。　拜端明殿學士、戶部侍郎：《輯本舊史》卷四七《唐末帝紀中》清泰二年（935）五月丙辰條：“以端明殿學士李崧爲戶部侍郎。”《宋本册府》卷五六〇《國史部·記注門》：“李崧，爲端明殿學士。清泰二年，史館上言：‘自明宗朝，每見宰臣、節度使爲軍民政事，有所敷陳，或宸旨宣揚，比關道理，唯近臣聞聽，外面不知。先朝時，詔樞密直學士閒至於奏對時記録，逐季下史館，以備纂修。自今年四月後，詔李專美記録。今以改官，其記録，望別差官。’乃詔崧記録。”

先是，長興三年冬，北虜寇雲中，[1]朝廷欲命重將鎮太原，[2]時晉祖爲六軍副使，[3]以秦王從榮不軌，[4]懇求外任，深有北門之望。而大臣以晉高祖方權兵柄，難以議之。一日，明宗怒其未奏，范延光、趙延壽等無對，[5]退歸本院，共議其事，方欲以康義誠爲之。[6]時崧最在下位，聳立請曰：“朝廷重兵多在北邊，須以重臣爲帥，以某所見，非石太尉不可也。”會明宗令中使促之，衆乃從其議。翌日，晉祖既受太原之命，使心腹達意於崧云：“墨浮圖須與合却尖。”蓋感之深也。[7]

［1］雲中：縣名。治所在今山西大同市。

［2］太原：府名。治所在今山西太原市。

［3］晉祖：即五代後晉高祖石敬瑭。沙陀部人。五代後唐將領、

後晉開國皇帝。936 年至 942 年在位。紀見本書卷七五至卷八〇、《新五代史》卷八。

[4]從榮：人名。即李從榮。沙陀部人。五代後唐明宗李嗣源次子。傳見本書卷五一、《新五代史》卷一五。

[5]趙延壽：人名。本姓劉，恒山（今河北正定縣）人。五代後唐明宗李嗣源女婿，後降契丹，引導契丹攻滅後晉。傳見《遼史》卷七六。

[6]康義誠：人名。沙陀部人。五代後唐將領。傳見本書卷六六、《新五代史》卷二七。

[7]“先是”至“蓋感之深也”：“北虜寇雲中”，中華書局本沿《輯本舊史》作“契丹入雲中”，此爲清輯者忌諱而篡改，今據《宋本冊府》卷一七二《帝王部·求舊門二》回改。“一日”，中華書局本有校勘記：“《冊府》卷一七二作‘翌日’。”見明本《冊府》卷一七三《帝王部·求舊門二》。《輯本舊史》卷四三《唐明宗紀九》長興三年（932）十一月丁亥條：“以河陽節度使兼六軍諸衛副使石敬瑭爲河東節度使，兼大同、彰國、振武、威塞等軍蕃漢馬步總管。時契丹帳族在雲州境上，與群臣議擇威望大臣以制北方，故有是命。”卷四八《唐末帝紀下》清泰三年（936）閏十一月己巳條：“帝聞晉安寨爲敵所陷，詔移幸河陽，時議以魏府軍尚全，戎王必憚山東，未敢南下，車駕可幸鄴城。帝以李崧與范延光相善，召入謀之。薛文遇不知而繼至，帝變色，崧躡文遇足，乃出。帝曰：‘我見此物肉顫，適擬抽刀刺之。’崧曰：‘文遇小人，致誤大事，刺之益醜。’崧因請帝歸京。”

及清泰末，晉祖入洛，崧與吕琦俱竄匿於伊闕民家。[1]旬日，晉高祖召爲兵部侍郎，[2]判户部，[3]踰月，拜中書侍郎、同平章事，[4]與桑維翰並兼樞密使。[5]維翰鎮相州，[6]未幾，廢樞密院，事歸中書，加尚書右僕射。[7]從幸鄴,[8]丁内艱,[9]恩制起復, 崧上章數四, 懇辭其命, 優詔不允。復上章, 不報, 崧不得已而視事。晋少帝嗣位,[10]復用桑維翰爲樞密使, 命崧兼判三司。未幾, 代維翰爲樞密使, 與馮玉對掌機密。[11]開運末,[12]崧、玉信契丹之詐,[13]經略瀛、鄚,[14]中渡之敗,[15]落其姦謀。[16]契丹入京師, 趙延壽、張礪素稱崧之才,[17]契丹主善遇之, 以崧爲太子太師,[18]充樞密使。[19]契丹主嘗謂左右曰:"我破南朝, 祇得李崧一人而已。"從契丹北行, 留於鎮州。[20]

[1]吕琦: 人名。幽州安次(今河北廊坊市)人。五代後唐、後晋官員。傳見本書卷九二、《新五代史》卷五六。 伊闕: 一爲山名。又名"闕塞山""龍門山", 位於今河南洛陽市。一爲縣名。治所在今河南伊川縣西南。

[2]兵部侍郎: 官名。尚書省兵部次官。協助兵部尚書掌武官銓選、勳階、考課之政。正四品下。中華書局本沿《輯本舊史》作"户部侍郎"。《輯本舊史》卷七六《晋高祖紀二》天福二年(937)正月丙寅條:"以端明殿學士、户部侍郎李崧爲兵部侍郎、判户部。"同月戊寅條:"以兵部侍郎、判户部李崧爲中書侍郎、同中書門下平章事, 充樞密使。"明本《册府》卷七四《帝王部·命相門四》晋高祖天福三年正月條:"以兵部侍郎、判户部李崧爲中書侍郎、平章事, 充樞密使。"加之下文已有"判户部", 則此處不當爲"户部侍郎", 故改。且"踰月"之説疑誤。《宋本册府》卷一七二《帝王部·求舊門二》亦誤作"户部侍郎"。

[3]户部: 官署名。主管全國田户、均輸、錢穀之政令。

[4]中書侍郎: 官名。中書省副長官。唐後期三省長官漸爲榮銜, 中書侍郎、門下侍郎卻因參議朝政而職位漸重, 常常用爲以

"同三品"或"同平章事"任宰相者的本官。正三品。　同平章事：官名。"同中書門下平章事"之簡稱。唐高宗以後，凡實際任宰相之職者，常在其本官後加同平章事的職銜。後成爲宰相專稱。後晉天福五年（940），升中書門下平章事爲正二品。

〔5〕桑維翰：人名。洛陽（今河南洛陽市）人。五代後唐進士，後晉宰相、樞密使。傳見本書卷八九、《新五代史》卷二九。

〔6〕相州：州名。治所在今河南安陽市。

〔7〕尚書右僕射：官名。秦始置。隋、唐前期以左、右僕射佐尚書令總理六官，綱紀庶務；如不置尚書令，則總判省事，爲宰相之職。唐後期多爲大臣加銜。從二品。　　"維翰鎮相州"至"加尚書右僕射"：《輯本舊史》卷七六天福二年六月丙戌條："宰臣李崧上表讓樞密使於趙瑩，以瑩佐命之元臣也。詔不允。"卷七七《晉高祖紀三》天福三年七月壬戌條："宰臣趙瑩、桑維翰、李崧各改鄉里名號。"同年九月乙卯條："中書侍郎平章事桑維翰、李崧給門戟十二枝。"同年十月壬辰條："以樞密使、中書侍郎、平章事、集賢殿大學士桑維翰兼兵部尚書，皆罷樞密使。"此條《輯本舊史》有原輯者案語："以上疑有闕文。據《通鑑考異》引《晉高祖實録》，維翰與李崧並罷樞密使。"卷七八《晉高祖紀四》天福四年九月己丑條："以中書侍郎、平章事李崧權判集賢殿事。"卷七九《晉高祖紀五》天福五年九月丁卯條："宰臣李崧加集賢殿大學士。"明本《册府》卷三一九《宰輔部·褒寵門二》："李崧爲侍中，詔改崧本貫深州饒陽縣富平鄉爲秉鈞鄉，通義里爲調鼎里，給門戟十二枝。"《宋本册府》卷三〇九《宰輔部·佐命門二》："晉天福二年六月，宰臣李崧讓樞密使。崧始自范延光領常山爲管記，及明宗長興末爲六軍副使，以皇子秦王從榮不軌，懇求出外。會北虜屢寇雲中，議選良帥以鎮北門，帝問延光、趙延壽等，不敢遽對，奏云：'候臣至本院商量。'欲定襄州連帥康義誠。崧最在下位，聳立請曰：'非石太尉不可。'延光曰：'僕累白上，欲令出鎮。嘗謂僕曰："兄有得氣力者，欲不遣在左右，是何意也？"由是不敢復奏。'時

帝又遣中使促之，乃定帝領太原。明日，帝又使心腹導意，至崧云：'累浮圖須與合却尖。'表感之深也。乃義旗入洛，崧爲僞主端明殿學士，出逃郊外，俄召居舊秩。無幾，命爲相，兼樞密使，蓋由此階緣故也。崧時以宰相趙瑩使虜將還，朝廷之元臣也，故有表讓其機務，以固帝心，皆小數也。"

[8]鄴：地名。位於今河北大名縣。五代後唐同光元年（923），改魏州爲興唐府，建號東京。三年，改東京爲鄴都。

[9]丁内艱：中華書局本有校勘記："本書卷八〇《晋高祖紀六》、《新五代史》卷五七《李崧傳》皆記其丁内艱，敦煌文書斯四四七三《集賢相公遭母喪盡七後［辭］起復表》即是李崧爲此事所撰，本卷上文'丁内艱'疑爲'丁外艱'之訛。"但未改。《輯本舊史》卷八〇《晋高祖紀六》天福七年二月辛丑條："宰臣李崧丁母憂，起復舊任。"同年三月丙子條："賜宰臣李崧白藤肩輿，以起復故也。"明本《册府》卷三一九《宰輔部·褒寵門二》："七年，丁憂，制詔賜崧白藤檐子一，以授起復官。不欲，令墨縗乘馬也。"據改。

[10]晋少帝：即五代後晋少帝石重貴。石敬瑭從子。942年至947年在位。紀見本書卷八一至卷八五、《新五代史》卷九。

[11]馮玉：人名。定州（今河北定州市）人。五代後晋外戚、宰相。傳見本書卷八九、《新五代史》卷五六。　"晋少帝嗣位"至"與馮玉對掌機密"：《輯本舊史》卷八一《晋少帝紀一》天福七年八月甲子條："李崧加左僕射兼門下侍郎。"同年十月己卯條："宰臣李崧母喪，歸葬深州，遣使弔祭之。"卷八二《晋少帝紀二》天福八年七月甲午條："正衙命册皇太后，以宰臣李崧充使，右散騎常侍李慎儀爲副。"卷八三《晋少帝紀三》開運元年七月己丑條："宰臣李崧、和凝進封爵邑。"卷八四《晋少帝紀四》開運二年五月壬子條："宰臣李崧、和凝並加階爵。"同年十二月丁亥條："以左僕射、門下侍郎、平章事李崧爲守侍中，充樞密使。"

[12]開運：五代後晋出帝石重貴年號（944—947）。

[13]契丹：古部族、政權名。公元4世紀中葉宇文部爲前燕攻破，始分離而成單獨的部落，自號契丹。唐貞觀中，置松漠都督府，以其首領爲都督。唐末强盛，916年迭剌部耶律阿保機建立契丹國（遼）。先後與五代、北宋並立，保大五年（1125）爲金所滅。參見張正明《契丹史略》，中華書局1979年版。

[14]瀛：州名。治所在今河北河間市。 鄚：州名。治所在今河北任丘縣。

[15]中渡：地名。滹沱河渡口。位於今河北正定縣。

[16]"開運末"至"落其姦謀"：《新五代史》卷五七《李崧傳》："是時，晋兵敗契丹於陽城，趙延壽在幽州，詐言思歸以誘晋兵，崧等信之。初，漢高祖在晋，掌親軍，爲侍衛都指揮使，與杜重威同制加平章事，漢高祖耻之，怒不肯謝，晋高祖遣和凝諭之，乃謝。其後漢高祖出居太原，重威代爲侍衛使，崧亦數稱重威之材，於是漢高祖以崧爲排己，深恨之。崧又信延壽之詐以爲然，卒以重威將大兵，其後敗于中渡，晋遂以亡。"

[17]張礪：人名。磁州滏陽（今河北磁縣）人。五代後唐翰林學士。後入契丹，爲翰林學士。傳見本書卷九八。

[18]太子太師：官名。與太子太傅、太子太保統稱太子三師。隋唐以後多作加官或贈官。從一品。

[19]充樞密使：《輯本舊史》卷一三七《契丹傳》："僞命以李崧爲西廳樞密使。"

[20]鎮州：州名。治所在今河北正定縣。 從契丹北行，留於鎮州：《通鑑》卷二八七天福十二年閏七月辛巳條："契丹主兀欲遣騎至恒州，召前威勝節度使兼中書令馮道、樞密使李崧、左僕射和凝等，會葬契丹主德光於木葉山。道等未行，食時，鐘聲發。漢兵奪契丹守門者兵擊契丹……麻答等大驚，載寶貨家屬，走保北城。"同年八月壬午條："契丹自北門入，勢復振……前磁州刺史李穀恐事不濟，請馮道、李崧、和凝至戰所慰勉士卒，士卒見道等至，爭自奮……契丹懼而北遁。"

　　高祖平汴洛，乃以崧之居第賜蘇逢吉，[1]第中宿藏之物，皆爲逢吉所有。其年秋，鎮州逐麻答，[2]崧與馮道、和凝十數人歸闕，[3]授太子太傅。[4]崧對朝之權右，謙挹承顏，未嘗忤旨。嘗以宅券獻蘇逢吉，逢吉不悦。[5]崧二弟嶼、巊，[6]酗酒無識，與楊邠、蘇逢吉子弟杯酒之間，[7]時言及奪我居第，逢吉知之。有部曲葛延遇者，[8]迪李嶼船傭，嶼撻之，督其所負。遇有同輩李澄亦事逢吉，[9]延遇夜寄宿於澄家，以嶼見督情告，遂一夕通謀告變。[10]逢吉覽狀示史弘肇，其日逢吉遣吏召崧至第，從容語及葛延遇告變之事，崧以幼女爲託，逢吉遣吏送於侍衛獄。既行，崧恚曰：“自古未有不亡之國，不死之人。”及爲吏所鞫，乃自誣伏罪，舉家遇害，少長悉尸於市，人士冤之。[11]崧與徐台符同學相善，[12]乾祐三年秋，[13]台符夢崧謂曰：“予之冤横，得請於帝矣。”及蘇、史之誅，並梟首於市，當崧所誅之地，未幾，葛延遇、李澄亦以戮死。[14]《永樂大典》卷一萬三百九十。[15]

　　[1]蘇逢吉：人名。京兆長安（今陝西西安市）人。五代後漢宰相。傳見本書本卷、《新五代史》卷三〇。

　　[2]麻答：人名。即耶律拔里得。契丹人。遼初皇室，遼太宗耶律德光堂弟。傳見《遼史》卷七六。參見鄧廣銘（署名鄺又銘）《遼史兵衛志“御帳親軍”“大首領部族軍”兩事目考源》，《北京大學學報》（人文科學版）1956年第2期。

　　[3]和凝：人名。鄆州須昌（今山東東平縣）人。五代後晋宰相。傳見本書卷一二七、《新五代史》卷五六。

[4]太子太傅：官名。與太子太師、太子太保統稱太子三師。隋唐以後多作加官或贈官。從一品。《輯本舊史》卷一〇〇《漢高祖紀下》天福十二年（947）九月己卯條："以前樞密使李崧爲太子太傅。"

[5]逢吉不悦：中華書局本有校勘記："'逢吉'二字原闕，據邵本校，《新五代史》卷三〇《蘇逢吉傳》、卷五七《李崧傳》，《冊府》（明本）卷九三三補。"見明本《冊府》卷九三三《總録部·誣構門二》。

[6]嶼：人名。即李嶼。深州饒陽（今河北饒陽縣）人。李崧之弟。五代後漢司封員外郎。事見本書卷一〇一、本卷。　巇：人名。即李巇。深州饒陽（今河北饒陽縣）人。李崧之弟。五代後漢國子博士。事見本書卷一〇一、本卷。

[7]楊邠：人名。魏州冠氏（今山東冠縣）人。五代後漢時任樞密使、宰相。傳見本書卷一〇七、《新五代史》卷三〇。

[8]葛延遇：人名。籍貫不詳。李嶼僕從。事見本書本卷《李崧傳》。

[9]李澄：人名。籍貫不詳。蘇逢吉下屬。事見本書本卷、《新五代史》卷五七。　遇有同輩李澄亦事逢吉：中華書局本有校勘記："'遇'，《冊府》卷九三三作'延遇'。"見明本《冊府》卷九三三《總録部·誣構門二》。

[10]"崧二弟嶼、巇"至"遂一夕通謀告變"："延遇夜寄宿於澄家"，中華書局本有校勘記："'延遇'原作'葛延遇'，據《冊府》卷九三三改。"《輯本舊史》之原輯者案語："《歐陽史》：是時，高祖將葬睿陵，河中李守貞反，澄乃教延遇告變，言崧與其甥王凝謀因山陵放火焚京師，又以蠟丸書通守貞。"見《新五代史》卷五七《李崧傳》。《舊五代史考異》："《東都事略·王溥傳》：世宗嘗問：'漢相李崧蠟彈書結契丹，有記其辭者否？'溥曰：'使崧有此，肯示人耶？蘇逢吉輩陷之爾。'是逢吉等陷崧，又謂其通契丹也。世宗遂優贈崧官。"此《考異》中華書局本有校勘記：

"'漢相李崧蠟彈書結契丹','相'原作'祖',據殿本、劉本、《東都事略》卷一八改。'世宗遂優贈崧官',以上七字原闕,據孔本、《東都事略》卷一八補。"其中"契丹",《東都事略》作"北虜"。

[11]"既行"至"人士冤之":《輯本舊史》之原輯者案語:"《歐陽史》:乘馬,從者去,無一人。"見《新五代史》卷五七《李崧傳》。《舊五代史考異》:"《東都事略·陶穀傳》:穀性傾險巧詆,其進緣李崧,崧之死,穀自謂有力焉。又《宋史·陶穀傳》:李崧以宅券獻逢吉,逢吉不悅,而崧子弟數出怨言,崧懼,移疾不出。族子昉,嘗往候崧,崧語昉曰:'邇來朝廷于我有何議?'昉曰:'無他,聞惟陶給事往往于稠人中厚誣叔父。'崧歎曰:'穀自單州判官,吾取爲集賢校理,不數年擢掌誥命,吾何負于陶氏子哉!'及崧遇禍,昉嘗因公事詣穀,穀問昉:'識李侍中否?'昉斂衽應曰:'遠從叔耳。'穀曰:'李氏之禍,穀出力焉。'昉聞之汗出。"見《東都事略》卷三〇《陶穀傳》、《宋史》卷二六九《陶穀傳》。《輯本舊史》卷一〇一《漢隱帝紀上》乾祐元年(948)十一月甲寅條:"誅太子太傅李崧及其弟司封員外郎嶼、國子博士羲,夷其族,爲部曲誣告故也。詔曰:'稔惡圖危,難逃天網;虧忠負義,必速神誅。李崧頃在前朝,最居重位,略無裨益,遂至滅亡。及事契丹,又爲親密,士民俱憤,險佞可知。先皇帝含垢掩瑕,推恩念舊,擢居一品,俾列三師。不謂潛有苞藏,謀危社稷,散差人使,潛結奸兇,俯近山陵,擬爲叛亂。按其所告,咸已伏辜,宜正典章,用懲奸逆。其李崧、李嶼、李羲一家骨肉,及同謀作亂人,並從極法'云。"《新五代史》卷三〇《蘇逢吉傳》:"崧款自誣伏:'與家僮二十人,謀因高祖山陵爲亂。'獄上中書,逢吉改'二十人'爲'五十人',遂族崧家。"

[12]徐台符:人名。鎮州獲鹿(今河北石家莊市鹿泉區)人。五代大臣。傳見本書附錄。

[13]乾祐:五代後漢高祖劉知遠年號(948)。隱帝劉承祐沿

用至乾祐三年（950）。北漢亦用此年號。

［14］"崧與徐台符同學相善"至"葛延遇、李澄亦以戮死"：《舊五代史考異》："《宋史·李昉傳》：晉侍中崧，與昉同宗且同里，時人謂崧爲'東李家'，昉爲'西李家'。漢末，崧被誅，至宋，其子璨自蘇州常熟縣令赴調，昉爲訟其父冤，且言：'周太祖已爲昭雪，贈官，還其田宅，録璨而官之。然璨幾五十，尚淹州縣之職。'詔授璨著作佐郎，後官至右贊善大夫。"見《宋史》卷二六五《李昉傳》。此《考異》中華書局本有校勘記："'昉爲西李家'，'家'字原闕，據《宋史》卷二六五《李昉傳》補。'後官至右贊善大夫'，'右贊善'原作'資善'，據《宋史》卷二六五《李昉傳》改。"《宋本册府》卷八〇四《總録部·義門四》："徐台符先與漢故太子太傅李崧爲執友，乾祐中，崧爲部曲葛延遇、李澄等誣告，族滅。廣順中，台符爲兵部侍郎，白於宰府，請誅延遇等。宰相馮道以延遇等已經赦宥，未之許也。時王峻執政，聞台符之言，深加歎伏。因奏於太祖，遂誅延遇等。時人義之。"其中"台符爲兵部侍郎"之"台符"二字，據明本補。明本《册府》卷八七五《總録部·訟冤門四》："李希用爲平山縣令，罷官，表訴從人諸葛知遇、李澄，乾祐中誣告殺弟太子太傅崧一家，其二人見存，乞推劾冤。勅付府司勘鞫。諸葛知遇、李澄尋戮死。"

［15］《大典》卷一〇三九〇"李"字韻"姓氏（三五）"事目。

蘇逢吉

蘇逢吉，長安人。[1]父悦，[2]逢吉母早喪，而悦鰥居，旁無侍者。性嗜酒，雖所飲不多，然漱醪終日。佗人供膳，皆不稱旨，俟逢吉庖炙，方肯下箸。悦初仕蜀，官升朝列，逢吉初學爲文，嘗代父染翰。悦嘗爲高祖從事，甚見禮遇，因從容薦逢吉曰："老夫耄矣，才器無取。男逢吉粗學援毫，性復恭恪，如公不以？犬之微，願令事左右。"高祖召見，以神精爽惠，[3]甚憐之。有頃，擢爲賓佐，凡有謀議，立侍其側。高祖素嚴毅，及鎮太原，位望崇重，從事稀得謁見，惟逢吉日侍左右。[4]兩使文簿，堆案盈几，左右不敢輒通，逢吉置於懷袖，俟其悦色則諮之，多見其可。

[1]長安：縣名。治所在今陝西西安市。

[2]悦：人名。即蘇悦。長安（今陝西西安市）人。五代低級官吏。本書僅此一見。

[3]以神精爽惠："精"，《宋本册府》卷七二九《幕府部·辟署門四》作"情"。明本《册府》卷八六七《總録部·内舉門》蘇悦條作"以精神爽聰"。

[4]"高祖素嚴毅"至"惟逢吉日侍左右"：明本《册府》卷三〇九《宰輔部·佐命門二》："天福十二年，秦州節度使叛入蜀，高祖聞之，歎曰：'中原無主，使藩侯一至於此，吾處方召之任，得無愧於心乎？'逢吉等曰：'大王出鎮邊裔，兵權久不在己，外不能撫四夷，内不能安牧伯，朝廷致敗，乃自失之。夫不有廢也，於何以興？皆天運使然，非大王之過。大王富有全晋之地，帶甲十萬，一呼一吸，海内孰不響應？足以雪家國之耻，足以圖帝王之業。幸不以小善小節爲拘累耳。'帝曰：'諸公何略之甚。吾以少主陷虜，心焉如灼，謀之與力，已不迨於重耳。皇緒若在，將欲保寶融事業足矣，安有他望耶？'高祖引咎養正，率皆如此。"

高祖建號於太原，逢吉自節度判官拜同平章事、集賢殿大學士。[1]車駕至汴，朝廷百司庶務，逢吉以爲己任，參決處置，並出胸臆，雖有當有否，而事無留滯。[2]會翰林學士李濤從容侍帝，[3]言及霸府二相，官秩未崇，逢吉旋加户部尚書，[4]未幾，轉左僕射，[5]監修國史。[6]從征杜重威於鄴下，[7]數乘醉抵辱周太祖。[8]及高祖大漸，與楊邠、史弘肇等臥内同受顧命。李濤與逢吉論甥舅之契，相得甚歡，濤之入相，逢吉甚有力焉。[9]會濤上章，請出兩樞密爲方鎮，帝怒，罷濤相，勒歸私第，時論疑濤承逢吉之風旨也。[10]

[1]集賢殿大學士：官名。唐中葉置，位在學士之上，以宰相兼。掌修書之事。　逢吉自節度判官拜同平章事、集賢殿大學士：《輯本舊史》卷九九《漢高祖紀上》天福十二年（947）四月甲子條：“以河東節度判官蘇逢吉爲中書侍郎、同平章事、集賢殿大學士。”

[2]“車駕至汴”至“而事無留滯”：《新五代史》卷三○《蘇逢吉傳》：“是故漢世尤無法度，而不施德政，民莫有所稱焉。”

[3]李濤：人名。京兆萬年（今陝西西安市長安區）人。唐敬宗子郇王瑋後裔，五代後漢宰相。傳見《宋史》卷二六二。

[4]户部尚書：官名。尚書省户部長官。掌管全國土地、户籍、賦税、財政收支諸事。正三品。中華書局本沿《輯本舊史》作“逢吉旋加吏部尚書”，有校勘記：“‘吏部’，本書卷一○○《漢高祖紀下》、蘇逢吉墓誌（拓片刊《洛陽出土歷代墓誌輯繩》）作‘户部’。”但未改，今據改。《輯本舊史》卷一○○《漢高祖紀下》天福十二年九月甲子條：“宰臣蘇逢吉兼户部尚書。”同月甲戌條：“宰臣蘇逢吉加左僕射、監修國史。”

[5]左僕射：官名。秦始置。隋、唐前期以左、右僕射佐尚書令總理六官，綱紀庶務，如不置尚書令，則總判省事，爲宰相之

職。唐後期多爲大臣加銜。從二品。

[6]監修國史：官名。北齊始置史館，以宰相爲之。唐史館沿置，爲宰相兼職。

[7]杜重威：人名。其先朔州（今山西朔州市朔城區）人，後徙居太原（今山西太原市）。五代後晉、後漢將領。傳見本書卷一〇九、《新五代史》卷五二。　鄴下：地名。即鄴都。位於今河北大名縣。

[8]周太祖：即郭威。邢州堯山（今河北隆堯縣）人。五代後周建立者。951 年至 954 年在位。紀見本書卷一一〇至卷一一三、《新五代史》卷一一。

[9]“李濤與逢吉論甥舅之契”至“逢吉甚有力焉”：明本《册府》卷三二四《宰輔部·薦賢門》：“漢蘇逢吉，爲相，時李濤在翰林，逢吉深眷待之。會四輔闕人，高祖欲擢用吏部尚書竇貞固，復問其次，逢吉曰：‘頃張彦澤以殺判官張式罷鎮，晉祖宥其罪，而李濤上疏極言彦澤之罪，宥之屈法。陛下在太原時，論朝士大夫，常重濤之爲人。’時高行周、慕容彦超圍杜重威於鄴，二師不協，高祖有親征之意，未決，會濤上疏，請駕征鄴，大合上旨，遂與貞固同日拜平章事。”

[10]時論疑濤承逢吉之風旨也：“也”字據明本《册府》卷三三七《宰輔部·樹黨門》補。《輯本舊史》卷一〇一《漢隱帝紀上》乾祐元年（948）三月丁丑條：“中書侍郎兼户部尚書、平章事李濤罷免，勒歸私第。時蘇逢吉等在中書，樞密使楊邠、副樞密使郭威等權勢甚盛，中書每有除授，多爲邠等所抑。濤不平之，因上疏請出邠等，以藩鎮授之，樞密之務，宜委逢吉、禹珪。疏入，邠等知之，乃見太后，泣訴其事，太后怒，濤由是獲譴。先是，中書廚釜鳴者數四，未幾，濤罷免。”《新五代史》卷三〇《蘇逢吉傳》：“李太后怒濤離間大臣，罷濤相，以楊邠兼平章事，事悉關決。逢吉、禹珪由是備位而已。”

先是，高祖踐祚之後，逢吉與蘇禹珪俱在中書，[1]有所除拜，多違舊制，用捨升降，率意任情，至有自白丁而升宦路、由流外而除令錄者，不可勝數，物論紛然。高祖方倚信二相，莫敢言者。逢吉尤貪財貨，無所顧避，求進之士，稍有物力者，即遣人微露風旨，許以美秩。[2]及楊邠爲相，稍奪二蘇之權，自是中書盡斂手而已。[3]邠每懲二蘇之失，艱於除拜，至於諸司補吏與門胄出身，一切停罷，時論以邠之蔽錮，亦由逢吉、禹珪本不能至公於物之所致也。

[1]蘇禹珪：人名。高密（今山東高密市）人。劉知遠爲河東節度使時的屬官，五代後漢初任宰相。傳見本書卷一二七。　中書：官署名。“中書門下”的簡稱。唐代以來爲宰相處理政務的機構。參見劉後濱《唐代中書門下體制研究——公文形態·政務運行與制度變遷》，齊魯書社 2004 年版。

[2]“先是”至“許以美秩”：明本《册府》卷三三八《宰輔部·貪黷門》：“故鳳翔秦王從儼子永吉初至闕下，逢吉謂其侯王之裔，必有重貨，乃遣人求先人玉帶，且以一郡許之。永吉辭以素無此物，縱有者不堪奉獻。逢吉下令市一玉帶，價數千緡，使永吉償其直。又前客省使王筍受晉命，使於湖湘，漢初復命，逢吉重邀其賂，許酬名郡，筍不得已，分橐裝以奉。然俱不能踐其言，其貪詐如此。”

[3]自是中書盡斂手而已：中華書局本有校勘記：“‘自是’下《册府》卷三三五有‘中書’二字。按《通鑑》卷二八八：‘凡中書除官，諸司奏事，帝皆委邠斟酌，自是三相拱手。’”但未補。見明本《册府》卷三三五《宰輔部·不稱門》楊邠條，《通鑑》卷二八八乾祐元年（948）四月條，今據補。《輯本舊史》卷一〇一

《漢隱帝紀上》乾祐元年三月丁丑條：“中書每有除授，多爲邠等所抑。濤不平之，因上疏請出邠等，以藩鎮授之，樞密之務，宜委逢吉、禹珪。”

　　初，高祖至汴，以故相馮道、李崧爲契丹所俘，竚於真定，[1]乃以崧第賜逢吉，道第賜禹珪，崧於西洛有別業，[2]亦爲逢吉所有。及真定逐契丹，崧、道歸朝。崧弟嶼以逢吉占據其第，時出怨言。未幾，崧以西京宅券獻於逢吉，逢吉不悦。[3]會崧有僕夫欲誣告謀反，逢吉誘致其狀，即告史弘肇，令逮捕其家。逢吉遣直省吏召崧至第，即令監至侍衛獄。翌日，所司以獄辭上，其李嶼款招云：“與兄崧、弟巘，與家僮二十人商議，比至山陵發引之時，同放火謀亂，其告是實。”蓋自誣之辭也。逢吉仍以筆添注“二十人”字爲“五十人”，封下有司，盡誅崧家。時人冤之，歸咎於逢吉。逢吉深文好殺，初從高祖在太原時，嘗因事，高祖命逢吉静獄，以祈福祐，逢吉盡殺禁囚以報。及執朝政，尤愛刑戮。朝廷患諸處盜賊，遣使捕逐，逢吉自草詔意云：“應有賊盜，其本家及四鄰同保人，並仰所在全族處斬。”或謂逢吉曰：“爲盜者族誅，猶非王法，鄰保同罪，不亦甚乎？”逢吉堅以爲是，竟去“全族”二字。時有鄆州捕賊使臣張令柔者，盡殺平陰縣十七村民，[4]良由此也。[5]

　　[1]真定：縣名。治所在今河北正定縣。
　　[2]西洛：即洛陽。地名。位於今河南洛陽市。

[3]逢吉不悦：中華書局本有校勘記："'逢吉'二字原闕，據邵本校，《新五代史》卷三〇《蘇逢吉傳》、卷五七《李崧傳》，《通鑑》卷二八八補。"見《通鑑》卷二八八乾祐元年（948）十一月甲寅條。

[4]平陰縣：縣名。治所在今山東平陰縣。

[5]"逢吉深文好殺"至"良由此也"："初從高祖在太原時"之"初"，"時有鄆州捕賊使臣張令柔者"之"者"，均據《宋本册府》卷九四一《總録部·殘虐門》補。"嘗因事"，《新五代史》卷三〇謂"以生日"。《輯本舊史》之影庫本粘籤："平陰，原本作'乎除'，今從《通鑑》改正。"見《通鑑》卷二八七天福十二年（947）八月乙未條。"十七村民"，《新五代史》卷三〇本傳作"十七村民數百人"，又云："衛州刺史葉仁魯聞部有盜，自帥兵捕之。時村民十數共逐盜，入于山中，盜皆散走。仁魯從後至，見民捕盜者，以爲賊，悉擒之，斷其脚筋，暴之山麓，宛轉號呼，累日而死。聞者不勝其冤，而逢吉以仁魯爲能，由是天下因盜殺人滋濫。"

逢吉性侈靡，好鮮衣美食，中書公膳，鄙而不食，私庖供饌，務盡甘珍，嘗於私第大張酒樂，以召權貴，所費千餘緡。其妻武氏卒，[1]葬送甚盛，班行官及外州節制，有與逢吉相款洽者，皆令齎送綾羅絹帛，以備縞素，失禮違度，一至如此。又性不拘名教，繼母死不行服，妻死未周，其子並授官秩。有庶兄自外至，不白逢吉，便見諸子，逢吉怒，且懼他日凌弱其子息，乃密白高祖，[2]誣以他事杖殺之。

[1]武氏：蘇逢吉妻。本書僅此一見。

[2]乃密白高祖：《通鑑》卷二八七天福十二年（947）八月乙

未條作"密語郭威"。

　　乾祐二年秋，加守司空。[1]周太祖之將鎮鄴也，蘇逢吉奏請落樞密使，隱帝曰：[2]"有前例否？"逢吉奏白："樞密之任，方鎮帶之非便。"史弘肇曰："兼帶樞密，所冀諸軍稟畏。"竟從弘肇之議。弘肇怨逢吉之異己，逢吉曰："此國家之事也，且以內制外則順，以外制內豈得便耶！"事雖不從，物議多之。居無何，王章張飲，[3]會逢吉與史弘肇有譴言，大爲弘肇所詬，逢吉不校，幾至毆擊，逢吉馳馬而歸，自是將相失歡。逢吉欲希外任，以紓弘肇之怒，既而中輟。人問其故，逢吉曰："苟領一方鎮，祇消得史公一處分，[4]則爲齏粉矣。"

　　[1]司空：官名。與太尉、司徒並爲三公，唐後期、五代多爲大臣、勳貴加官。正一品。　乾祐二年秋，加守司空：《輯本舊史》卷一〇一《漢隱帝紀上》乾祐元年（948）四月庚寅條："宰臣竇貞固、蘇逢吉、蘇禹珪並進封開國公。"卷一〇二《漢隱帝紀中》乾祐二年九月辛亥條："蘇逢吉加守司空。"同年十月癸未條："監修國史蘇逢吉、史官賈緯以所撰《高祖實錄》二十卷上之。"

　　[2]隱帝：即五代後漢隱帝劉承祐。後漢高祖劉知遠次子。948年至950年在位。紀見本書卷一〇一至卷一〇三、《新五代史》卷一〇。

　　[3]王章：人名。大名南樂（今河南南樂縣）人。五代後漢三司使、同平章事，以聚斂刻急著稱。傳見本書卷一〇七、《新五代史》卷三〇。

　　[4]祇消得史公一處分：《輯本舊史》之影庫本粘籤："處分，原本作'虛分'。考《通鑑》云：逢吉欲求外鎮以避之，既而中止

曰：‘吾去朝廷，止煩史公一處分，吾齏粉矣。’今改正。”見《通鑑》卷二八九乾祐三年五月癸丑條。

李業輩惡弘肇、楊邠等，[1]逢吉知之，每見業等，即微以言激怒之。及弘肇等被害，逢吉不預其謀，聞變驚駭，即受宣徽，[2]權知樞密院事。[3]尋令草制正授，制入，聞鄴兵至澶州，[4]乃止。事急，逢吉謂人曰：“蕭牆之變，太覺匆遽，主上若有一言見問，必不至是矣。”數夕宿於金祥殿之東，[5]謂天官正王處訥曰：[6]“夜來就枕未暝，已見李崧在傍，生人與死人相接，無吉事也。”及周太祖自鄴至汴，官軍敗於劉子陂，[7]是夕，逢吉宿於七里郊，與同舍痛飲，醉將自刎，[8]左右止之。至曙，與隱帝同抵民舍，遂自殺。周太祖定京城，與聶文進等同梟於北市，[9]釋其家族。其梟首之所，適當李崧冤死之地。[10]廣順初，[11]詔就西京賜其子莊宅各一區。[12]《永樂大典》卷二千三百九十二。[13]

[1]李業：人名。晉陽（今山西太原市）人。五代後漢高祖李皇后弟。隱帝時受信任，掌宮廷財務。傳見本書卷一〇七、《新五代史》卷三〇。

[2]宣徽：官名。唐始置。宣徽南院使、北院使通稱宣徽使。初用宦官，五代以後改用士人。通掌內諸司及三班內侍之名籍，郊祀、朝會、宴享供帳之儀，檢視內外進奉名物。參見王永平《論唐代宣徽使》，《中國史研究》1995年第1期；王孫盈政《再論唐代的宣徽使》，《中華文史論叢》2018年第3期。

[3]知樞密院事：官名。五代後晉天福元年（936）始置，主管樞密院政務。《輯本舊史》卷一〇三《漢隱帝紀下》乾祐三年

（950）七月丙子條：“帝御崇元殿，授皇太后册，命宰臣蘇逢吉行禮。”同年十一月丙子條：“以宰臣蘇逢吉權知樞密院事。”

[4]澶州：州名。唐、五代初，治所在今河南清豐縣。後晉天福四年（939），移治於今河南濮陽縣。

[5]金祥殿：宮殿名。位於今河南開封市。

[6]天官正：官名。亦作“夏官正”。唐乾元元年（758）置，屬秘書省司天臺，掌司四時及其方之變異。正五品上。中華書局本有校勘記：“‘天官正’，《新五代史》卷三〇《蘇逢吉傳》作‘司天夏官正’。《册府》卷九四一作‘春官正’。按《宋史》卷一六五《職官志》五，時司天監屬官有春官正、夏官正而無天官正。《宋史》卷四六一《王處訥傳》：‘漢祖……即位，擢爲司天夏官正。’”見《宋本册府》卷九四一《總録部·殃咎門》。　王處訥：人名。洛陽（今河南洛陽市）人。五代末、宋初天文術數家。傳見《宋史》卷四六一。

[7]劉子陂：地名。位於今河南封丘縣南。

[8]醉將自刎：明本《册府》卷九四一《總録部·殃報門》作“醉，索刃將自到”。《輯本舊史》卷一〇三記此事在乾祐三年十一月乙酉。

[9]聶文進：人名。并州（今山西太原市）人。五代後漢隱帝寵臣。傳見本書卷一〇七、《新五代史》卷三〇。

[10]其梟首之所，適當李崧冤死之地：《通鑑》卷二九〇廣順元年（951）正月庚辰條：“帝以蘇逢吉之第賜王峻，峻曰：‘是逢吉所以族李崧也！’辭而不處。”

[11]廣順：五代後周太祖郭威年號（951—953）。

[12]詔就西京賜其子莊宅各一區：《輯本舊史》卷一一一《周太祖紀二》廣順元年三月丙戌條：“詔曰：‘故蘇逢吉、劉銖，頃在漢朝，與朕同事。朕自平禍亂，不念仇讎，尋示優弘，與全家屬。尚以幼稚無託，衣食是艱，將行矜恤之恩，俾獲生存之路，報怨以德，非我負人。賜逢吉骨肉洛京莊宅各一。賜劉銖骨肉陝州莊宅

各一。’”

[13]《大典》卷二三九二“蘇”字韻“姓氏（三）”事目。《輯本舊史》於此後引《五代史補》：“高祖在河東幕府，闕書記，朝廷除前進士丘廷敏爲之，以高祖有異志，恐爲所累，辭疾不赴，遂改蘇逢吉。未幾，契丹南侵，高祖仗順而起，兵不血刃而天下定，逢吉以佐命功，自掌書記拜中書侍郎、平章事。逾年，廷敏始選授鳳翔麟遊縣令。過堂之日，逢吉戲之，且撫所坐椅子曰：‘合是長官坐，何故讓與鄙夫耶？’廷敏遂慚悚而退。”

李鏻

李鏻，唐宗屬也。父洎，[1]韶州刺史。[2]伯父湯，[3]咸通中爲給事中。[4]懿宗除乳母楚國夫人壻爲夏州刺史，[5]湯封還制書，詔曰：“朕少失所親，若非楚國夫人鞠養，則無朕此身，雖非朝典，望卿放下，仍今後不得援以爲例。”湯乃奉詔，其諒直如此。

[1]洎：人名。即李洎。本書僅此一見。

[2]韶州：州名。治所在今廣東韶關市。　刺史：官名。州一級行政長官。西漢武帝時始置，總掌考核官吏、勸課農桑、地方教化等事。唐中期以後，節度使、觀察使轄州而設，刺史爲其屬官，職任漸輕。從三品至正四品下。

[3]湯：人名。即李湯。本書僅此一見。《新五代史》卷五七《李鏻傳》作“陽”。中華書局本《新五代史》有校勘記：“《新唐書》卷七〇下《宗室世系表》，湯昆弟有澹、深、洎，名皆從水。疑‘陽’爲‘湯’之訛。”

[4]咸通：唐懿宗李漼年號（860—874）。　給事中：官名。

秦始置。隋唐以來，爲門下省屬官。掌讀署奏抄、駁正違失。正五品上。

　　[5]懿宗：即唐懿宗李漼。859 年至 873 年在位。紀見《舊唐書》卷一九上、《新唐書》卷九。　楚國夫人：唐懿宗李漼乳母。事跡不詳。　夏州：州名。治所在今陝西靖邊縣。

　　鑒少舉進士，累舉不第，客游河朔，[1]稱清海軍掌書記，[2]謁定州王處直，[3]不見禮。鑒即脫綠被緋，入常山謁要人李弘規，[4]以宗姓，請兄事之，由是得進。[5]趙王鎔辟爲從事，[6]鎔卒，復爲王德明賓客。[7]德明使鑒聘於唐莊宗，[8]鑒密疏德明之罪，且言可圖之狀，莊宗嘉之。及常山平，以鑒爲霸府支使。[9]嘗從容請於莊宗曰："鑒有四子，請誅之。"莊宗問其故，對曰："此輩生於常山，稟勃亂之氣，不可留也。"莊宗笑而止。同光初，授宗正卿，[10]俄兼工部侍郎。[11]常山有唐啓運陵，[12]鑒受富民李守恭賂，[13]署爲陵臺令。[14]守恭暴橫，爲長吏所訴，按之以聞，鑒左授司農少卿，[15]削金紫，未幾，出爲河府副使。[16]

　　[1]河朔：古地區名。泛指黃河以北地區。
　　[2]清海軍：方鎮名。治所在廣州（今廣東廣州市）。
　　[3]定州：州名。治所在今河北定州市。　王處直：人名。京兆萬年（今陝西西安市長安區）人。唐末、五代軍閥。傳見本書卷五四、《新五代史》卷三九。
　　[4]常山：即鎮州，治所在今河北正定縣。　李弘規：人名。籍貫不詳。唐末、五代宦官。事見《新五代史》卷五七。
　　[5]"鑒少舉進士"至"由是得進"：《輯本舊史》之原輯者案

語：“《歐陽史》云：鏻爲人利口敢言。”見《新五代史》卷五七^[header]《李鏻傳》。

[6]鎔：人名。即王鎔。回鶻人。唐末、五代軍閥，朱溫後封趙王。傳見本書卷五四、《新五代史》卷三九。 趙王鎔辟爲從事：《宋本冊府》卷九二八《總録部·嗜好門》：“後唐李鏻嘗爲鎮州王鎔判官，善飲茶，嘗呼‘喫茶郎中’。”

[7]王德明：人名。即張文禮。張文禮被王鎔收爲義子後，賜姓王，名德明。傳見本書卷六二，事見《新五代史》卷三九《王鎔傳》。

[8]唐莊宗：即李存勗。代北沙陀部人，五代後唐開國皇帝。923年至926年在位。紀見本書卷二七至卷三四、《新五代史》卷四至卷五。

[9]支使：官名。唐五代節度使、觀察使等下屬官員中有支使，其職與掌書記同。位在副使、判官之下，推官之上。掌表奏書檄等。

[10]宗正卿：官名。秦始置宗正，南朝梁始有宗正卿之官。由宗室充任。掌皇族外戚屬籍。正三品。

[11]工部侍郎：官名。尚書省工部次官。協助尚書掌管百工、山澤、水土之政令，考其功以詔賞罰，總所同各司之事。正四品下。

[12]啓運陵：陵墓名。又名“延光陵”。唐高祖李淵曾祖唐光宗陵墓。位於今河北隆堯縣魏家莊鄉王尹村北。

[13]李守恭：人名。籍貫不詳。本書僅此一見。

[14]陵臺令：官名。唐置陵臺，掌管皇陵事務。五代沿用，長官爲陵臺令。從五品上。

[15]司農少卿：官名。唐司農寺次官。佐司農卿掌管倉廩、籍田、苑囿諸事。從四品上。

[16]河府：即河中府。 副使：官名。唐五代方鎮屬官。位於行軍司馬之下、判官之上。 “同光初”至“出爲河府副使”：明

本《册府》卷四八一《臺省部・譴責門》："後唐李鏻，莊宗時自宗正卿遷工部侍郎。同光三年七月敕：'罰罪賞功，大朝嘗憲；掩瑕宥過，前聖格言。工部侍郎李鏻、宗正少卿李瓊等，早在公途，忝居班列，靡思畏懼，各犯刑章。因補置官史之秋，見詐僞依違之迹，自招罪狀，合置嚴科。但以嘗預臣僚，始當興復，特示哀矜之旨，俾寬流遣之文，降秩趨朝，殊爲輕典，推恩念舊，所宜慎思。鏻可責授朝散大夫、司農少卿。瓊可責授朝議郎，守太子中舍。'下有注："初，魏州興建，李鏻爲宗正卿，李仁（瓊）爲少卿，赴州。昭應縣有獻祖宣皇帝建初陵，少祖光皇帝啓運陵，帝踐祚之後，宗正司條奏陵園故事，請量建建初、啓運陵。臺令許之。時僞稱宗子者數百，宗寺既無譜牒，無憑證據，有昭慶百姓稱宗子，言世爲丹陽竟陵臺令，投詣宗寺，請爲臺令。李瓊莫測其繇，憑其僞書，即而補之。其人既至本處，出入建絳旌，豪視長史，復侵奪近墓民田百餘頃，言是陵園墻地。百姓詣府陳訴，州府不能辨疑，乃具狀問。天子下公卿訪丹陽、竟陵故事，是何帝寢。遂檢列聖陵園，及追封高祖、太子諸王尊號者，皆無丹陽、竟陵之號，其僞百姓、宗正司吏皆伏法。瓊、鏻以不覆實，謬補奸人，貶之，蓋以有鏻從龍舊恩也。丹陽之地，比無南方，竟陵之名，六朝故事，鏻等不知書之故也。"

　　明宗即位，歷兵部、户部侍郎，工部、户部尚書。[1]長興中，以與明宗有舊，常貯入相之意，從容謂時相曰："唐祚中興，宜敦敍宗室，才高者合居相位。僕雖不才，曾事莊宗霸府，見今上於藩邸時。家代重侯累相，靖安李氏，不在諸族之下，論才較藝，何讓衆人，久置僕於朝行，諸君安乎？"馮道、趙鳳每怒其借。[2]有頃，鏻因淮南細人言事，乃謂樞密使安重誨

曰：[3]“偽吴欲歸國久矣，若朝廷先遣使諭之，則旋踵
而至矣。”重誨然之，以玉帶與細人，令往淮南爲信，
久而不反，由是出鏻爲兗州行軍司馬。[4]得代歸闕，復
爲户部尚書，尋轉兵部尚書，有頃，兼判太常卿事。[5]
嘗權典選部，銓綜失序，物論非之。[6]晋天福中，守太
子少保；[7]開運中，遷太子太保。[8]高祖至闕，授守司
徒，[9]數月而卒，年八十八。詔贈太傅。[10]《永樂大典》
卷一萬三百九十。[11]

[1]歷兵部、户部侍郎，工部、户部尚書：明本《册府》卷四
八一《臺省部·輕躁門》：“漢李鏻，初仕後唐，歷工部、户部侍
郎，工部、户部尚書。”《輯本舊史》卷三七《唐明宗紀三》天成元年十
月庚寅條：“以河中節度副使李鏻爲太子賓客。”卷三八《唐明宗紀
四》天成二年二月戊申條：“以太子賓客李鏻爲户部尚書。”同年六
月乙未條：“户部尚書李鏻上言：‘請朝班自四品已上官各許薦令録
兩人，五品、六品官各薦簿尉兩人，功過賞罰，與舉者同之。’詔
從之。”

[2]趙鳳：人名。幽州（今北京市）人。五代後唐明宗朝宰
相。傳見本書卷六七、《新五代史》卷二八。

[3]安重誨：人名。應州（今山西應縣）人。五代後唐大臣。
傳見本書卷六六、《新五代史》卷二四。

[4]兗州：州名。治所在今山東濟寧市兗州區。　行軍司馬：
官名。出征將領及節度使的屬官。掌軍籍符伍，號令印信，是藩鎮
重要的軍政官員。

[5]太常卿：官名。太常寺長官。掌宗廟禮儀。正三品。

[6]“長興中”至“物論非之”：“不在諸族之下”，明本《册
府》卷四八一作“不在諸侯之下”。《輯本舊史》卷四一《唐明宗

紀七》長興元年（930）四月丁未條：“以戶部尚書李鏻爲兗州行軍司馬，坐引淮南覘人貽安重誨實帶也。”卷四三《唐明宗紀九》長興三年七月壬辰條：“以前兗州行軍司馬李鏻爲戶部尚書。”卷四四《唐明宗紀十》長興四年九月甲戌條：“以戶部尚書李鏻爲兵部尚書。”卷四五《唐閔帝紀》長興四年十二月丁巳條：“以兵部尚書李鏻爲鹵簿使。”卷四七《唐末帝紀中》清泰二年（935）五月庚申條：“以兵部尚書李鏻爲太常卿。”卷四八《唐末帝紀下》清泰三年二月丁丑條：“以太常卿李鏻爲兵部尚書。”《新五代史》卷五七《李鏻傳》：“初，李愚自太常卿作相，而盧文紀代之。及文紀作相，鏻乃求爲太常卿。及拜命，中謝曰：‘臣叨入相之資。’朝士傳以爲笑。”明本《冊府》卷四八一：“鏻日生妄動，切欲爲宰相，人望非允。鏻乃引僞吳覘人見樞密使安重誨，云：‘吳國執政徐知誥將舉國稱藩，願得令公一信即來歸向。’重誨不察事機，即以實然，因出玉帶與覘者，令歸，工估其數千緡，經歲無所聞，意成虛語。初，鏻以此曲中冀得宰相，乃左授行軍司馬。（閔）帝應順初，以兵部尚書使潭州，聞末帝即位，謂左右曰：‘吾久合作相，被人沮滯，否泰之道信然。吾於大相公事舊太祖，公作帝矣，予輔宜然。’從者相慶。鏻至荊州，留信宿，告高從誨求賀升極貢物，言己必當輔弼。從誨從其所求。翌月，延召酒闌，從誨謂副使馬承翰曰：‘朝廷大僚，孰有相望？’承翰素不悅鏻所爲，即對曰：‘朝士聞相望者，崔居儉、尚書姚顗、左丞盧文紀，太常又其次。今聞拜矣，諸士皆無相望。’鏻赧然不悅，從誨坐中索今日報狀，示鏻姚顗命相。制下，鏻曰：‘吾老矣！安能輔大政！知稅駕之所矣！’”

[7]太子少保：官名。與太子少傅、太子少師合稱三少，唐後期、五代多爲大臣、勳貴加官。從二品。

[8]太子太保：官名。與太子太師、太子太傅統稱太子三師。隋唐以後多作加官或贈官。從一品。　“晋天福中”至“遷太子太保”：《輯本舊史》卷七六《晋高祖紀二》天福二年（937）三月戊寅條：“以兵部尚書李鏻爲太子少保。”《輯本舊史》卷八三《晋

少帝紀三》開運元年（944）八月甲辰條："太子少保李鏻改太子太保。"卷一二八《盧損傳》言盧損退居潁川，"時少保李鏻年將八十，善服氣導引，損以鏻遐壽有道術，酷慕之"。

[9] 司徒：官名。與太尉、司空並爲三公，唐後期、五代多爲大臣、勳貴加官。正一品。

[10] 太傅：官名。與太師、太保合稱三師，唐後期、五代多爲大臣、勳貴加官。正一品。　"高祖至闕"至"詔贈太傅"：《輯本舊史》卷一〇〇《漢高祖紀下》天福十二年十月癸未條："以太子太保李鏻爲司徒。"同年十二月庚子條："司徒李鏻薨。"

[11]《大典》卷一〇三九〇"李"字韻"姓氏（三五）"事目。

龍敏

龍敏，字欲訥，[1] 幽州永清人。[2] 少學爲儒，仕鄉里爲假掾。[3] 劉守光不道，[4] 敏避地浮陽，[5] 會戴思遠渡河而南，[6] 乃從之。鄉人周知裕仕梁爲裨將，[7] 敏往依焉，知裕屢薦不調，敏丐游都邑累年。唐莊宗定魏博，[8] 敏聞故人馮道爲霸府記室，乃客于河中，歲内歸太原，[9] 館於馮道之家，監軍使張承業即署敏爲巡官，[10] 典監軍奏記。[11] 莊宗平河洛，徵爲司門員外郎，[12] 以家貧乏養，求爲興唐少尹。[13] 踰年，丁母喪，退居鄴下，會趙在禮據鄴城，[14] 以敏鄉人，强起令署事，又爲亂軍所迫，敏不敢拒。明年，在禮鎮浮陽，敏復居喪制，服闋，除户部郎中，改諫議大夫、御史中丞。[15] 時敏父咸式年七十，[16] 咸式之父年九十餘，敏供養二尊，[17] 朝夕無懈。咸式以敏貴，得秘書監致仕。[18] 敏爲兵部侍郎，[19] 奉使幽州，鄉里耆舊留宴盡歡。馮贇爲北京留守，[20]奏敏爲副，贇入掌樞機，敏爲吏部侍郎。[21]

[1]字欲訥：《輯本舊史》之影庫本粘籤：“欲訥，原本作‘懲誨’，今從《太平御覽》改正。”查《御覽》，未見此記載。但《新五代史》卷五六《龍敏傳》亦言其“字欲訥”。

[2]幽州：州名。治所在今北京市。　永清：縣名。治所在今河北永清縣。

[3]仕鄉里爲假掾：《新五代史》卷五六作“少仕州攝參軍”。

[4]劉守光：人名。深州樂壽（今河北獻縣）人。唐末幽州節度使劉仁恭之子。劉守光囚父自立，後號大燕皇帝，爲晉王李存勗俘殺。傳見本書卷一三五、《新五代史》卷三九。

[5]浮陽：古縣名。治所在今河北滄縣。

[6]戴思遠：人名。籍貫不詳。五代後梁、後唐將領。傳見本書卷六四。

[7]周知裕：人名。幽州（今北京市）人。五代後梁、後唐將領。少事劉仁恭，入後梁爲歸化軍指揮使，梁亡降後唐，歷任房州刺史、安州留後等職。傳見本書卷六四、《新五代史》卷四五。

[8]魏博：方鎮名。治所在魏州貴鄉縣（今河北大名縣）。

[9]歲内歸太原：中華書局本有校勘記：“‘内’字原闕，據《册府》卷七二九補。”見《宋本册府》卷七二九《幕府部·辟署門四》。又《册府》該條：“（龍敏）館於馮道之家。監軍使張承業從容謂道曰：‘吾子鄉友南來，何不相見？’遂得通刺。會莊宗在魏州召道從軍，承業即署敏爲巡官，典監軍奏記。”

[10]監軍使：官名。五代時期後唐設置，派於諸道，掌監護軍隊。　張承業：人名。同州（今陝西大荔縣）人。唐末五代宦官，河東監軍。傳見本書卷七二、《新五代史》卷三八。　巡官：官名。唐代節度、觀察、團練、防禦諸使屬官。掌巡察事務，地位在判

官、推官之次。

[11]監軍：官名。爲臨時差遣，代表朝廷協理軍務、督察將帥。唐、五代時常以宦官爲監軍。 奏記：官名。掌管奏章函牘等事。

[12]司門員外郎：官名。尚書省刑部司門司副官。協助長官掌本司之賬籍。從六品上。

[13]興唐：縣名。五代後唐同光元年（923）由元城縣改名而來。治所在今河北大名縣。 少尹：官名。唐、五代於三京、鳳翔等府均置少尹，爲尹的副職。協助尹通判列曹諸務。從四品下。興唐少尹：《新五代史》卷五六作"興唐尹"。《輯本舊史》卷二九《唐莊宗紀三》同光元年四月條："詔升魏州爲東京興唐府。"明本《册府》卷一一四《帝王部·巡幸門三》唐莊宗同光三年正月癸卯條載，駕次新鄉，鄴都"副留守張憲遣少尹龍敏奉表謁於路"。

[14]趙在禮：人名。涿州（今河北涿州市）人。五代後唐、後晉將領。傳見本書卷九〇、《新五代史》卷四六。

[15]諫議大夫：官名。隸門下省。唐代置左、右諫議大夫各四人，分隸門下省、中書省。掌諫諭得失，侍從贊相。正四品下。御史中丞：官名。如不置御史大夫，則爲御史臺長官。掌司法監察。正四品下。《輯本舊史》卷四四《唐明宗紀十》長興四年（933）二月庚午條："以右諫議大夫龍敏爲御史中丞。"同年六月癸亥條："詔御史中丞龍敏等詳定《大中統類》。"《宋本册府》卷五一七《憲官部·振舉門二》唐明宗條長興四年五月二十五日："御史中丞龍敏等奏陳事如後：'一，伏以臺司除御史中丞隨行印，及左右巡使、監察使并出使印等外，其御史臺印一面，先準令式，即是主簿監臨。近年已來，緣無主簿，遂至内彈御史權時主持，常隨本官，出入不定。伏緣臺中公事，不同諸司，動繫重難，常憂遲滯，當奏申堂之際，及牒州牒府之時，事無重輕，並使此印。今準令式，逐日有御史一員臺直，承受制敕公文。其御史臺印，今欲勒留臺中，不令在外。選差令史一人，帖司一人，同知此印。凡有諸

色文案印發之時，指揮諸司，各置印曆一道，具其事節件數，書在曆中，即於直官面前，點檢印發，其印至夜封閉，候交直轉付下次直官，共議執行，保無差謬者。一，伏以御史臺事總朝綱，職司天憲，所管人吏色役最多。上至朝堂，次及班列。或在京勾檢公事，或外地催勘稽違，監守狴牢，行遣案牘；或隨從出使，或祠祭監臨。凡有係於臺司，皆須籍其人吏。俾無闕事，以贊國容。近年已來，人數極少，及月限者授官出外，為官滿者追呼未來，人力既到不免，公事便至停滯。切以往歲臺中亦闕人吏，曾於諸州抽取。今欲於諸州使院內，量事差取十人，據臺中諸司闕人，臨時量材填補者。一，其臺中令史，今欲條流凡出官考滿却來歸司者，便具到日，申堂請以到日繫其選限，如有經年不到，追領不來，即具申堂，便乞除落名姓。'奉敕：'宜依。凡京百司人吏，考滿歸司，繫其選限，亦宜令準此。'"

［16］咸式：人名。即龐咸式。幽州永清（今河北永清縣）人。龐敏之父。事見本書本卷。

［17］敏供養二尊：中華書局本有校勘記："'敏'字原闕，據《册府》卷七八二補。"見《宋本册府》卷七八二《總錄部·榮遇門》。

［18］秘書監：官名。秘書省長官。東漢始置，掌圖書秘記等。從三品。

［19］敏為兵部侍郎：《輯本舊史》卷四五《唐閔帝紀》長興四年十二月丁巳條："御史中丞龍敏為儀仗使。"同卷應順元年閏正月戊申條："以御史中丞龍敏為兵部侍郎。"

［20］馮贇：人名。太原（今山西太原市）人。五代後唐明宗朝宰相、三司使。傳見《新五代史》卷二七。　北京：即太原府。治所在今山西太原市。　留守：官名。古代皇帝出巡或親征時指定親王或大臣留守京城，綜理國家軍事、行政、民事、財政等事務，稱京城留守。在陪都或軍事重鎮也常設留守，以地方長官兼任。

［21］吏部侍郎：官名。尚書省吏部次官。協助吏部尚書掌文

選、勳封、考課之政。正四品上。　　敏爲吏部侍郎：《輯本舊史》卷四六《唐末帝紀上》清泰元年（934）八月甲申條："以兵部侍郎龍敏爲吏部侍郎。"　明本《册府》卷一五四《帝王部·明罰門三》唐末帝清泰三年二月條："監察使奏薦饗太廟。其月十九日，尚書省受誓戒故事，諸行事官質明至省候太尉。其日行事官與攝太尉宰臣並先到，其攝司空吏部侍郎龍敏後至，雖及受誓戒，其候太尉違禮，詔罰一季俸料。"

　　敏學術不甚長，然外柔而內剛，愛決斷大計。清泰末，從唐末帝在懷州,[1]時趙德鈞父子有異圖,[2]晋安砦旦夕憂陷。[3]末帝計無從出，問計於從臣。敏奏曰："臣有一計，請以援兵從東丹王李贊華取幽州路趨西樓,[4]虜主必有北顧之患。"[5]末帝然之而不能用。敏又謂末帝親將李懿曰:[6]"君連姻帝戚，社稷之危，不俟翹足，安得默默苟全耶！"懿因籌德鈞必破蕃軍之狀，敏曰："僕燕人也，諳趙德鈞之爲人，膽小謀拙，所長者守城砦、嬰壕塹、篤勵健兒耳！若見大敵，奮不顧身，摧堅陷陣，必不能矣。況名位震主，姦以謀身乎？僕有狂策，不知濟否，苟能必行，亦救寨之一術也。"懿請言之，曰："如聞駕前馬僅五千匹,[7]請於其間選擇壯馬精甲健夫千人，僕願得與郎萬金二人由介休路出山,[8]夜冒虜騎,[9]循山入大砦，千騎之內，得其半濟，則砦無虞矣。張敬達等幽閉,[10]不知朝廷援兵近遠，若知大軍在團柏谷中,[11]有鐵障亦可衝踏,[12]況敵騎乎！"末帝聞之曰："龍敏之心極壯，用之晚矣。"人亦以爲大言，然其慷慨感激，皆此類也。

[1]唐末帝：即五代後唐廢帝李從珂。鎮州平山（今河北平山縣）人。本姓王氏，爲後唐明宗養子，改名從珂。明宗入洛陽，李從珂率兵追隨，以功拜河中節度使，封潞王。閔帝李從厚即位，李從珂據城發動兵變，改鳳翔節度使。清泰元年（934）率軍東攻洛陽，廢黜愍帝，自立爲帝。清泰三年，石敬瑭與契丹合兵攻陷洛陽，自焚而死。紀見本書卷四六至卷四八、《新五代史》卷七。懷州：州名。治所在今河南沁陽市。

[2]趙德鈞：人名。幽州（今北京市）人。初爲幽州節度使劉守光部將，後爲五代後唐將領，復投降遼國。傳見本書卷九八。

[3]晋安砦：地名。即晋安寨。位於今山西太原市。　“清泰末”至“晋安砦旦夕憂陷”：《新五代史》卷五六《龍敏傳》：“是時，晋高祖起太原，乞兵契丹。”

[4]李贊華：人名。本名耶律倍，小名突欲。遼太祖耶律阿保機長子，封東丹王。其弟耶律德光即位，是爲遼太宗。突欲憤而降後唐，明宗賜名李贊華。傳見《遼史》卷七二。　西樓：地名。泛指遼朝上京（皇都、臨潢府），參見陳曉偉《捺鉢與行國政治中心論——遼初“四樓”問題真相發覆》，《歷史研究》2016年第6期。

[5]虜主必有北顧之患：“虜”，中華書局本沿《輯本舊史》作“契丹”，此因清輯者忌諱而改，今據明本《册府》卷四七七《臺省部·謀畫門》回改。《輯本舊史》卷四八《唐末帝紀下》清泰三年（936）九月辛亥條：“召吏部侍郎龍敏訪以機事，敏勸帝立東丹王贊華爲契丹主，以兵援送入蕃，則契丹主有後顧之患，不能久駐漢地矣。帝深以爲然，竟不行其謀。”《通鑑》卷二八〇天福元年（936）九月條：“帝以晋安爲憂，問策於群臣，吏部侍郎永清龍敏請立李贊華爲契丹主，令天雄、盧龍二鎮分兵送之，自幽州趣西樓，朝廷露檄言之，契丹主必有内顧之憂，然後選募軍中精鋭以擊之，此亦解圍之一策也。帝深以爲然，而執政恐其無成，議竟不決。”

[6]李懿：人名。籍貫不詳。五代大臣。事見本書本卷、《通

鑑》卷二八〇。《舊五代史考異》：“《通鑑》作前鄭州防禦使
李懿。”

[7]如聞駕前馬僅五千匹：中華書局本有校勘記：“‘僅’，原作
‘僅有’，據殿本、孔本、《册府》卷四七七删。”見明本《册府》
卷四七七《臺省部·謀畫門》。

[8]郎萬金：人名。籍貫不詳。五代勇將。事見《通鑑》卷二
八〇。　介休：縣名。治所在今山西介休市。《輯本舊史》之影庫
本粘籤：“介休，原本脱‘介’字，今據《通鑑》增入。”　僕願
得與郎萬金二人由介休路出山：《舊五代史考異》：“《通鑑》云：郎
萬金爲陳州刺史。胡三省云：萬金，當時勇將也。”見《通鑑》卷
二八〇天福元年十月壬戌條。

[9]夜冒虜騎：中華書局本沿《輯本舊史》作“夜冒敵騎”，
今據明本《册府》卷四七七回改。

[10]張敬達：人名。代州（今山西代縣）人。五代後唐將領。
傳見本書卷七〇、《新五代史》卷三三。

[11]團柏谷：地名。位於今山西祁縣，是太原與上黨地區間交
通要道。

[12]有鐵障亦可衝踏：明本《册府》卷四七七作“有鐵障亦
可爲陷”。《通鑑》卷二八〇天福元年閏十一月條：“龍敏謂前鄭州
防禦使李懿曰：‘君，國之近親，今社稷之危，翹足可待，君獨無
憂乎？’懿爲言趙德鈞必能破敵之狀。敏曰：‘我燕人也，知德鈞之
爲人，怯而無謀，但於守城差長耳。況今内蓄姦謀，豈可恃乎！僕
有狂策，但恐朝廷不肯爲耳。今從駕兵尚萬餘人，馬近五千匹，若
選精騎一千，使僕與郎萬金將之，自介休山路，夜冒虜騎入晋安
寨，但使其半得入，則事濟矣。張敬達等陷於重圍，不知朝廷聲
問，若知大軍近在團柏，雖有鐵障可衝陷，況虜騎乎！’懿以白唐
主，唐主曰：‘龍敏之志極壯，用之晚矣。’”胡注：“龍敏之策非
不可行也，其如兵驕而不可用何？唐主老於行間，蓋亦有見於此。”

晋祖受命，敏以本官判户部，遷尚書左丞。[1]丁父憂，服闋，復本官，遷太常卿。[2]開運中，奉命使越。先是，朝臣將命，必拜起於浙帥，敏至，抗揖而已，識者多之。使還，改工部尚書。[3]乾祐元年春，疽發於背，[4]聞高祖晏駕，乃扶病於私第，縞素而臨，後旬日卒於家，[5]時年六十三。隱帝嗣位，詔贈右僕射。《永樂大典》卷五百三十二。[6]

[1]尚書左丞：官名。尚書省佐貳官。唐中期以後，與尚書右丞實際主持尚書省日常政務，權任甚重。正四品上。後梁開平二年（908）改爲左司侍郎，後唐同光元年（923）復舊爲左丞。正四品。　敏以本官判户部，遷尚書左丞：《輯本舊史》卷七六《晋高祖紀二》天福二年（937）正月庚辰條：“以吏部侍郎龍敏判户部。”同年七月甲戌條：“以吏部侍郎、判户部龍敏爲東都副留守。”卷七八《晋高祖紀四》天福四年正月丁未條：“以西京副留守龍敏爲吏部侍郎。”同年十一月己卯條：“吏部侍郎龍敏改尚書左丞。”卷八三《晋少帝紀三》開運元年（944）閏十二月己丑條：“以前尚書右丞龍敏爲尚書左丞。”

[2]復本官，遷太常卿：中華書局本有校勘記：“‘遷’，殿本作‘俄移’，孔本作‘俄’。”《輯本舊史》卷八四《晋少帝紀四》開運二年五月壬子條：“以尚書左丞龍敏爲太常卿。”

[3]工部尚書：官名。尚書省工部長官。掌百工、屯田、山澤之政令。正三品。《舊五代史考異》：“《歐陽史》作‘遷工部侍郎’。”見《新五代史》卷五六《龍敏傳》。《輯本舊史》卷八四《晋少帝紀四》開運三年七月壬辰條：“以太常卿龍敏爲工部尚書。”

[4]疽發於背：《新五代史》卷五六作“瘍發於首”。

[5]後旬日卒於家：《輯本舊史》卷一〇一《漢隱帝紀上》乾祐元年（948）二月庚寅條：“是日，工部尚書龍敏卒。”

[6]《大典》卷五三二 "龍" 字韻 "姓氏" 事目。

劉鼎　子袞

劉鼎，字公度，徐州蕭縣人。[1]祖泰，[2]蕭縣令。父崇，[3]梁太祖微時，[4]常備力崇家，及即位，召崇用之，歷殿中監、商州刺史。[5]崇之母撫梁祖有恩，梁氏號爲 "國婆"，徐、宋之民謂崇家爲 "豢龍劉家"。鼎起家爲大理評事，[6]歷尚書博士、殿中侍御史、起居郎。[7]清泰中，自吏部員外郎出爲渾州廉判，[8]入爲刑部郎中，[9]充鹽鐵判官，[10]改吏部郎中兼侍御史知雜事。[11]乾祐初，拜諫議大夫，卒年五十五。鼎善交游，能談笑。居家仁孝，事繼母趙氏甚謹，[12]異母昆仲凡七人，撫之如一。性若寬易，而典選曹按吏有風稜，人稱爲能。

[1]徐州：州名。治所在今江蘇徐州市。　蕭縣：縣名。治所在今安徽蕭縣。

[2]泰：人名。即劉泰。本書僅此一見。

[3]崇：人名。即劉崇。本書僅此一見。

[4]梁太祖：即朱溫。宋州碭山（今安徽碭山縣）人。五代後梁開國皇帝。907 年至 913 年在位。紀見本書卷一至卷七、《新五代史》卷一至卷二。

[5]殿中監：官名。殿中省長官。掌宮廷供奉之事。從三品。　商州：州名。治所在今陝西商洛市商州區。

[6]大理評事：官名。大理寺屬官。掌出使推覆。從八品下。

[7]尚書博士：官名。國子監五經博士之一。掌教授《尚書》。殿中侍御史：官名。三國魏始置。唐前期屬御史臺之殿院，掌宮

門、庫藏及糾察殿庭供奉朝會儀式，及分掌左、右巡，負責京師治安、京畿軍兵。唐後期常爲外官所帶憲銜。從七品下。　起居郎：官名。唐代始置，屬門下省。與中書省起居舍人同掌起居注，記皇帝言行。從六品上。

　　[8]吏部員外郎：官員。輔佐尚書、郎中掌考天下文史之班秩階品。從六品。　渾州：州名。治所在今陝西延安市。

　　[9]刑部郎中：官名。尚書省刑部頭司刑部司長官。掌司法及審覆大理寺及州府刑獄。從五品上。

　　[10]鹽鐵判官：官名。掌鹽鐵政務及税收。

　　[11]吏部郎中：官名。尚書省吏部頭司吏部司長官。《新唐書》記正五品上 。　侍御史知雜事：官名。唐置，以資深御史充任，總管御史臺庶務。五代沿置。　　"清泰中"至"改吏部郎中兼侍御史知雜事"：《宋本册府》卷五七《帝王部·明察門》："劉鼎爲吏部員外郎、判吏部南曹，與司封郎中曹探（曹探，宋、明本《册府》同，僅此一見，疑爲曹琛）同注擬三銓選人。崔鋭、卜延嗣而下違格，楊光嗣年貌不同，文書踰濫，令史趙廣、李仁遇、王瓔等伏罪。中書門下帖：'本司官員各取狀，崔居儉等注擬依格超折，準敕及堂判，不違理例。'盧文紀執奏：'本司各以伏過，官員有失，各望罰兩月俸。'狀入，樞密直學士吕琦讀奏，帝問居儉等過失，琦對曰：'勑命許超折，此不言資數，當判又更促之，銓司何罪。大抵盧文紀與居儉情不相協，掎摭瑕纇，欲其有玷。'帝曰：'公理何在！'是日詔曰：'居儉等既準勑文，微失不足爲累，並放。'"明本《册府》卷四七六《臺省部·奏議門七》："劉鼎爲吏部員外郎。清泰二年上疏：'臣見建中元年正月敕，中外文武臣寮授官，上後三日，舉人自代。事下中書，如除官用人，選所薦多者擬議。多事已來，此道久廢。今後乞復施行。'詔曰：'設官分職，爲時主之敷恩；推賢讓能，乃朝臣之盛事。是以《詩》稱伐木，《史》載彈冠。俾拔茅連茹之時，見力行修身之道。劉鼎官居雉省，立近龍墀，因貢讜言，請行故事。欲使子皮舉善，終明子産之賢；

鮑叔讓能，不掩夷吾之略。兼可以致同心叶力，表後己先人，克揚文子之風，免有展禽之歎。舉實公當，便可施行。情涉阿私，理當比驗。’”

[12]趙氏：人名。籍貫不詳。本書僅此一見。

子衮，登進士第，文彩遒雋，仕周爲左拾遺、直史館，[1]早卒。[2]《永樂大典》卷九千九十九。[3]

[1]左拾遺：官名。唐武則天於垂拱元年（685）置拾遺，分左右。左拾遺隸門下省，右拾遺隸中書省，與左右補闕共掌諷諫，大事廷議，小事則上封事。從八品上。　直史館：官名。唐天寶以後，他官兼領史職者，稱史館修撰。初入史館者稱爲直館。元和六年（811）宰相裴垍建議：登朝官領史職者爲修撰，以官階高的一人判館事；未登朝官均爲直館。

[2]“子衮”至“早卒”：明本《册府》卷九三一《總錄部·短命門》作：“劉衮，彭城人。神爽氣俊，富有文藻，繇進士第，任左拾遺，與扈載齊名，年二十八而卒。”《輯本舊史》卷一三一《扈載傳》原附《劉衮傳》，今改。見本書《扈載傳》考據。

[3]《大典》卷九〇九九“劉”字韻“姓氏（二七）”事目。

張允

張允，鎮州束鹿人。[1]父徵。[2]允幼學爲儒，仕本州爲參軍。張文禮之據州叛，[3]莊宗致討，允隨文禮子處瑾請降於鄴，[4]不許，與處瑾並繫於獄。鎮冀平，宥之，留於鄴，署本府功曹。趙在禮嬰城叛，署節度推官，從歷滄、兗二鎮書記，[5]入爲監察御史，[6]歷右補闕、起居舍人，[7]充弘文館直學士、兵部員外郎、知制誥。[8]清泰初，皇子重美爲河南尹，[9]典六軍諸衛事，時朝廷選擇參佐，以允剛介，改給事中，充六軍判官。尋罷職，轉左散騎常侍。[10]

[1]束鹿：縣名。治所在今河北辛集市。

[2]徵：人名。即張徵。本書僅此一見。

[3]張文禮：人名。被王鎔收爲義子後，賜姓王，名德明。燕（今河北北部）人。五代將領。傳見本書卷六二。

[4]處瑾：人名。即張處瑾。燕（今河北北部）人。張文禮之子。五代後唐將領。事見本書卷六二。《輯本舊史》之影庫本粘籤："處瑾，原本作'處謹'，今從《歐陽史》改正。"見《新五代史》卷三九《王鎔傳》。且《輯本舊史》《通鑑》多言處瑾，"處謹"顯誤。

[5]滄：州名。治所在今河北滄縣舊州鎮。　書記：《新五代史》卷五七《張允傳》作"掌書記"。

[6]監察御史：官名。唐代屬御史臺之察院，掌監察中央機構、州縣長官及祭祀、庫藏、軍旅等事。唐中期以後，亦作爲外官所帶之銜。正八品下。

[7]右補闕：官名。唐代諫官。武則天時始置。分爲左右，左補闕隸於門下省，右補闕隸於中書省。掌規諫諷諭，大事可以廷議，小事則上封奏。從七品上。　起居舍人：官名。隋始置，唐貞觀二年（628）省。明慶中又置，與起居郎分在左右。掌修記言之史，録天子之制誥德音，如記事之制，以記時政損益。季終，則授之於國史。從六品上。

[8]弘文館：官署名。唐武德四年（621）始置修文館，以安置文學之士，典司書籍。唐太宗即位，改爲弘文館。以後名稱多有異同，然以弘文館爲多。　兵部員外郎：官名。兵部郎中之副職，

協理諸項軍務。從六品上。《輯本舊史》原作“水部員外郎”，明本《册府》卷七一六《幕府部·選任門》作“兵部員外郎”。五代有兵部，無水部，今據改。

[9]重美：人名。即李重美。五代後唐廢帝李從珂之子。傳見本書卷五一、《新五代史》卷一六。　河南尹：官名。唐開元元年(713)改洛州爲河南府，治所在今河南洛陽市，河南府尹總其政務。從三品。

[10]左散騎常侍：官名。門下省屬官。掌侍奉規諷，備顧問應對。正三品下。《新五代史》卷五七《張允傳》、《宋本册府》卷五二三《諫諍部·諷諫門》同。《輯本舊史》卷四七《唐末帝紀中》清泰二年（935）五月癸亥條：“以六軍諸衛判官、給事中張允爲右散騎常侍。”

　　晉天福初，[1]允以國朝頻有肆赦，乃進《駁赦論》，曰：“《管子》云：[2]‘凡赦者小利而大害，久而不勝其禍；無赦者小害而大利，久而不勝其福。’又《漢紀》云：[3]‘吳漢疾篤，[4]帝問所欲言。對曰：唯願陛下無爲赦耳。’如是者何？蓋行赦不以爲恩，不行赦亦不以爲無恩，爲罰有罪故也。竊觀自古帝王，皆以水旱則降德音而宥過，開狴牢以放囚，冀感天心以救其災者，非也。假有二人訟，一有罪，一無罪，若有罪者見捨，則無罪者銜冤，銜冤者彼何疏，見捨者此何親乎？如此則是致災之道，非救災之術也。自此小民遇天災則喜，皆相勸爲惡，曰國家好行赦，必赦我以救災，如此即是國家教民爲惡也。且天道福善禍淫，若以捨爲惡之人，而便變災爲福，則又是天助其惡民也。細而究之，必不然矣。儻或天降之災，蓋欲警誡人主，節嗜欲，務勤儉，恤鰥寡，正刑罰，不濫捨有罪，不僭殺無辜，使美化行於下，聖德聞於上，則雖有水旱，亦不爲沴矣。[5]豈以濫捨有罪，而反能救其災乎？彰其德乎？是知赦之不可行也明哉！”帝覽而嘉之，降詔獎飾，仍付史館。[6]

[1]天福：五代後晋高祖石敬瑭年號（936—942）。出帝石重貴沿用至九年（944）。後漢高祖劉知遠繼位後沿用一年，稱天福十二年（947）。

[2]《管子》：書名。戰國法家假托管仲之名而作。

[3]《漢紀》：書名。荀悦所作之編年體史書。記西漢之史實，以言簡意賅、便於閱讀而著稱。

[4]吳漢：人名。南陽宛（今河南南陽市）人。東漢初名將。傳見《後漢書》卷一八。

[5]亦不爲沴矣：中華書局本有校勘記：“‘沴’原作‘疹’，據殿本、劉本、《册府》卷五二三改。”見明本《册府》卷五二三《諫諍部·諷諫門》。

[6]“帝覽而嘉之”至“仍付史館”：《輯本舊史》卷七七《晋高祖紀三》天福三年（938）二月庚辰條：“左散騎常侍張允進《駁赦論》，帝覽而嘉之，降詔獎飾，仍付史館。”《宋本册府》卷五二三《諫諍部·諷諫門》：“帝覽而嘉之，降詔獎飾云：‘張允位居近侍，志奉遠圖。屬將來之助致小康，覩已往之頻行大赦。若惠姦稍甚，則蠹政亦多。推恩務洽於華夷，作解慎調於疏數。所貢論宜付史館。’”

五年，遷禮部侍郎，[1]凡三典貢部，改御史中丞，[2]轉兵部侍郎、知制誥，[3]充翰林學士承旨。[4]契丹入京城，落職守本官。乾祐初，授吏部侍郎。自誅史弘肇後，[5]京城士庶，連甍恐悚，允每朝退，即宿於相國寺僧舍。[6]及北軍入京師，允匿於佛殿藻井之上，墜屋而卒，時年六十五。[7]

[1]禮部侍郎：官名。尚書省禮部次官。協助禮部尚書掌禮儀、祭享、貢舉之政。正四品下。《輯本舊史》卷七九《晋高祖紀五》天福五年（940）三月丁卯條：“左散騎常侍張允改禮部侍郎。”同年四月庚戌條：“禮部侍郎張允奏，請廢明經、童子科，從之。因詔宏詞、拔萃、明算、道舉、百篇等科並停之。”卷一四四《樂志上》天福五年條：“其正冬朝會禮節、樂章、二舞行列等事宜，差太常卿崔棁、御史中丞竇貞固、刑部侍郎吕琦、禮部侍郎張允與太常寺官一一詳定。”卷一四八《選舉志》天福五年四月條：“禮部侍郎張允奏曰：‘明君側席，雖切旁求；貢士觀光，豈宜濫進。竊窺前代，未設諸科，始以明經，俾昇高第。自有《九經》《五經》之後，及三《禮》、三《傳》已來，孝廉之科，遂因循而不廢，搢紳之士，亦緘默而無言，以至相承，未能改作。每歲明經一科，少至五百已上，多及一千有餘。舉人如是繁多，試官豈能精當。況此等多不究義，唯攻帖書，文理既不甚通，名第豈可妄與。且常年登科者不少，相次赴選者甚多，州縣之間，必無遺闕，輦轂之下，須有稽留，怨嗟自此而興，謗讟因兹而起。但今廣場大啓，諸科並存，明經者悉包於《九經》《五經》之中，無出於三《禮》、三《傳》之内，若無釐革，恐未便宜。其明經一科，伏請停廢。’又奏：‘國家懸科侍士，貴務搜揚；責實求才，須除訛濫。童子每當就試，止在念書，背經則雖似精詳，對卷則不能讀誦。及名成貢部，身返故鄉，但尅日以取官，更無心而習業，濫蠲徭役，虚占官名，其童子一科，亦請停廢。’敕明經、童子、宏詞、拔萃、明算、道舉、百篇等科並停。”亦見《宋本册府》卷六四二《貢舉部·條制門四》。

[2]改御史中丞：《輯本舊史》卷八一《晋少帝紀一》天福八

年五月辛卯條：“以禮部侍郎張允爲御史中丞。”

［3］知制誥：官名。掌起草皇帝的詔、誥之事，原爲中書舍人之職。唐開元末置學士院，翰林學士入院一年，則加知制誥銜，專掌任免宰相、册立太子、宣布征伐等特殊詔令，稱爲内制。而中書舍人所撰擬的詔敕稱爲外制。兩種官員總稱兩制。

［4］翰林學士承旨：官名。爲翰林學士之首。掌拜免將相、號令征伐等詔令的起草。《舊唐書》卷四三《職官志二·翰林院》：“例置學士六人，内擇年深德重者一人爲承旨，所以獨承密命故也。”　轉兵部侍郎、知制誥，充翰林學士承旨：《輯本舊史》卷八四《晋少帝紀四》開運二年（945）五月壬子條：“以御史中丞張允爲兵部侍郎、知制誥，充翰林學士承旨。”

［5］史弘肇：人名。鄭州滎澤（今河南鄭州市）人。五代後漢將領。傳見本書卷一〇七、《新五代史》卷三〇。

［6］相國寺：寺院名。一名大相國寺。著名的佛教寺院。位於今河南開封市内。

［7］“契丹入京城”至“時年六十五”：《輯本舊史》之原輯者案語：“《東都事略·劉温叟傳》：契丹入京師，温叟懼隨契丹北徙，與承旨張允求去職。契丹主怒，欲黜爲縣令。趙延壽曰：‘學士不稱職而求解者，罷之可也。’得不黜。”見《東都事略》卷三〇《劉温叟傳》。“入京師”，《東都事略》作“犯京師”。《輯本舊史》卷一〇〇《漢高祖紀下》天福十二年六月壬申條：“翰林學士承旨、尚書兵部侍郎張允落職守本官。”卷一〇一《漢隱帝紀上》乾祐元年（948）二月丙午條：“以兵部侍郎張允爲吏部侍郎。”卷一〇三《漢隱帝紀下》乾祐三年十一月乙酉條：“吏部侍郎張允墜屋而死。”《宋本册府》卷九三六《總録部·畓嗇門》：“自誅史弘肇後，連甍恐悚，晨不保夕。先是，允曾使湖南、錢塘，得財萬計，雖妻未嘗委之，以衣帶連管鑰而行，衣之下常如環佩之音。既覩時危，乃深藏密貯，每朝退，即宿於相國寺僧舍。是夜，允與數十人匿于佛殿藻井之上，登者既多，覆壓墜地，爲軍士盡取其衣而凍卒。”亦見

《通鑑》卷二八九乾祐三年十一月乙酉條。

　　子鸞，仕皇朝爲太常少卿。[1]《永樂大典》卷六千三百五十一。[2]

　　[1]皇朝：指北宋王朝。　太常少卿：官名。太常寺次官。佐太常卿掌宗廟祭祀、禮樂及教育等。正四品上。
　　[2]《大典》卷六三五一“張”字韻“姓氏（二一）”事目。

任延皓

　　任延皓，[1]并州人也。[2]業術數風雲之事。晉高祖在太原重圍時，高祖最爲親要，延皓以本業請見，高祖甚加禮遇。晉天福初，延皓授太原掾，尋改交城、文水令，[3]皆高祖慰薦之力也。高祖鎮太原，延皓多言外事，出入無間，高祖左右皆憚之。在文水聚斂財賄，[4]民欲陳訴，延皓知之。一日，先誣告縣吏結集百姓，欲劫縣庫。高祖怒，遣騎軍併擒縣民十數，[5]族誅之，冤枉之聲，聞於行路。高祖即位，累官至殿中監，[6]恃寵使氣，人望而畏之，雖宰輔之重，延皓視之蔑如也。劉崇在河東，[7]常日切齒。[8]及魏王承訓薨，[9]歸葬太原，令延皓擇葬地，時有山岡僧謂劉崇曰：“魏王葬地不吉，恐有重喪。”未幾，高祖崩，崇以僧言奏之，乃配流延皓於麟州。[10]路由文水，市民擲瓦毆罵甚衆，吏人救之僅免。即至貶所，劉崇令人殺之，籍没其家。《永樂大典》卷九千三百五十一。[11]

[1]任延皓：中華書局本有校勘記：“本書卷一〇〇《漢高祖紀下》、《册府》卷九三三作‘任延浩’，本書卷一〇一《漢隱帝紀上》作‘任延浩’，《册府》卷七六六作‘任庭浩’。其名歧見，難以遽斷，今仍各從原文，不一一出校。”見《宋本册府》卷七六六《總録部·攀附門二》、卷九三三《總録部·誣構門二》。

[2]并州：州名。治所在今山西太原市。

[3]交城：縣名。治所在今山西交城縣。　文水：縣名。治所在今山西文水縣。

[4]財賄：明本《册府》卷九三三《總録部·誣構門二》作“財貨”。

[5]遣騎軍併擒縣民十數：明本《册府》卷九三三後有“家”字。

[6]累官至殿中監：《輯本舊史》卷一〇〇《漢高祖紀下》天福十二年（947）七月庚戌條：“以司天監任延浩爲殿中監。”

[7]劉崇：人名。即劉旻。太原（今山西太原市）人。五代後漢高祖劉知遠從弟。後漢時任太原尹，專制一方。後周代漢，劉崇稱帝於太原，國號漢，史稱北漢。傳見本書卷一三五、《新五代史》卷七〇。　河東：方鎮名。治所在太原府（今山西太原市）。

[8]常日切齒：中華書局本有校勘記：“‘常日’，殿本、孔本作‘日常’。”

[9]承訓：人名。即劉承訓。五代後漢高祖劉知遠長子，死後追封魏王。傳見本書卷一〇五、《新五代史》卷一八。

[10]麟州：州名。治所在今陝西神木市。　乃配流延皓於麟州：《輯本舊史》卷一〇一《漢隱帝紀上》乾祐元年（948）三月甲戌條：“殿中監任延浩配流鄜州。”

[11]《大典》卷九三五一“任”字韻“姓氏（一）”事目。

史臣曰：李崧仕唐、晋之兩朝，聳伊、皋之重望，[1]考其器業，無忝台衡。會多僻之朝，被參夷之戮，人之不幸，天亦難忱。逢吉秉蛇虺之心，竊夔、龍之位，[2]殺人不忌，與國俱亡。李崧之冤血未銷，逢吉之梟首斯至，冥報之事，安可忽諸！自李鏻而下，凡數君子者，皆踐履朝行，彰施帝載，國華邦直，斯焉在哉！惟延皓之醜行，宜乎不得其死矣。《永樂大典》卷九千三百五十一。[3]

[1]伊：人名。即伊尹。商初名臣。事見《史記》卷三。皋：人名。即皋陶。相傳爲舜時掌管刑法的官，後被禹選爲繼承人，因早死，未繼位。事見《史記》卷一、卷二。

[2]夔、龍：人名。相傳爲舜二臣，一爲樂官，一爲納言。事見《尚書·虞書·舜典》。後常以“夔龍”喻指輔弼重臣。

[3]《大典》卷九三五一“任”字韻“姓氏（一）”事目。

舊五代史　卷一〇九

漢書十一

列傳第六[1]

> [1]按，本卷末無史論。

杜重威

　　杜重威，其先朔州人，[1]近世徙家於太原。[2]祖興，[3]振武牙將。[4]父堆金，[5]事唐武皇爲先鋒使。[6]重威少事明宗，[7]自護聖軍校領防州刺史。[8]其妻即晋高祖妹也，[9]累封宋國大長公主。[10]天福初，[11]命重威典禁軍，遥授舒州刺史。[12]二年，張從賓搆亂，[13]據汜水，[14]晋高祖遣重威與侯益率衆破之，[15]以功授潞州節度使。[16]與楊光遠降范延光於鄴城，[17]改許州節度使，[18]兼侍衛親軍馬步軍副都指揮使，[19]尋加同平章事。[20]未幾，移鎮鄆州，[21]遷侍衛親軍馬步軍都指揮使。[22]及鎮州安重榮稱兵向闕，[23]命重威禦之，敗重榮於宗城。[24]重榮奔據常山，[25]重威尋拔其城，斬重榮首，傳於闕下，授成德軍節度使。[26] 所得重榮家財及常山公帑，悉歸於己，晋高祖知而不問。至鎮，復重斂於民，税外加賦，境內苦之。[27]

[1]朔州：州名。治所在今山西朔州市朔城區。

[2]太原：府名。治所在今山西太原市。

[3]興：人名。即杜興。本書僅此一見。

[4]振武：方鎮名。五代後梁貞明二年（916）以前，治所位於單于都護府城（今内蒙古和林格爾縣）。貞明二年單于都護府城爲契丹占據。此後至後唐清泰三年（936），治所位於朔州（今山西朔州市朔城區）。後晋隨燕雲十六州割予契丹，改名順義軍。　牙將：官名。古代軍隊中的中低級軍官。

[5]堆金：人名。即杜堆金。本書僅此一見。

[6]唐武皇：即五代後唐太祖李克用。沙陀族，生於神武川新城（一説是今山西朔州市朔城區之梵王寺村，一説是今山西應縣縣城，一説在今山西懷仁縣之日中城）。紀見本書卷二五。　先鋒使：官名。負責打探敵情、勘測地形、衝鋒陷陣等。

[7]明宗：即五代後唐明宗李嗣源。沙陀部人。原名邈佶烈，李克用養子。926年至933年在位。紀見本書卷三五至卷四四、《新五代史》卷六。

[8]刺史：官名。州一級行政長官。漢武帝時始置，總掌考核官吏、勸課農桑、地方教化等事。唐中期以後，節度使、觀察使轄州而設，刺史爲其屬官，職任漸輕。從三品至正四品下。

[9]晋高祖：即五代後晋高祖石敬瑭。沙陀部人。五代後唐將領、後晋開國皇帝。936年至942年在位。紀見本書卷七五至卷八〇、《新五代史》卷八。中華書局本有校勘記：“‘晋’字原闕，據殿本、《新五代史》卷五二《杜重威傳》補。”明本《册府》卷三〇二《外戚部·將兵門》言“晋杜重威尚高祖妹宋國長公主”，

則據此亦當補"晋"字。

[10]其妻即晋高祖妹也，累封宋國大長公主：《輯本舊史》卷八一《晋少帝紀一》天福七年（942）七月辛丑條："恒州順國軍節度使杜威加檢校太師，仍增爵邑。"因避晋少帝重貴諱去"重"字。同年九月癸巳條："樂平長公主史氏進封魯國大長公主，壽安長公主烏氏進封衛國大長公主，鄭國長公主杜氏進封宋國大長公主。"《通鑑》卷二八一天福二年六月己亥條謂重威"尚帝妹樂平長公主"，疑誤。

[11]天福：五代後晋高祖石敬瑭年號（936—942）。出帝石重貴沿用至九年（944）。後漢高祖劉知遠繼位後沿用一年，稱天福十二年（947）。

[12]舒州：州名。治所在今安徽安慶市。

[13]張從賓：人名。籍貫不詳。五代後唐、後晋將領。傳見本書卷九七。

[14]汜水：縣名。治所在今河南滎陽市汜水鎮。《輯本舊史》之影庫本粘籤："汜水，原本作'汎水'，今從《歐陽史》改正。"見《新五代史》卷八《晋本紀》天福二年七月條。"據汜水"，明本《册府》卷三〇二《外戚部·將兵門》作"處汜水"。

[15]侯益：人名。汾州平遥（今山西平遥縣）人。五代後唐至宋初將領。傳見《宋史》卷二五四。

[16]潞州：州名。治所在今山西長治市。　節度使：官名。唐時在重要地區所設掌握一州或數州軍事、民事、財政的長官。"二年"至"以功授潞州節度使"：《輯本舊史》卷七六《晋高祖紀二》天福二年六月丁未條："是日，張從賓亦叛，與范延光叶謀，害皇子河陽節度使重信、皇子東都留守重乂。"同月己酉條："以奉國都指揮使侯益、護聖都指揮使杜重威領步騎五千往屯汜水關，備從賓之亂也。"同年七月甲寅條："以護聖左右廂都指揮使杜重威爲昭義軍節度使兼侍衛馬軍都指揮使，充西面行營副部署。"又："杜重威等奏：'收下汜水關，破賊千人，張從賓及其殘黨奔投入河；

兼收到護聖指揮使曹再晟一百人騎，稱背賊投來，並送赴行闕。'"
卷七七《晋高祖紀三》天福三年四月戊子條載，昭義節度使、侍衛
馬軍都指揮使、廣晋府行營都排陣使杜重威加檢校太傅。同年十一
月丙辰條："昭義軍節度使兼侍衛親軍馬步軍都虞候杜重威改忠武
軍節度使。"

[17]楊光遠：人名。沙陀部人。五代後唐、後晋將領。傳見本
書卷九七、《新五代史》卷五一。　范延光：人名。鄴郡臨漳（今
河北臨漳縣）人。五代後唐、後晋將領。傳見本書卷九七。　鄴
城：地名。位於今河北臨漳縣鄴鎮。

[18]許州：州名。治所在今河南許昌市。

[19]侍衛親軍馬步軍副都指揮使：官名。五代時侍衛親軍馬步
軍次長官。中華書局本有校勘記："'都'字原闕，據本書卷八〇
《晋高祖紀六》《册府》卷三〇二、卷三八七，《通鑑》卷二八二
補。"見《宋本册府》卷三八七《將帥部·褒異門十三》，《通鑑》
卷二八二天福六年八月戊子條。《輯本舊史》卷七八《晋高祖紀
四》天福四年三月己未條："忠武軍節度使杜重威加同中書門下平
章事。"

[20]同平章事：官名。"同中書門下平章事"之簡稱。唐高宗
以後，凡實際任宰相之職者，常在其本官後加同平章事的職銜。後
成爲宰相專稱。後晋天福五年（940），升中書門下平章事爲正
二品。

[21]鄆州：州名。治所在今山東東平縣。

[22]侍衛親軍馬步軍都指揮使：官名。五代時侍衛親軍最高長
官，多由皇帝親信擔任。《舊五代史考異》："《通鑑》云：馮道、李
崧屢薦重威之能，以爲都指揮使，充隨駕御營使。"見《通鑑》卷
二八二天福六年八月條。《輯本舊史》卷七九《晋高祖紀五》天福
五年三月乙亥條："許州節度使杜重威改鄆州節度使。"卷八〇《晋
高祖紀六》天福六年八月戊子條："以天平軍節度使兼侍衛親軍馬
步軍副都指揮使杜重威爲侍衛親軍馬步軍都指揮使。"

[23]鎮州：州名。治所在今河北正定縣。五代後唐長興三年（932）升爲真定府。　安重榮：人名。朔州（今山西朔州市朔城區）人。五代後唐、後晉將領。傳見本書卷九八、《新五代史》卷五一。

[24]宗城：縣名。治所在今河北威縣。

[25]常山：即鎮州，治所在今河北正定縣。

[26]成德軍：方鎮名。治所在恒州（今河北正定縣）。　“及鎮州安重榮稱兵向闕”至“授成德軍節度使”：《輯本舊史》卷八〇《晉高祖紀六》天福六年十二月丁亥條：“是日，鎮州節度使安重榮稱兵向闕，以侍衛親軍馬步軍都指揮使杜重威爲北面行營招討使，率兵擊之。”同月壬子條：“杜重威部領大軍至鎮州城下。”同卷天福七年正月戊午條：“北面招討使杜重威奏，今月已收復鎮州，斬安重榮，傳首闕下。”同月丙寅條：“以鄆州節度使、北面行營招討使、侍衛親軍都指揮使杜重威爲恒州順國軍節度使，加兼侍中。”卷八一《晉少帝紀一》天福八年三月癸未條：“恒州節度使杜威並加兼中書令。”卷九八《安重榮傳》：“重榮至鎮，取牛馬革旋爲甲，使郡人分守夾城以待王師。杜重威至，有部將自西郭水門引官軍入焉，殺守陴百姓萬餘人，重威尋害導者，自收其功。重榮擁吐渾數百，匿於牙城，重威使人襲而得之，斬首以進。”《新五代史》卷五二《杜重威傳》：“重威逆戰于宗城，重榮爲偃月陣，重威擊之不動。重威欲少却以伺之，偏將王重胤曰：‘兩兵方交，退者先敗。’乃分兵爲三，重威先以左右隊擊其兩翼，戰酣，重胤以精兵擊其中軍。重榮將趙彥之來奔，重榮遂大敗，走還鎮州，閉壁不敢出。”

[27]“所得重榮家財及常山公帑”至“境內苦之”：《舊五代史考異》：“《通鑑》云：重威所至黷貨，民多逃亡，嘗出過市，謂左右曰：‘人言我驅盡百姓，何市人之多也！’”見《通鑑》卷二八二天福六年八月戊子條。又卷二八三天福八年條：“威用判官王緒謀，檢索殆盡，得百萬斛。威止奏三十萬斛，餘皆入其家；又令判

官李沼稱貸於民，復滿百萬斛，來春糶之，得緡錢二百萬，闔境苦之。"

少帝嗣位，[1]與契丹絶好，[2]虜主連年入寇，重威但閉壁自守。部內城邑相繼破陷，一境生靈坐受屠戮，重威任居方面，未嘗以一士一騎救之。每虜騎數十驅漢人千萬過城下，如入無人之境，重威但登陴注目，略無邀取之意。開運元年秋，[3]加北面行營招討使。[4]二年，領大軍下泰州、滿城、遂城。[5]虜主自古北口迴軍，[6]追躡王師，重威等狼狽而旋，至陽城，[7]爲虜所困。會大風狂猛，軍情憤激，符彥卿、張彥澤等引軍四出，[8]虜衆大潰，諸將欲追之，重威曰："逢賊得命，更望檥子乎！"遂收軍馳歸常山。[9]先是，重威於州內括借錢帛，吏民大被其苦，人情咸怨，重以境內凋弊，十室九空，重威遂無留意，連上表乞歸朝，不俟報，即時上路。朝廷以邊上重鎮，主帥擅離，苟有奔衝，慮失禦備，然亦無如之何，即以馬全節代之，[10]重威尋授鄴都留守。[11]會鎮州軍食不繼，遣殿中監王欽祚就本州和市，[12]重威私第有粟十餘萬斛，遂録之以聞。朝廷給絹數萬匹，償其粟直。重威大忿曰："我非反逆，安得籍没耶！"[13]

[1]少帝：即五代後晉出帝石重貴。石敬瑭從子。942年至947年在位。紀見本書卷八一至卷八五、《新五代史》卷九。

[2]契丹：古部族、政權名。公元4世紀中葉宇文部爲前燕攻破，始分離而成單獨的部落，自號契丹。唐貞觀中，置松漠都督府，以其首領爲都督。唐末强盛，916年迭剌部耶律阿保機建立契

丹國（遼）。先後與五代、北宋並立，保大五年（1125）爲金所滅。參見張正明《契丹史略》，中華書局 1979 年版。

〔3〕開運：五代後晉出帝年號（944—946）。

〔4〕行營招討使：武官名。五代自後梁至後周均設行營招討使，負責某一路某一道或某一方征討、招撫之事。掌管區域較大而且長官資深者，則委以諸道行營都招討使和副都招討使，否則爲行營招討使和副招討使。　“少帝嗣位”至“加北面行營招討使”：“虜主連年入寇”，中華書局本沿《輯本舊史》作“契丹主連年伐晉”，此因清輯者忌諱而改，今據明本《册府》卷四五三《將帥部·怯懦門》回改。“一境生靈坐受屠戮”，《輯本舊史》原無“坐”字，據明本《册府》卷四五三補。“每虜騎數十驅漢人千萬過城下”，“虜騎”原作“敵騎”，據《册府》卷四五三回改；“千萬”，《通鑑》卷二八四開運二年（945）五月條作“千百”。《輯本舊史》卷八二《晉少帝紀二》開運元年正月甲午條：“以北京留守劉知遠爲幽州道行營招討使，以恒州節度使杜威副之。”卷八三《晉少帝紀三》開運元年八月辛丑條：“鎮州節度使杜威充北面行營都招討使。”

〔5〕泰州：州名。治所在今江蘇泰州市。　滿城：縣名。治所在今河北保定市滿城區。　遂城：縣名。治所在今河北保定市徐水區。　二年，領大軍下泰州、滿城、遂城：《輯本舊史》卷八三《晉少帝紀三》開運二年三月乙巳條：“杜威奏，與李守貞、馬全節、安審琦、皇甫遇部領大軍赴定州。”同月甲寅條：“杜威奏，收復滿城，獲契丹首領没剌相公，并蕃漢兵士二千人。”同月乙卯條：“杜威奏，收復遂城。”《通鑑》卷二八四開運二年二月丙戌條：“詔北面行營都招討使杜威以本道兵會馬全節等進軍。”同年三月乙巳條：“杜威等諸軍會于定州。”同月庚戌條：“諸軍攻契丹，泰州刺史晉廷謙舉州降。”同月甲寅條：“取滿城，獲契丹酋長没剌及其兵二千人。”同月乙卯條：“取遂城。”

〔6〕古北口：地名。位於今北京市密雲區。

[7]陽城：地名。位於今河北保定市清苑區陽城鎮。五代營壘之地。《通鑑》卷二八四載："晉軍至陽城，庚申，契丹大至。晉軍與戰，逐北十餘里，契丹逾白溝而去。"

[8]符彥卿：人名。陳州宛丘（今河南淮陽縣）人。五代後周、宋初將領。周世宗宣懿皇后、宋太宗懿德皇后，皆符彥卿之女。傳見《宋史》卷二五一。　張彥澤：人名。突厥人，徙居太原（今山西太原市）。五代後晉將領，投降於契丹。傳見本書卷九八、《新五代史》卷五二。

[9]"虜主自古北口迴軍"至"遂收軍馳歸常山"："虜主自古北口迴軍"，《輯本舊史》原作"契丹主自古北口迴軍"，"爲虜所困"作"爲契丹所困"，"虜衆大潰"作"敵衆大潰"，均據明本《册府》卷四五三《將帥部·怯懦門》回改。《輯本舊史》之影庫本粘籤："陽城，原本作'險城'，今從《薛史·晉少帝紀》改正。"見《輯本舊史》卷八三《晉少帝紀三》。"更望襆子乎"，中華書局本有校勘記："'襆子'，原作'福'，據《册府》卷四五三改。殿本、《新五代史》卷五二《杜重威傳》作'複子'。按'襆子'謂行李也。"《輯本舊史》卷八三開運二年三月癸亥條："是日，東北風猛，揚塵折樹，契丹主坐車中謂衆曰：'漢軍盡來，祇有此耳，今日並可生擒，然後平定天下。'令下馬拔鹿角，飛矢雨集。軍士大呼曰：'招討使何不用軍，而令士卒虛死！'諸將咸請擊之，杜威曰：'俟風勢稍慢，觀其進退。'守貞曰：'此風助我也，彼衆我寡，黑風之內，莫測多少，若俟風止，我輩無噍類矣。'即呼諸軍齊力擊賊。"同月乙丑條："杜威等大軍自定州班師入恒州。"

[10]馬全節：人名。魏郡元城（今河北大名縣）人。五代後唐、後晉將領。傳見本書卷九〇、《新五代史》卷四七。

[11]留守：官名。在都城、陪都或軍事重鎮所設留守，由地方行政長官兼任。　"先是"至"重威尋授鄴都留守"：《輯本舊史》卷八四《晉少帝紀四》開運二年五月丙辰條："杜威來朝。"同年六月癸酉條："以恒州節度使杜威爲天雄軍節度使，充鄴都留守；以

鄴都留守馬全節爲恒州節度使。”同卷開運三年九月條：“是歲三月，復遣鄴都杜威致書於延壽，且述朝旨，唊以厚利。”《通鑑》卷二八四開運二年五月丙辰條：“桑維翰言於帝曰：‘威固違朝命，擅離邊鎮。居常憑恃勳舊，邀求姑息，及疆場多事，曾無守禦之意；宜因此時廢之，庶無後患。’帝不悅。維翰曰：‘陛下不忍廢之，宜授以近京小鎮，勿復委以雄藩。’帝曰：‘威，朕之密親，必無異志；但宋國長公主切欲相見耳，公勿以爲疑！’維翰自是不敢復言國事，以足疾辭位。”同月己未條：“杜威獻部曲步騎合四千人並鎧仗。”同月庚申條：“又獻粟十萬斛，芻二十萬束，云皆在本道。帝以其所獻騎兵隸扈聖，步兵隸護國，威復請以爲衛隊，而禀賜皆仰縣官。威又令公主白帝，求天雄節鉞，帝許之。”

[12]殿中監：官名。殿中省長官。掌宮廷供奉之事。從三品。

王欽祚：人名。籍貫不詳。五代後晉官員。事見本書卷八〇《晉高祖紀六》、本卷《杜重威傳》。　和市：又稱“和買”。政府向百姓收購貨物。

[13]“會鎮州軍食不繼”至“安得籍没耶”：《宋本册府》卷一七九《帝王部·姑息門四》晉少帝開運二年條：“開運二年，杜重威進軍糧九萬八千石，鎗一千二百條，並在鎮州。重威在鎮州日，重斂多納，與腹心數十輩分利而處，皆爲宮室。會有命移鎮，而公私未剖，朝廷察知，遣殿中監王欽祚權知鎮州軍府事，降詔以和糴爲名，比户籍之。欽祚性激訐，好邀功利，既至真定，乃痛劾掌事者，盡抉摘重威一行所聚儲蓄而條奏焉。重威聞之大怒，表曰：‘不知臣有何罪，王欽祚封鎖臣員寮口食，詞甚不遜。’朝廷不欲傷其意，竟不區分，尋追還欽祚。故重威有是獻，將弭其事。詔賜重威茶萬斤、絹萬匹，充軍糧價。又賜重威器帛、氈帳、駿鷹，別賜公主衣着百匹，以姑息之。”

三年冬，晉少帝詔重威與李守貞等率師經略瀛、鄭。[1]師至瀛州城下，晉騎將梁漢璋進與契丹接戰，[2]漢璋死焉。重威即時命迴軍，次武強，[3]聞契丹主南下，乃西趨鎮州，至中渡橋，[4]與契丹夾滹水而營。[5]十二月八日，宋彥筠、王清等率數千人渡滹沱，[6]陣於北岸，爲敵所破。[7]時契丹游軍已至欒城，[8]道路隔絕，人情危蹙，重威密遣人詣敵帳，潛布腹心。[9]契丹主大悅，許以中原帝之，重威庸暗，深以爲信。一日，伏甲於内，召諸將會，告以降敵之意，諸將愕然，以上將既變，乃俛首聽命，遂連署降表，令中門使高勳齎送敵帳，[10]軍士解甲，舉聲慟哭。是日，有大霧起於降軍之上。契丹主使重威衣赭袍以示諸軍，尋僞加守太傅，[11]鄴都留守如故。

[1]李守貞：人名。河陽（今河南孟州市）人。五代後晉、後漢將領。傳見本書本卷、《新五代史》卷五二。　瀛：州名。治所在今河北河間市。　鄭：州名。治所在今河北任丘市。　三年冬，晉少帝詔重威與李守貞等率師經略瀛、鄭：《輯本舊史》卷八五《晉少帝紀五》開運三年（950）十月辛未條："以鄴都留守杜威爲北面行營都招討使。"《新五代史》卷五二《杜重威傳》："是秋，天下大水，霖雨六十餘日，飢殍盈路，居民拆屋木以供爨，剉藁席以秣馬牛。重威兵行泥潦中，調發供饋，遠近愁苦。"同卷《李守貞傳》："初，晉大臣皆言重威不忠，有怨望之心，不可用，乃用守貞。是時，重威鎮魏州，守貞嘗將兵往來過魏，重威待之甚厚，多以戈甲金帛奉之。出帝嘗謂守貞曰：'卿常以家財散士卒，可謂忠於國者乎！'守貞謝曰：'皆重威與臣者。'因請與重威俱北。於是卒以重威爲招討使，守貞爲都監。"卷七二《契丹傳》："（趙延壽）僞爲好辭報晉，言身陷虜思歸，約晉發兵爲應。而德光將高牟翰亦

詐以瀛州降晉，晉君臣皆喜。三年七月，遣杜重威、李守貞、張彥澤等出兵，爲延壽應。"《通鑑》卷二八五開運三年十月條："威屢使公主入奏，請益兵，曰：'今深入虜境，必資衆力。'由是禁軍皆在其麾下，而宿衞空虛。"

[2]梁漢璋：人名。應州（今山西應縣）人。五代後唐、後晉將領。傳見本書卷九五。

[3]武强：縣名。治所在今河北武强縣。

[4]中渡：地名。滹沱河渡口。位於今河北正定縣。

[5]滹水：河流名。即滹沱河。發源於今山西繁峙縣，東流入今河北省，過正定縣，向東流入渤海。　"師至瀛州城下"至"與契丹夾滹水而營"：《輯本舊史》卷八五《晉少帝紀五》開運三年十一月條："是月，北面行營招討使杜威率諸將領大軍自鄴北征，師次瀛州城下，貝州節度使梁漢璋戰死。杜威等以漢璋之敗，遂收軍而退。"卷九九《漢高祖紀上》開運三年諸條："十一月，契丹主率蕃漢大軍由易、定抵鎮州，杜重威等駐軍於中渡橋以禦之。十二月十日，杜重威等以全軍降於契丹。"《通鑑》卷二八五開運三年十一月甲寅條："杜威雖以貴戚爲上將，性懦怯。偏裨皆節度使，但日相承迎，置酒作樂，罕議軍事。磁州刺史兼北面轉運使李穀説威及李守貞曰：'今大軍去恒州咫尺，煙火相望。若多以三股木置水中，積薪布土其上，橋可立成。密約城中舉火相應，夜募將士斫虜營而入，表裏合勢，虜必遁逃。'諸將皆以爲然，獨杜威不可，遣穀南至懷、孟督軍糧。"

[6]宋彥筠：人名。雍丘（今河南杞縣）人。五代後梁至後周將領。傳見本書卷一二三。　王清：人名。洺州曲周（今河北曲周縣）人。五代後唐、後晉將領。傳見本書卷九五、《新五代史》卷三三。

[7]"十二月八日"至"爲敵所破"：《輯本舊史》卷九五《王清傳》："清知勢蹙，謂重威曰：'軍去常山五里，守株於此，營孤食盡，將若之何！請以步兵二千爲前鋒，奪橋開路，公可率諸軍

繼之，期入常山，必濟矣。’重威可之，遣宋彦筠俱行。清一擊獲其橋，契丹爲之小却，重威猶豫不進，密已貳於國矣。彦筠退走，清列陣北岸，嚴戒部曲。日暮，酣戰不息。契丹以生軍繼至，我軍無寸刃益之，清與其下殁焉。”

[8]欒城：縣名。治所在今河北石家莊市欒城區。

[9]“時契丹游軍已至欒城”至“潛布腹心”：《輯本舊史》卷九八《張彦澤傳》：“開運三年冬，契丹既南牧，杜重威兵次瀛州。彦澤爲契丹所唊。密已變矣，乃通款於戎王，請爲前導，因促騎説重威，引軍沿滹沱西援常山，既而與重威通謀。”

[10]中門使：官名。五代時晋王李存勗所置，爲節度使屬官，執掌同於朝廷之樞密使。《輯本舊史》之影庫本粘籤：“中門，原本作‘人門’，今從《通鑑》改正。”查《通鑑》卷二八五開運三年十二月甲子條，實作“閤門”。　高勳：人名。河南（今河南洛陽市）人。五代後晋北平王高信韜之子。原爲後晋閤門使，會同九年（947）與杜重威降遼。傳見《遼史》卷八五。

[11]太傅：官名。與太師、太保合稱三師，唐後期、五代多爲大臣、勳貴加官。正一品。

契丹主南行，命重威部轄晋軍以從，既至東京，[1]駐晋軍於陳橋，[2]士伍飢凍，不勝其苦。[3]重威每出入衢路，爲市民所詬，俛首而已。契丹下令括率京城錢帛，將相公私，雷同率配，重威與李守貞各萬緡。乃告契丹主曰：“臣等以十萬漢軍降於皇帝，不免配借，臣所不甘。”契丹主笑而免之。尋群盜斷澶州浮梁，[4]契丹乃遣重威歸藩。[5]明年三月，契丹主北去，至相州城下，[6]重威與妻石氏詣牙帳貢獻而迴。[7]

[1]東京：五代後晉天福三年（938）升汴州爲開封府（今河南開封市），建爲東京。後漢、後周及北宋皆都此，俗稱汴京。

[2]陳橋：地名。位於今河南封丘縣東南。

[3]"契丹主南行"至"不勝其苦"：《宋本册府》卷一四七《帝王部·恤下門二》："漢高祖即位太原，至東京，謂左右曰：'過陳橋，見百姓桑棗空有餘柹，其廬室悉牆垣耳，因荒邪？因兵邪？'左右對曰：'此契丹犯闕時，杜重威宿漢軍之所也。'上惻然嗟歎曰：'重威破國殘物，一至於此，此而不討，是朕養惡蓄姦，何以爲蒼生父母，副海內徯望之心也！'左右皆稱萬歲。"

[4]澶州：州名。唐、五代初，治所在今河南清豐縣。後晉天福四年（939），移治於今河南濮陽縣。

[5]契丹乃遣重威歸藩：《輯本舊史》卷九九《漢高祖紀》上天福十二年二月條："尋遣天雄軍節度使杜重威歸鎮。"

[6]相州：州名。治所在今河南安陽市。

[7]石氏：即五代後晉高祖石敬瑭之妹，五代後晉將領杜重威之妻。事見本書本卷。

　　高祖車駕至闕，[1]以重威爲宋州節度使，[2]加守太尉，[3]重威懼，閉城拒命。[4]詔高行周率兵攻討，[5]重威遣其子弘璲等告急於鎮州麻答，[6]乞師救援，且以弘璲爲質，麻答遣蕃將楊袞赴之。[7]未幾，鎮州諸軍逐麻答，楊袞至洺州而迴。[8]十月，高祖親征，車駕至鄴城之下，遣給事中陳觀等齎詔入城，[9]許其歸命，重威不納。數日，高祖親率諸軍攻其壘，不克，王師傷夷者萬餘人。[10]高祖駐軍數旬，城中糧盡，屑麴餅以給軍士，吏民踰壘而出者甚衆，皆無人色。至是，重威牙將詣行宮請降，復遣節度判官王敏奉表請罪，[11]賜優詔敦勉，許

其如初。重威即遣其子弘璲、妻石氏出候高祖,[12]重威
繼踵出降,素服俟罪,復其衣冠,賜見,即日制授檢校
太師、守太傅、兼中書令。[13]鄴城士庶,殍殣者十之
六七。[14]

[1]高祖:即五代後漢高祖劉知遠。947 年至 948 年在位。紀
見本書卷九九至卷一〇〇、《新五代史》卷一〇。

[2]宋州:州名。治所在今河南商丘市睢陽區。

[3]太尉:官名。與司徒、司空並爲三公,唐後期、五代多爲
大臣、勳貴加官。正一品。

[4]"高祖車駕至闕"至"閉城拒命":《輯本舊史》卷一〇〇
《漢高祖紀下》天福十二年(947)七月丙申條:"以鄴都留守、天
雄軍節度使、檢校太師、守太傅、兼中書令、衛國公杜重威爲宋州
節度使,加守太尉。"同年閏七月庚午條:"新授宋州節度使杜重威
據鄴都叛,詔削奪重威官爵,貶爲庶人。"此句有《舊五代史考
異》:"案《通鑑》:杜重威之叛在七月,至閏月庚午乃削奪官爵。
《五代春秋》《歐陽史》作閏七月,杜重威拒命。與《通鑑》異。"
《通鑑》卷二八七天福十二年七月丙申條:"重威仍請移他鎮。"

[5]高行周:人名。媯州懷戎(今河北懷來縣)人。五代後唐
至後周將領。傳見本書卷一二三、《新五代史》卷四八。

[6]弘璲:人名。杜重威之子。事見本書本卷。中華書局本有
校勘記:"'弘璲',原作'弘遂',據《新五代史》卷五二《杜重
威傳》、《通鑑》卷二八七改。據本卷下文,杜重威諸子名皆從
'玉',當以'璲'是。本卷下文同。"見《通鑑》卷二八七天福十
二年閏七月庚午條。　麻答:人名。即耶律拔里得。契丹人。遼初
皇室,遼太宗耶律德光堂弟。傳見《遼史》卷七六。參見鄧廣銘
(署名鄺又銘)《遼史兵衛志"御帳親軍""大首領部族軍"兩事目
考源》,《北京大學學報》(人文科學版)1956 年第 2 期。

[7]楊袞：人名。籍貫不詳。遼朝武將。事見本書卷一〇〇、《新五代史》卷七〇。

[8]洺州：州名。治所在今河北邯鄲市永年區。

[9]給事中：官名。秦始置。隋唐以來，爲門下省屬官。掌讀署奏抄，駁正違失。正五品上。　陳觀：人名。籍貫不詳。五代大臣。事見本書卷八五、卷一一〇、卷一一三、卷一二九、卷一三〇。“陳觀”，《舊五代史考異》：“《歐陽史》避私諱作陳同。”見《新五代史》卷五二《杜重威傳》。

[10]“高祖車駕至闕”至“王師傷夷者萬餘人”：《舊五代史考異》：“《宋史·杜漢徽傳》云：從高行周討杜重威于鄴，屢爲流矢所中，身被重創，猶力戰，觀者壯之。”見《宋史》卷二七一。《宋本册府》卷四五六《將帥部·不和門》：“杜重威叛於鄴下，以鄆州節度使高行周爲招討使，（慕容）彥超爲副。及兵至城下，二帥不協。杜重威之子婦，即行周之息女也。行周用兵持重，彥超舉措輕易。彥超欲速於攻城，行周以爲未可。彥超乃揚言：稱行周以愛女之故，惜賊而不攻。行周忿之。漢祖聞其事，懼有他變，以是親征。”宋本“杜重威”原作“杜重暉”，今據明本改。

[11]節度判官：官名。唐、五代方鎮僚屬，位在行軍司馬下。分掌使衙内各曹事，並協助使職官員通判衙事。　王敏：人名。單州金鄉（今山東金鄉縣）人。五代後周時曾任刑部侍郎、司農卿等職。傳見本書卷一二八。

[12]弘璉：中華書局本有校勘記：“《通鑑》卷二八七作‘弘璡’。”見《通鑑》卷二八七天福十二年十一月條。

[13]檢校太師：官名。爲散官或加官，以示恩寵加此官，無實際執掌。　中書令：官名。漢代始置，隋、唐前期爲中書省長官，屬宰相之職；唐後期多爲授予元勳大臣的虛銜。正二品。

[14]“高祖駐軍數旬”至“殍殣者十之六七”：“重威即遣其子弘璉妻石氏出候高祖”，《輯本舊史》卷一〇〇《漢高祖紀下》天福十二年十一月壬申條：“杜重威上表請命。”同月丁丑條：“杜

重威素服出降，待罪於宫門，詔釋其罪。"又："以杜重威爲檢校太師、守太傅、兼中書令、楚國公。"卷一二八《王敏傳》："魏之饑民十猶四五，咸保其餘生者，敏之力也。"明本《册府》卷一一八《帝王部·親征門三》漢高祖條天福十二年十月："戊戌，帝至鄴城阮亭，駐蹕行府。節度使高行周率群校奉迎。午後，帝次御營。丙子，宣遣高行周督諸軍分攻城四面。是日，諸軍將士所傷甚衆，宣遣還營。始一日前，諸軍入謁行宫，奏請攻城。帝曰：'朕本意自來者，止爲魏民久嬰，城塹有倒懸之危，復以重威執迷，抱耻無出處之計。今欲示之以武威，來之以大義，恃其恩待，必見歸投。若使城中億萬之命重遭塗炭，何以表朕弔伐之意也？如衆議須意攻迫，但益兵張勢可矣。'時宰執奏曰：'兵法云：夫有金城湯池，内無積粟，雖善戰者不能守。況重威城孤兵散，勢窮力殫，輿櫬請死，期在旦夕而已。睿意所宣，生靈大幸，足以彰陛下有殷湯開網之仁也。'乙未，帝乘馬巡城，宣遣諸軍以竹籠橋布列架壕水攻擊，至未時還宫。丁卯，諸軍馬步兵士一千餘人各願充梯頭，於行宫見帝，面賜慰勉，以俟指命。壬申，杜重威與妻石氏即石晉宋國長公主也，相次遣牙校崔華、鄭進齎表獻款，乞赴行在。甲戌，又遣觀察判官王敏齎表赴行宫。丁丑，重威出降，鄴都平。（注：是日，除重威守太傅，中書令，楚國公。）"卷四五三《將帥部·翻覆門》："漢杜重威爲魏博節度使，高祖起義晉陽，重威首獻誠款。及入汴，移領宋州，重威拒命不行。朝廷命上將高行周督衆問罪，帝親討之，聲云'駕至即降'。尋命給事中陳觀喻旨，使其歸命。及至，城又閉闔阻之。由是六師憤激，内粟漸空，而守陴者雜以僧道，掠米糧以給其食。士庶稍一事違其命者，必族而食之。左右思變，咸欲加害，懼而請降，與妻孥相次而出。帝以宿舊，釋其罪，命守太傅居班。"

　　先是，契丹遣幽州指揮使張璉，[1]以部下軍二千餘人屯鄴，[2]時亦有燕軍一千五百人在京師。會高祖至闕，有上變者，言燕軍謀亂，盡誅於繁臺之下，[3]咸稱其冤。有逃奔於鄴者，備言其事，故張璉等懼死，與重威膠固守城，略無叛志。高祖亦悔其前失，累令宣諭，許以不死。璉等於城上揚言曰：“繁臺之誅，燕軍何罪？既無生理，以死爲期。”璉一軍在圍中，重威推食解衣，盡力姑息。燕軍驕悍，憑陵吏民，子女金帛，公行豪奪。及重威請命，璉等邀朝廷信誓，詔許璉等却歸本土。及出降，盡誅璉等將數十人，其什長已下放歸幽州，將出漢境，剽略而去。高祖遣三司使王章、樞密副使郭威，[4]録重威部下將吏盡誅之，籍其財産與重威私帑，分給將士。

[1]幽州：州名。治所在今北京市。　張璉：人名。籍貫不詳。遼國將領。事見本書本卷。

[2]以部下軍二千餘人屯鄴：中華書局本有校勘記：“‘二千’原作‘二十’，據殿本、劉本、《通鑑》卷二八七改。《新五代史》卷五二《杜重威傳》：‘燕將張璉先以兵二千在鄴。’”見《通鑑》卷二八七天福十二年（947）十月條。

[3]繁臺：地名。又稱禹王臺。位於今河南開封市。

[4]三司使：官名。五代後唐明宗天成元年（926）將晚唐以來的户部、度支、鹽鐵三部合爲一職，設三司使統之。主管國家財政。　王章：人名。大名南樂（今河南南樂縣）人。五代後漢三司使、同平章事，以聚斂刻急著稱。傳見本書卷一〇七、《新五代史》卷三〇。　樞密副使：官名。樞密院副長官。　郭威：人名。邢州堯山（今河北隆堯縣）人。五代後周王朝的建立者，即後周太祖。951年至954年在位。紀見本書卷一一〇至卷一一三、《新五代史》

卷一一。

　　車駕還宫，高祖不豫，既而大漸，顧命之際，謂近臣將佐曰："善防重威。"帝崩，遂收重威、重威子弘璋、弘璉、弘璨誅之。[1]詔曰："杜重威猶貯禍心，未悛逆節，梟音不改，虺性難馴。昨朕小有不安，罷朝數日，而重威父子潛肆兇言，怨謗大朝，扇惑小輩。今則顯有陳告，備驗姦期，既負深恩，須置極法。其杜重威父子並處斬，[2]所有晉朝公主及外親族，一切如常，仍與供給。"重威父子已誅，陳尸於通衢，[3]都人聚觀者詬罵蹴擊，軍吏不能禁，屍首狼籍，斯須而盡。

　　[1]弘璋、弘璉、弘璨：人名。皆杜重威之子。事見本書本卷。《新五代史》卷五二《杜重威傳》作"弘璋、弘璨、弘璲"。

　　[2]其杜重威父子並處斬：《輯本舊史》卷一〇〇《漢高祖紀下》乾祐元年正月庚辰條："太傅杜重威伏誅。"

　　[3]重威父子已誅，陳尸於通衢：《舊五代史考異》："《隆平集》：党進，幼爲天雄軍節度使杜重威奴，重威愛其淳謹，雖長，猶令與婢妾雜侍。重威敗，周祖得之，以爲鐵騎都虞候。重威之後寒餓，進常分俸以給，士大夫或媿焉。"見《隆平集》卷一七。

　　弘璉，重威之子也，累官至陳州刺史。[1]《永樂大典》卷一萬四千七百三十。[2]

　　[1]陳州：州名。治所在今河南淮陽縣。

　　[2]《大典》卷一四七三〇"杜"字韻"姓氏（六）"事目。

李守貞

李守貞，河陽人也。[1]少桀黠落魄，事本郡爲牙將。晋高祖鎮河陽，用爲典客，[2]後移數鎮，皆從之。及即位，累遷至客省使。[3]天福中，李金全以安州叛，[4]淮夷入寇，晋高祖命馬全節討之，守貞監護其軍，賊平，以守貞爲宣徽使。[5]少帝即位，授滑州節度兼侍衛馬軍都指揮使，[6]未幾，改侍衛都虞候。[7]開運元年春，虜衆犯澶、魏，[8]少帝幸澶州，虜主遣將麻答以奇兵由鄆州馬家口濟河，[9]立栅於東岸，守貞率師自澶州馳赴之。契丹大敗，溺死者數千人，獲馬數百匹，偏裨七十餘人。[10]有頃，敵退。晋少帝還京，以守貞爲兗州節度使，依前侍衛都虞候。[11]

[1]河陽：方鎮名。治所在孟州（今河南孟州市）。

[2]典客：官名。亦稱“客將”。唐末、五代藩鎮負責接待使節、賓客、出使等外交職責的武官。詳見吳麗娱《試論晚唐五代的客將、客司與客省》，《中國史研究》2002 年第 4 期。

[3]客省使：官名。客省長官。唐代宗時始置，五代沿置。掌接待四方奏計及外族使者。　累遷至客省使：《輯本舊史》卷七六《晋高祖紀二》天福二年（937）三月戊寅條：“東上閤門使李守貞爲右龍武將軍充職。”同年六月甲午條：“宣遣客省使李守貞往延光所問罪。”卷七七《晋高祖紀三》天福三年九月庚午條：“遣客省使李守貞押器幣賜魏府立功將校。”卷七九《晋高祖紀五》天福五年五月丙戌條：“以内客省使李守貞爲都監。”

[4]李金全：人名。吐谷渾族。早年爲五代後唐明宗李嗣源奴僕，驍勇善戰，因功升遷。後晋時封安遠軍節度使，後投奔南唐。

傳見本書卷九七、《新五代史》卷四八。　安州：州名。治所在今湖北安陸市。

[5]宣徽使：官名。唐始置。宣徽南院使、北院使通稱宣徽使。初用宦官，五代以後改用士人。通掌內諸司及三班內侍之名籍，郊祀、朝會、宴享供帳之儀，檢視內外進奉名物。參見王永平《論唐代宣徽使》，《中國史研究》1995 年第 1 期；王孫盈政《再論唐代的宣徽使》，《中華文史論叢》2018 年第 3 期。

[6]滑州：州名。治所在今河南滑縣。　少帝即位，授滑州節度兼侍衛馬軍都指揮使：《輯本舊史》卷八〇《晋高祖紀六》天福六年七月壬午條：“以宣徽北院使李守貞遙領忠正軍節度使、侍衛馬軍指揮使。”同卷天福七年三月丁丑條：“以壽州節度使兼侍衛馬軍指揮使李守貞爲滑州節度使”，此時少帝尚未即位。卷八一《晋少帝紀一》天福七年七月癸卯條載，滑州義成軍節度使兼侍衛馬軍都指揮使李守貞加檢校太傅，仍增爵邑。同年九月辛丑條：“以義成軍節度使兼侍衛馬軍都指揮使李守貞充大行皇帝山陵一行都部署。”同年十二月丙寅條載，滑州節度使兼侍衛馬軍都指揮使李守貞加爵邑，以山陵充奉之勞也。同卷天福八年六月庚戌條：“以螽蝗爲害，詔侍衛馬步軍都指揮使李守貞往皋門祭告。”

[7]侍衛都虞候：官名。即侍衛馬步軍都虞候。五代、北宋侍衛親軍馬步軍統兵官，僅次於馬步軍都指揮使、副都指揮使。《宋本册府》卷三六〇《將帥部・立功門十三》：“李守貞初仕晋，爲侍衛馬步軍都虞候。”故此處疑闕“馬步軍”三字。《輯本舊史》卷八二《晋少帝紀二》開運元年（944）正月丁亥條：“敵騎至黎陽，以侍衛馬軍都指揮使李守貞爲前軍都虞候。”

[8]魏：州名。治所在今河北大名縣。

[9]馬家口：地名。即馬家渡。五代黃河渡口。位於今山東鄆城縣一帶。

[10]“開運元年春”至“偏裨七十餘人”：“虜衆”“虜主”，中華書局本沿《輯本舊史》均作“契丹”，此因清輯者忌諱而改，

今據明本《册府》卷三六〇回改。《輯本舊史》卷八二開運元年二月甲辰條："遣李守貞等水陸進兵而下，以救汶陽。"同月戊申條："契丹築壘於馬家渡東岸，以騎軍列於外，以禦王師，李守貞以師搏之，遂破其衆……獲馬八百匹，生擒賊將七十八人，部衆五百人，送行在，悉斬之。"

　　[11]"晋少帝還京"至"依前侍衛都虞候"：《輯本舊史》卷八二《晋少帝紀二》開運元年四月辛酉條："以侍衛親軍都虞候、義成軍節度使李守貞爲兖州節度使，典軍如故。"

　　五月，以守貞爲青州行營都部署，[1]率兵二萬東討楊光遠，命符彦卿爲副。[2]十二月，光遠子承勳等乞降，[3]守貞入城，害光遠於別第。[4]光遠有孔目吏宋顔者，[5]盡以光遠財寶、名姬、善馬告於守貞，守貞德之，置於帳下。[6]近例，官軍克復城隍，必降德音，洗滌瑕穢。時樞密使桑維翰以光遠同惡數十輩潛竄未出，[7]搜索甚急，故制書久不下。或有告宋顔匿於守貞處者，朝廷取而殺之，[8]守貞由是怨維翰。時行營將士所給賞賜，守貞盡以甋茶、染木、薑藥之類分給之，軍中大怒，[9]乃以帛包所得物，如人首級，目之爲守貞頭，懸於樹以詛之。守貞班師，加同平章事，以楊光遠東京第賜之。守貞因取連宅軍營，[10]以廣其第，大興土木，治之歲餘，爲京師之甲，行幸賜宴，恩禮無比。

　　[1]青州：州名。治所在今山東青州市。　行營都部署：官名。凡行軍征討，掛帥率軍戰鬭，總管行營事務。

　　[2]"五月"至"命符彦卿爲副"：《輯本舊史》卷八二《晋少帝紀二》開運元年（944）五月戊寅條："遣侍衛親軍都虞候李守

貞率步騎二萬，討楊光遠於青州。”

　　[3]承勳：人名。即楊承勳。沙陀部人。平盧軍節度使楊光遠之子。歷任五代後晉萊州刺史、汝州防禦使、鄭州防禦使。事見本書卷八三、卷八五。《輯本舊史》之影庫本粘籤：“承勳，原本作‘丞勳’，今從《通鑑》改正。”見《通鑑》卷二八四開運元年十二月丁巳條。

　　[4]“十二月”至“害光遠於別第”：“十二月”，中華書局本沿《輯本舊史》作“十一月”，有校勘記：“本書卷八三《晉少帝紀》三、《新五代史》卷九《晉本紀》、《通鑑》卷二八四繫其事於十二月。”但未改，今據改。《輯本舊史》卷八三開運元年十二月丁巳條：“青州楊光遠降。光遠子承勳等斬觀察判官邱濤，牙將白延祚、楊贍、杜延壽等首級，送於招討使李守貞。”同年閏十二月癸酉條：“李守貞奏，楊光遠卒。初，光遠既上表送降，帝以光遠頃歲太原歸命，欲曲全之，議者曰：‘豈有反狀滔天而赦之也！’乃命守貞便宜處置，守貞遣人拉殺之，以病卒聞。”同月乙酉條：“青州行營招討使、兗州節度使兼侍衛都虞候李守貞加同平章事。”《新五代史》卷五一《楊光遠傳》：“守貞遣客省副使何延祚殺之于其家。延祚至其第，光遠方閱馬于厩，延祚使一都將入謂之曰：‘天使在門，欲歸報天子，未有以藉手。’光遠曰：‘何謂也？’曰：‘願得大王頭爾。’光遠罵曰：‘我有何罪？昔我以晉安寨降契丹，使爾家世世爲天子，我亦望以富貴終身，而反負心若此！’遂見殺，以病卒聞。”

　　[5]孔目吏：吏職名。即孔目官。唐置，爲各府州及方鎮孔目院屬員，掌文書簿籍或財計出納事務，隸都孔目。因軍府細事皆經其手，一孔一目無不綜理，故名。中華書局本有校勘記：“‘孔目吏’，原作‘孔目官吏’，據《冊府》卷四五四、卷四五五改。”見明本《冊府》卷四五四《將帥部·豪橫門》、卷四五五《將帥部·貪黷門》。　宋顏：人名。籍貫不詳。五代後晉官員，爲楊光遠屬下之孔目官。事見本書本卷。

[6]守貞德之，置於帳下：中華書局本有校勘記：“‘德之’，原作‘得之’，據《册府》卷四五四、《新五代史》卷五二《李守貞傳》改。”見明本《册府》卷四五四《將帥部·豪橫門》。“至於帳下”，《册府》作“置顔帳下”，《新五代史》卷五二《李守貞傳》作“陰置顔麾下”。

[7]樞密使：官名。樞密院長官。五代時以士人爲之，備顧問、參謀議，出納詔奏，權侔宰相。參見李全德《唐宋變革期樞密院研究》，國家圖書館出版社 2009 年版。　桑維翰：人名。洛陽（今河南洛陽市）人。五代後唐進士，後晋宰相、樞密使。傳見本書卷八九、《新五代史》卷二九。　數十輩：中華書局本有校勘記：“‘數十輩’，《册府》卷四五四作‘十數輩’。《新五代史》卷五二《李守貞傳》作‘十餘人’。”見明本《册府》卷四五四《將帥部·豪橫門》。

[8]朝廷取而殺之：明本《册府》卷四五四《將帥部·豪橫門》作“詔取顔殺之”。

[9]軍中大怒：中華書局本有校勘記：“‘怒’，殿本、孔本、《册府》卷四五四作‘怨’。”見明本《册府》卷四五四《將帥部·豪橫門》。

[10]守貞因取連宅軍營：中華書局本有校勘記：“‘軍’，《册府》卷四五四作‘庫’。”見明本《册府》卷四五四《將帥部·豪橫門》。

開運二年春，虜主以全軍南下，前鋒至相州湯陰縣，[1]詔守貞屯滑州。[2]少帝再幸澶州，以守貞爲北面行營都監，[3]與招討使杜重威北伐，洎獲陽城之捷，遂收軍而還。[4]四月，車駕還京，以守貞爲侍衛副都指揮使，移鎮宋州，加檢校太師。三年春，詔守貞率師巡邊，至衡水，[5]獲鄆州刺史趙思英而還。[6]居無何，代高行周爲侍衛親軍都指揮使，移鎮鄆州，意頗觖望。[7]會宰臣李崧加侍中，[8]守貞謂樞密使直學士殷鵬曰：[9]"樞密何功，便加正相！"先是，桑維翰以元勳舊德爲樞密使，守貞位望素處其下，每憚之，與李彥韜、馮玉輩協力排斥，[10]維翰竟罷樞務。李崧事分疏遠，[11]守貞得以凌蔑。

[1]湯陰縣：縣名。治所在今河南湯陰縣。

[2]"開運二年春"至"詔守貞屯滑州"："虜主以全軍南下"，中華書局本沿《輯本舊史》作"契丹主以全軍南下"，有校勘記："'主'字原闕，據殿本、孔本補。《册府》卷三六〇敘其事作'虜主'。"但未改。此因清輯者忌諱而改，今據《宋本册府》卷三六〇《將帥部·立功門十三》回改。《輯本舊史》卷八三《晉少帝紀三》開運二年（945）正月甲寅條："詔李守貞屯滑州。"

[3]行營都監：官名。唐中葉命將出征，常以宦官爲監軍、都監。後爲臨時委任的統兵官，稱都監、兵馬都監。掌屯戍、邊防、訓練之政令。　以守貞爲北面行營都監：中華書局本有校勘記："'以'字原闕，據殿本、孔本、《册府》卷三六〇補。"見明本《册府》卷三六〇《將帥部·立功門十三》。

[4]"少帝再幸澶州"至"遂收軍而還"：《輯本舊史》卷八三開運二年二月戊寅條："北面行營副招討使馬全節、行營都監李守貞、右神武統軍張彥澤等以前軍先發。"同年三月乙巳條："杜威奏，與李守貞、馬全節、安審琦、皇甫遇部領大軍赴定州。"同月癸亥條："是日，東北風猛，揚塵折樹，契丹主坐車中謂衆曰：'漢軍盡來，只有此耳，今日並可生擒，然後平定天下。'令下馬拔鹿角，飛矢雨集。軍士大呼曰：'招討使何不用軍，而令軍士虛死！'諸將咸請擊之，杜威曰：'俟風勢稍慢，觀其進退。'守貞曰：'此風助我也，彼衆我寡，黑風之內，莫測多少，若俟風止，我輩無噍類矣。'即呼諸軍齊力擊賊，張彥澤、符彥卿、皇甫遇等率騎奮擊，

風勢尤猛，沙塵如夜，敵遂大敗。時步騎齊進，追襲二十餘里，至陽城東，賊軍稍稍成列，我騎復擊之，乃渡河而去。守貞曰：'今日危急極矣，幸諸君奮命，吾事獲濟。兩日以來，人馬渴乏，今喫水之後，脚重難行，速宜收軍定州，保全而還，上策也。'由是諸將整衆而還。"《新五代史》卷五二《李守貞傳》："晋兵素驕，而守貞、重威爲將皆無節制，行營所至，居民蓁圍一空。至於草木皆盡。其始發軍也，有賜賚，曰'掛甲錢'，及班師，又加賞勞，曰'卸甲錢'，出入之費，常不下三十萬。由此晋之公私重困。"

[5]衡水：縣名。治所在今河北衡水市。

[6]趙思英：人名。籍貫不詳。本書僅此一見。中華書局本有校勘記："'趙思英'，本書卷八四《晋少帝紀四》作'趙思恭'，疑'英'爲'恭'之訛。按'趙思恭'係避後晋石敬瑭諱改。《宋史》卷二六一《郭瓊傳》敘其事作'趙思'，避宋諱省'敬'字，其原名疑作'趙思敬'。"

[7]意頗觖望：《輯本舊史》卷八三《晋少帝紀三》開運二年四月庚辰條："兗州節度使兼侍衛都虞候李守貞移鎮宋州。"同年九月戊申條："詔李守貞率兵屯澶州。"卷八四《晋少帝紀四》開運三年正月己酉條："詔侍衛親軍副都指揮使李守貞率師巡撫北邊。"同年四月辛酉條："李守貞自北班師到闕。"《宋本册府》卷一八〇《帝王部·濫賞門》晋少帝開運三年條："詔：'宋州節度使李守貞，近以援送軍儲，殺戮蕃賊，繼聞克捷，宜示頒宣護聖、奉國、興順、宗順、興國諸軍都指揮使，各絹十匹，餘自都虞候至散卒七匹至一匹，其隨行人員與諸州本城將士，亦有等第賜賚。'史官曰：'昔衛青、霍去病深入虜磧，以斬首加級，用爲定規。故謂首爲級，此其義也。守貞前引大軍，往取瀛州境，獲一刺史以退。此時言攻幽薊，賴張彥澤勒蕃校而回。徵師五萬，運糧千里，行扈所過，蓁圍一空，將吏醉飽，百草皆除，遂使河北生民，無措足之所。而又軍去有賜，謂之挂甲錢，來則賞之，謂之卸甲錢，或微有立功名目，皆次第優給緡帛，動計三十萬數，國力其何以濟！良可痛矣，

良可駭矣！’”

[8]李崧：人名。深州饒陽（今河北饒陽縣）人。五代大臣。傳見本書卷一〇八、《新五代史》卷五七。　侍中：官名。秦始置。隋、唐前期爲門下省長官。唐後期多爲大臣加銜，不參與政務，實際職務由門下侍郎執行。正二品。

[9]樞密使直學士：官名。五代後唐莊宗同光元年（923），改直崇政院置，選有政術文學者充任。備顧問應對。　殷鵬：人名。魏州大名（今河北大名縣）人。五代後晉大臣。傳見本書卷八九。

　守貞謂樞密使直學士殷鵬曰：中華書局本有校勘記：“‘謂’原作‘爲’，據殿本、劉本、彭校改。”

[10]李彥韜：人名。太原（今山西太原市）人。五代後晉出帝寵臣。與宦官近臣相勾結，排擠文臣。傳見本書卷八八。　馮玉：人名。定州（今河北定州市）人。五代後晉外戚、宰相。傳見本書卷八九、《新五代史》卷五六。

[11]李崧事分疏遠：中華書局本有校勘記：“‘事’，殿本、劉本作‘勢’。”

　　其年夏，契丹寇邊，以守貞爲北面行營都部署。[1]少帝開曲宴於內殿，以寵其行，教坊伶人獻語云：[2]“天子不須憂北寇，守貞面上管幽州。”既罷，守貞有自負之色，以其言誇詫於外。[3]既而率兵至定州北，[4]與契丹偏師遇，斬其將解里而還。[5]九月，加兼侍中。[6]會契丹遣瀛州刺史僞降於少帝，請發大軍應接，朝廷信之。十月，詔杜重威爲北面行營招討使，以守貞爲兵馬都監，[7]知幽州行府事。先是，守貞領兵再由鄴都，杜重威厚加贈遺，曲意承迎，守貞悅之，每於帝前稱舉，請委征討之柄。至是，守貞、重威等會兵於鄴，遂趨瀛

州，瀛州不應。貝州節度使梁漢璋爲蕃將高牟翰所
敗，[8]死之，王師遂還。師至深州，[9]聞契丹大至，乃西
趨鎮州，至滹沱之中渡，與敵相遇。官軍營於滹水之
南，未幾，敵騎潛渡至欒城，斷我糧路，尋則王清戰
死，杜重威遂與守貞歸命契丹，[10]授守貞司徒，[11]依前
鄆州節度使，從契丹至汴。時京輦之下，契丹充斥，都
人士庶，若在塗炭。二帥出入揚揚，市人詬之，略無慚
色。有頃，河北及京東草寇大起，澶州浮橋爲群賊所
斷，契丹主甚恐，乃命諸帥各歸本鎮，守貞遂赴汝
陽。[12]高祖入汴，守貞懼而來朝，授守貞太保，[13]移鎮
河中。[14]居無何，高祖晏駕，杜重威被誅，守貞愈不自
安，乃潛畜異計。

[1]以守貞爲北面行營都部署：《輯本舊史》卷八四《晋少帝
紀四》開運三年（946）六月壬午條："詔李守貞爲北面行營都
部署。"

[2]伶人：古代樂人。《國語·周語下》："鐘成，伶人告和。"
韋昭注："伶人，樂人也。"

[3]"既罷"至"以其言誇詫於外"：《通鑑》卷二八五開運三
年六月乙丑條："時馬軍都指揮使、鎮安節度使李彦韜方用事，視
守貞蔑如也。守貞在外所爲，事無大小，彦韜必知之，守貞外雖敬
奉而内恨之。"

[4]定州：州名。治所在今河北定州市。

[5]解里：人名。即耶律解里。《遼史·太宗紀》作"解里
德"。契丹突吕不部人。遼國將領。傳見《遼史》卷七六。 "既
而率兵至定州北"至"斬其將解里而還"：《輯本舊史》卷八四
《晋少帝紀四》開運三年八月庚申條："李守貞、皇甫遇駐軍定州。"

同月癸亥條：“李守貞奏，大軍至望都縣，相次至長城北，遇敵千餘騎，轉鬭四十里，斬蕃將解里相公。”《宋本册府》卷三六〇《將帥部·立功門十三》：“軍到長城北二十里，與蕃賊千餘騎相遇，轉鬭行四十里，悉驅擁入河，斫得首領解里相公首級。”

[6]加兼侍中：《輯本舊史》卷八四《晋少帝紀四》開運三年九月壬辰條：“鄆州節度使、侍衛親軍都指揮使李守貞加兼侍中。”卷八五《晋少帝紀五》開運三年十月辛未條：“以侍衛親軍都指揮使、鄆州節度使李守貞爲兵馬都監。”同年十一月丁酉條：“詔李守貞知幽州行府事。”

[7]兵馬都監：官名。唐代中葉命將出征，常以宦官爲監軍、都監。後爲臨時委任的統兵官，稱都監、兵馬都監。掌屯戍、邊防、訓練之政令。

[8]貝州：州名。治所在今河北清河縣。　高牟翰：人名。《遼史》作“高模翰”。渤海族人。遼朝將領。傳見《遼史》卷七六。　貝州節度使梁漢璋爲蕃將高牟翰所敗：《輯本舊史》之影庫本粘籤：“梁漢璋，原本作‘瀚漳’，今從《歐陽史》改正。”見《新五代史》卷七二《四夷附録一》。中華書局本有校勘記：“‘高牟翰’，原作‘高牟輪’，據殿本、劉本、邵本校、彭校、本書卷一三七《契丹傳》改。影庫本批校：‘高牟輪’，‘輪’字當是‘翰’之訛。”亦見《輯本舊史》卷九五《梁漢璋傳》。

[9]深州：州名。治所在今河北深州市。

[10]杜重威遂與守貞歸命契丹：《輯本舊史》卷八五《晋少帝紀五》開運三年十二月壬申條：“始聞杜威、李守貞以此月十日率諸軍降於契丹。”此月丁巳朔，十日爲丙寅日。

[11]司徒：官名。與太尉、司空並爲三公。司徒一職，最早見於《尚書·堯典》，堯設九官，其一爲司徒。漢改丞相爲大司徒。隋、唐與太尉、司空並爲三公。唐後期、五代多爲大臣、勳貴加官。正一品。

[12]汶陽：古地名。位於今山東泰安市一帶。

[13]太保：官名。與太師、太傅並爲三師。唐後期、五代多爲大臣、勳貴加官。正一品。

[14]河中：方鎮名。治所在河中府（今山西永濟市）。　授守貞太保，移鎮河中：《輯本舊史》卷一〇〇《漢高祖紀下》天福十二年（947）七月丙申條："以鄆州節度使、檢校太師、兼侍中李守貞爲河中節度使，加兼中書令。"

乾祐元年三月，[1]先致書於權臣，布求保證，而完城郭，繕甲兵，晝夜不息。守貞以漢室新造，嗣君纔立，自謂舉無遺策。[2]又有僧總倫者，[3]以占術干守貞，謂守貞有人君之位。[4]未幾，趙思綰以京兆叛，[5]遣使奉表送御衣於守貞，守貞自謂天時人事合符於己，乃潛結草賊，令所在竊發，遣兵據潼關。[6]朝廷命白文珂、常思等領兵問罪，[7]復遣樞密使郭威西征。[8]官軍初至，守貞以諸軍多曾隸於麾下，自謂素得軍情，坐俟叩城迎己，及軍士詬譟，大失所望。[9]俄而王景崇據岐下，[10]與趙思綰遣使推奉，守貞乃自號秦王，思綰、景崇皆受守貞署置。又遣人齎蠟彈於吳、蜀、契丹，以求應援。[11]既而城中糧盡，殺人爲食，召總倫詰其休咎，總倫至曰："王自有天分，人不能奪。然分野災變，俟磨滅將盡，存留一人一騎，即王鵲起之際也。"守貞深以爲信。洎攻城，守貞欲發石以拒外軍，礮竿子不可得，無何，上游汎一筏至，其木悉可爲礮竿，守貞以爲神助。又嘗因宴會將佐，守貞執弧矢，遙指一虎舐掌圖曰："我若有非常之事，當中虎舌。"引弓一發中之，左右拜賀，守貞亦自負焉。[12]

[1]乾祐：五代後漢高祖劉知遠年號（948）。隱帝劉承祐沿用至乾祐三年（950）。北漢亦用此年號。

[2]"守貞以漢室新造"至"自謂舉無遺策"：《輯本舊史》卷一〇一《漢隱帝紀上》乾祐元年（948）三月庚申條："河中節度使、檢校太師、兼中書令李守貞加守太傅，進封魯國公。"《通鑑》卷二八八乾祐元年三月丁丑條："（守貞）自以晋世嘗爲上將，有戰功，素好施，得士卒心。"

[3]總倫：人名。籍貫不詳。五代後晋、後漢時僧人，李守貞門下客。事見《新五代史》卷五二、《通鑑》卷二八八。

[4]"又有僧總倫者"至"謂守貞有人君之位"：《舊五代史考異》："《通鑑》云：浚儀人趙修己，素善術數，自守貞鎮滑州，署司户參軍，累從移鎮。爲守貞言：'時命不可妄動。'前後切諫非一，守貞不聽，乃稱疾歸里。"見《通鑑》卷二八八乾祐元年三月丁丑條。

[5]京兆：府名。治所在今陝西西安市。

[6]潼關：關隘名。位於今陝西潼關縣。　"未幾"至"遣兵據潼關"："乃潛結草賊"，中華書局本沿《輯本舊史》作"乃潛給草賊"，有校勘記："'給'，殿本、劉本、彭本作'結'。"但未改。今改。《舊五代史考異》："《宋史·王繼勳傳》：李守貞之叛，令繼勳據潼關，爲郭從義所破。"見《宋史》卷二七四。《輯本舊史》卷一〇一乾祐三年三月丁丑條："西道諸州奏，河中李守貞謀叛，發兵據潼關。"同年四月辛卯條："削奪李守貞在身官爵。"

[7]白文珂：人名。太原（今山西太原市）人。五代後唐至後周將領。傳見本書卷一二四。　常思：人名。太原（今山西太原市）人。五代將領。傳見本書卷一二九、《新五代史》卷四九。

[8]朝廷命白文珂、常思等領兵問罪，復遣樞密使郭威西征：《輯本舊史》卷一〇一乾祐元年八月壬午條："命樞密使郭威赴河中府軍前，詔河中、永興、鳳翔行營諸軍，一稟威節制。時李守貞、王景崇、趙思綰連衡作叛，朝廷雖命白文珂、常思攻討河中，物議

以二帥非守貞之敵，中外憂之，及是命之降，人情大懊。"《新五代史》卷五二《李守貞傳》："諸將皆請先擊思綰、景崇，威計未知所向，行至華州，節度使扈彥珂謂威曰：'三叛連衡，以守貞爲主。守貞先敗，則思綰、景崇可傳聲而破矣。若舍近圖遠，使守貞出兵于後，思綰、景崇拒戰于前，則漢兵屈矣。'威以爲然，遂先擊守貞。"

［9］"官軍初至"至"大失所望"：《舊五代史考異》："《宋史·馬全義傳》：李守貞鎮河中，召置帳下。及守貞叛，周主討之，全義每率敢死士，夜出攻周祖壘，多所殺傷。守貞貪而無謀，性多忌刻，全義累爲畫策，皆不能用。"此《考異》中華書局本有校勘記："'李守貞鎮河中'，'河中'原作'河東'，據殿本、劉本、《宋史》卷二七八《馬全義傳》改。"《通鑑》卷二八八乾祐元年八月壬午條："威將行，問策於太師馮道。道曰：'守貞自謂舊將，爲士卒所附，願公勿愛官物，以賜士卒，則奪其所恃矣。'威從之。由是衆心始附於威。"

［10］王景崇：人名。邢州（今河北邢臺市）人。五代後漢時升任鳳翔節度使。傳見本書附錄、《新五代史》卷五三。　岐下：地名。此指鳳翔。治所在今陝西鳳翔縣。

［11］"俄而王景崇據岐下"至"以求應援"：《舊五代史考異》："馬令《南唐書·朱元傳》：守貞以河中反，漢命周太祖討之，元與李平奉守貞表來乞師，未復而守貞敗。"見《南唐書》卷一二。

［12］"既而城中糧盡"至"守貞亦自負焉"：《舊五代史考異》："《宋史·吳虔裕傳》：周祖討三叛，以虔裕爲河中行營都監，率護聖諸軍五千以往。李守貞出兵五千餘，設梯橋，分五路于長連城西北以禦周祖。周祖令虔裕率大軍橫擊之，蒲人敗守，奪其梯橋，殺傷大半。"此《考異》中華書局本有校勘記："'蒲人敗走'，'走'原作'守'，據《宋史》卷二七一《吳虔裕傳》改。"

　　及周光遜以西砦降,[1]其勢益窘，人情離散。[2]官軍攻城愈急，守貞乃潛於衙署多積薪芻，爲自焚之計。二年七月，城陷，舉家蹈火而死。[3]王師入城，於煙中獲其屍，斷其首函之，并獲數子二女，與其黨俱獻於闕下。隱帝御明德樓受俘馘,[4]宣露布,[5]百僚稱賀。禮畢，以俘馘徇於都城，守貞首級梟於南市，諸子并賊黨孫愿、劉芮、張延嗣、劉仁裕、僧總倫、靖琮、張球、王廷秀、焦文傑、安在欽等並磔於西市,[6]餘皆斬之。《永樂大典》卷一萬三百九十。[7]

　　[1]周光遜：人名。籍貫不詳。事見本書卷一〇二、本卷及卷一一〇。《輯本舊史》之影庫本粘籤：“周光遜，原本作‘況遜’，今從《通鑑》改正。”見《通鑑》卷二八八乾祐二年五月壬子條。

　　[2]“及周光遜以西砦降”至“人情離散”：明本《册府》卷一二六《帝王部・納降門》周太祖條：“（乾祐二年）五月九日，賊河西水砦主周光遜以砦及將校兵士一千一百三十二來降。賊南面都監王仁岳之下十六人、指揮使石公進、草賊都頭惡長官聶知遇、王三鐵之下十六人，副兵馬使軍頭十將、長行共一千四十七人，賊火城內，乘船投來。都頭劉瓊、安建武之下三十七人並來奔。十日，太祖率騎部領降將周光遜等兵士三千人入長連城以徇，尋有賊職員八人來奔。其夜又賊將胡進超已下三百餘人歸。”

　　[3]“官軍攻城愈急”至“舉家蹈火而死”：《新五代史》卷一一《周本紀》：“威至河中，自柵其城東，思柵其南，文珂柵其西。調五縣丁二萬人築連壘，以護三柵。諸將皆謂守貞窮寇，破在旦夕，不宜勞人如此。威不聽。已而，守貞數出兵，擊壞連壘，威輒補之。守貞輒復出擊，每出必有亡失。久之，城中兵食俱盡。威曰：‘可矣。’乃治攻具，爲期日，四面攻之，破其羅城。”“舉家蹈火”之説

與下文"諸子并賊黨并磔於西市"矛盾。《輯本舊史》卷一〇二《漢隱帝紀中》乾祐二年（949）七月甲子條："樞密使郭威奏，收復河中府，逆賊李守貞自燔而死。"《新五代史》卷五二《李守貞傳》謂"守貞與妻子自焚"。《通鑑》卷二八八乾祐二年七月壬戌條："李守貞與妻及子崇勳等自焚，威入城，獲其子崇玉等及所署丞相靖琮、孫愿、樞密使劉芮、國師總倫等，送大梁，磔於市。"

[4]隱帝：即五代後漢隱帝劉承祐。後漢高祖劉知遠次子。948年至950年在位。紀見本書卷一〇一至卷一〇三、《新五代史》卷一〇。　明德樓：城樓名。位於今河南開封市。

[5]露布：亦稱"露板""露版"。不加緘封的檄文、捷報或其他文書。

[6]孫愿、劉芮、張延嗣、劉仁裕、靖琮、張球、王廷秀、焦文傑、安在欽：皆人名。本書僅此一見。"靖琮"，中華書局本有校勘記："《册府》卷八、《通鑑》卷二八八作'靖崟'。"見《通鑑》卷二八八乾祐二年七月壬戌條、明本《册府》卷八《帝王部·創業門四》。《宋本册府》該卷殘闕，但部分文字可辨識。"劉仁裕"，《册府》作"劉仁祐"；"張延嗣"，《册府》作"張延朗"。

[7]《大典》卷一〇三九〇"李"字韻"姓氏（三五）"事目。《輯本舊史》於此後錄《五代史闕文》："符后先適河中節度使李守貞之子崇訓。守貞嘗得術士，善聽聲，知人貴賤，守貞舉族悉令術士聽之，獨言后大富貴，當母儀天下。守貞信之，因曰：'吾婦尚爲皇后，吾可知也。'遂謀叛。及城陷，后獨免。周祖爲世宗娶之，顯德中，册爲后。臣以謂術士之言，蓋亦有時而中，人君之位，安可無望而求，公侯其誡之。"

趙思綰

趙思綰，魏府人也。[1]唐同光末，[2]趙在禮之據魏城也，[3]思縮隸于帳下，累從之。在禮卒，趙延壽籍其部曲，[4]盡付於其長子贊，[5]思縮即其首領也。高祖定河洛，趙贊自河中移京兆尹。趙贊以久事契丹，常慮國家終不能容，乃與鳳翔侯益謀，[6]引蜀兵爲援，又令判官李恕入朝請覲，[7]趙贊不待報赴闕，留思縮等數百人在京兆。會高祖遣王景崇等西赴鳳翔，行次京兆，時思縮等數百人在焉。思縮等比是趙在禮御士，本不刺面，景崇、齊藏珍既至京兆，[8]欲令文面，以防逋逸。景崇微露風旨，思縮屬聲先請自刺，以率其下，景崇壯之。藏珍竊言曰：“思縮麤暴難制，不如殺之。”景崇不聽，但率之同赴鳳翔。

[1]魏府：地名。即魏州，唐、五代方鎮魏博軍的治所。位於今河北大名縣。

[2]同光：五代後唐莊宗李存勗年號（923—926）。

[3]趙在禮：人名。涿州（今河北涿州市）人。五代後唐、後晋將領。傳見本書卷九〇、《新五代史》卷四六。

[4]趙延壽：人名。本姓劉，恒山（今河北正定縣）人。五代後唐明宗李嗣源女婿，後降契丹，引導契丹攻滅後晋。傳見《遼史》卷七六。

[5]贊：人名。即趙贊。幽州薊（今北京市）人。五代後唐、遼朝將領趙延壽之子。五代後唐至宋初將領。傳見《宋史》卷二五四。　盡付於其長子贊：中華書局本有校勘記：“‘長子’，殿本、孔本作‘子’。”《通鑑》卷二八七乾祐元年（948）正月條作“匡贊”，蓋入宋後避宋太祖趙匡胤之諱去“匡”字。

[6]鳳翔：方鎮名。治所在鳳翔府（今陝西鳳翔縣）。

[7]判官：官名。唐末、五代藩鎮僚佐，位行軍司馬下。　李

恕：人名。籍貫不詳。五代官員。事見《宋史》卷二五四。

[8]齊藏珍：人名。籍貫不詳。五代後漢、後周將領。傳見本
書卷一二九。

　　朝廷聞之，遣供奉官王益部署思綰等赴闕。[1]思綰
既發，行至途中，謂其黨常彥卿曰：[2]“小太尉已入佗
手，吾輩至，則併死矣。”小太尉蓋謂趙贊也。彥卿曰：
“臨機制變，子勿復言！”既行，至永興，[3]副使安友規、
巡檢使喬守温出迎，[4]于郊外離亭置酒。思綰前曰：“部
下軍士已在城東安下，緣家屬在城，欲各將家今夜便宿
城東。”守温等然之。思綰等辭去，與部下並無兵仗，
纔入西門，有州校坐門側，思綰遽奪其佩劍，即斬之。
其衆持白梃殺守門軍士十餘人，分衆守捉諸門。思綰劫
庫兵以授之，遂據其城，時乾祐元年三月二十四日
也。[5]翌日，集城中丁壯得四千餘人，濬池隍，修樓櫓，
旬浹之間，戰守皆備。尋遣人送款于河中，李守貞遣使
齎僞詔授思綰晉昌軍節度使、檢校太尉。[6]朝廷聞之，
命郭從義、王峻帥師伐之。[7]及攻其城，王師傷者甚衆，
乃以長塹圍之，經年糧盡，遂殺人充食。思綰嘗對衆取
人膽以酒吞之，告衆曰：“吞此至一千，即膽氣無
敵矣。”[8]

　　[1]供奉官：官名。泛指侍奉皇帝左右的臣僚，亦爲東、西頭
供奉官通稱。　　王益：人名。籍貫不詳。五代後漢供奉官。事見本
書卷一〇一、卷一〇二。

　　[2]常彥卿：人名。籍貫不詳。五代後漢將領。事見本書

卷一〇二。

[3]永興：方鎮名。治所在京兆府（今陝西西安市）。

[4]安友規：人名。籍貫不詳。五代後漢將領。事見本書卷七六、卷一〇三。　巡檢使：官名。五代始置設於京師、陪都、重要的州及邊防重鎮。　喬守溫：人名。籍貫不詳。五代後漢地方武官。事見本書卷一〇二。

[5]時乾祐元年三月二十四日也：《輯本舊史》卷一〇一《漢隱帝紀上》乾祐元年（948）四月壬午條：“時供奉官時知化、王益，自鳳翔部署前永興節度使趙贊部下牙兵趙思綰等三百餘人赴闕，三月二十四日，行次永興，思綰等作亂，突入府城，據城以叛，故命從義帥師以討之。”此句《輯本舊史》有原輯者案語：“《歐陽史》云：四月壬午，永興軍將趙思綰叛附于李守貞。案《薛史》，趙思綰據城叛，自在三月，非四月事。又思綰先據城叛，後附于李守貞。《歐陽史》先書李守貞反，後書思綰叛，亦誤也。《通鑑》從《薛史》。”《新五代史》卷五三《趙思綰傳》：“高祖遣王景崇至永興，與齊藏珍以兵迎回鶻，陰以西事屬之。景崇至永興，贊雖入朝，而其所召蜀兵已據子午谷，景崇用思綰兵擊走之。遂與思綰俱西。”

[6]晉昌軍：方鎮名。治所在京兆府（今陝西西安市）。五代後晉改永平軍置晉昌軍，後漢改爲永興軍。　檢校太尉：官名。爲散官或加官，以示恩寵，無實際執掌。　“翌日”至“檢校太尉”：《輯本舊史》卷一〇九《李守貞傳》：“趙思綰以京兆叛，遣使奉表送御衣於守貞，守貞自謂天時人事合符於己，乃潛結草賊，令所在竊發，遣兵據潼關……俄而王景崇據岐下，與趙思綰遣使推奉，守貞乃自號秦王，思綰、景崇皆受守貞署置。”

[7]郭從義：人名。沙陀部人。五代後唐至宋初將領。傳見《宋史》卷二五二。　王峻：人名。相州安陽（今河南安陽市）人。五代後漢、後周將領。傳見本書卷一三〇、《新五代史》卷五〇。

[8]"及攻其城"至"即膽氣無敵矣"：《舊五代史考異》：
"《太平廣記》：賊臣趙思綰自倡亂至敗，凡食人肝六十六，無不面
剖而膾之。"見《太平廣記》卷二六九。《通鑑》卷二八八乾祐二
年五月庚申條："及長安城中食盡，取婦女、幼稚爲軍糧，日計數
而給之，每犒軍，輒屠數百人，如羊豕法。"

　　二年夏，食既盡，思綰計無從出，時左驍衛上將軍
致仕李肅寓居城中，[1]因與判官程讓能同言于思綰曰：[2]
"太尉比與國家無嫌，但負罪懼誅，遂爲急計。今朝廷
三處用兵，一城未下，太尉若翻然效順，率先歸命，以
功補過，庶幾無患。若坐守窮城，端然待斃，則何貴於
智也。"[3]思綰然之，即令讓能爲章表，遣牙將劉成琦入
朝，[4]制授思綰華州留後、檢校太保，[5]以常彥卿爲虢州
刺史，遣内臣齎官告國信賜之。[6]既受命，遲留未發。
郭從義、王峻等籌之曰："狼子野心，終不可用，留之
必貽後悔耳！"既而從義、王峻等緩轡入城，陳列步騎
至牙署，遣人召思綰曰："太保登途，不暇出祖，對引
一杯，便申佛别。"思綰至則執之，遂斬于市，并族其
家。[7]思綰臨刑，市人争投瓦石以擊之，軍吏不能禁。
是日，并部下叛黨、新授虢州刺史常彥卿等五百餘人並
誅之。[8]籍思綰家財，得二十餘萬貫，入於官。[9]

　　[1]左驍衛上將軍：官名。唐置，掌宫禁宿衛。唐代十六衛之
一。從二品。　　李肅：人名。籍貫不詳。五代官員。事見本書卷
一〇、卷三四、卷七六、卷一〇〇、卷一一一。
　　[2]程讓能：人名。籍貫不詳。本書僅此一見。

[3]"二年夏"至"則何貴於智也"：《舊五代史考異》："《洛陽縉紳舊聞記》：太子少師李公肅，唐末西京留守，齊王以女妻之。趙思綰在永興時，使主赴闕。思綰主藍田副鎮，有罪已發。李公時爲環衛將兼雍耀三白渠使、雍耀莊宅使、節度副使，權軍府事，護而脫之，來謝于李公。公歸宅，夫人詰之曰：'趙思綰庸賤人，公何與免其過？又何必見之乎？'曰：'思綰雖賤類，審觀其狀貌，真亂臣賊子，恨未有朕迹，不能除去之也。'夫人曰：'既不能除去，何妨以小惠啗之，無使銜怨。'自後夫人密遣人令思綰之妻來參，厚以衣物賜之，前後與錢物甚多。及漢朝，公以上將軍告老歸雍。未久，思綰過雍，遂閉門據雍城叛，衣冠之族，遭塗炭者衆，公全家獲免。終以計勸思綰納款。"此《考異》中華書局本有校勘記："'雍耀莊宅使'，'耀'原作'輝'，據殿本、劉本、《洛陽縉紳舊聞記》卷二改；'既不能除去'，'除去'二字原闕，據殿本、劉本、《洛陽縉紳舊聞記》卷二補；'及漢朝'，'及'原作'乞'，據殿本、劉本、《洛陽縉紳舊聞記》卷二改。"《通鑑》卷二八八乾祐二年（948）五月乙丑條："初，思綰少時，求爲左驍衛上將軍致仕李肅僕，肅不納，曰：'是人目亂而語誕，他日必爲叛臣。'肅妻張氏，全義之女也，曰：'君今拒之，後且爲患。'乃厚以金帛遺之。及思綰據長安，肅閒居在城中，思綰數就見之，拜伏如故禮。肅曰：'是子亟來，且汙我。'欲自殺。妻曰：'曷若勸之歸國！'"《新五代史》卷五三《趙思綰傳》："（思綰）募人爲地道，將走蜀。"

[4]劉成琦：人名。籍貫不詳。本書僅此一見。《輯本舊史》卷一〇二《漢隱帝紀中》乾祐二年五月乙丑條、《宋本册府》卷一六六《帝王部·招懷門四》作"劉成"，《新五代史》卷五三作"劉筠"。

[5]華州：州名。治所在今陝西渭南市華州區。　檢校太保：官名。爲散官或加官，以示恩寵，無實際執掌。太保，與太師、太傅合稱三師。

　　[6]"思綰然之"至"遣内臣齎官告國信賜之"：《舊五代史考異》："《宋史·郭從義傳》作從義繫書矢上，射入城中，説思綰令降，與《薛史》異。"見《宋史》卷二五二。《輯本舊史》卷一〇二《漢隱帝紀中》乾祐二年五月乙丑條："永興趙思綰遣牙將劉成詣闕乞降，制授趙思綰華州節度留後、檢校太保，以永興城内都指揮使常彦卿爲虢州刺史。"

　　[7]"思綰至則執之"至"并族其家"：《舊五代史考異》："《東都事略·郭從義傳》云：'思綰困甚，從義遣人誘之，佯許以華州節鉞。思綰信之，遂開門送款，從義入城，思綰謁見，即遣武士執之，并其黨斬于市。是思綰本以誘降而伏誅，非以其既降復謀叛也。與《薛史》異。"見《東都事略》卷一九《郭從義傳》。《輯本舊史》卷一〇二《漢隱帝紀中》乾祐二年七月丁巳條："永興都部署郭從義奏：'新除華州留後趙思綰，自今月三日授華州留後，準詔赴任，三移行期，仍要鎧甲以給牙兵，及與之，竟不遵路。至九日夕，有部曲曹彦進告，思綰欲於十一日夜與同惡五百人奔南山入蜀。是日詰旦，再促上路，云俟夜進途。臣尋與王峻入城，分兵守四門，其趙思綰部下軍，各已執帶，遂至牙署，令趙思綰至則執之，與一行徒黨，並處置訖。'"

　　[8]新授虢州刺史常彦卿等五百餘人並誅之：《舊五代史考異》："《宋史·郭從義傳》作三百餘人。"見《宋史》卷二五二。《通鑑》卷二八八乾祐二年七月壬子條作"三百人"。

　　[9]"籍思綰家財"至"入於官"：《輯本舊史》之原輯者案語："《歐陽史》：思綰遲留不行，陰遣人入蜀，郭威命從義圖之。從義因入城召思綰，趣之上道，至則擒之。思綰問曰：'何以用刑?'告者曰：'立釘也。'思綰厲聲曰：'爲吾告郭公，吾死未足塞責，然釘磔之醜，壯夫所恥，幸少假之。'從義許之，父子俱斬於市。"

始思縮入城，丁口僅十餘萬，及開城，惟餘萬人而已，其餓斃之數可知矣。《永樂大典》卷一萬六千九百九十一。[1]

[1]《大典》卷一六九一"趙"字韻"姓氏（七）"事目。

舊五代史　卷一一〇

周書一

太祖紀第一

　　太祖聖神恭肅文武孝皇帝，姓郭氏，諱威，字仲文，邢州堯山人也。[1]或云本常氏之子，幼隨母適郭氏，故冒其姓焉。[2]高祖諱璟，廣順初，追尊爲睿和皇帝，廟號信祖，陵曰温陵；高祖妣張氏，追謚睿恭皇后。曾祖諱諶，漢贈太保，追尊爲明憲皇帝，廟號僖祖，陵曰齊陵；曾祖妣鄭國夫人申氏，追謚明孝皇后。祖諱藴，漢贈太傅，追尊爲翼順皇帝，廟號義祖，陵曰節陵；祖妣陳國夫人韓氏，追謚翼敬皇后。皇考諱簡，漢贈太師，追尊爲章肅皇帝，廟號慶祖，陵曰欽陵；皇妣燕國夫人王氏，追謚爲章德皇后。[3]后以唐天祐元年甲子歲七月二十八日，[4]生帝於堯山之舊宅。載誕之夕，赤光照室，有聲如爐炭之裂，星火四迸。

　　[1]邢州：州名。治所在今河北邢臺市。　堯山：縣名。治所

在今河北隆堯縣。　仲文：中華書局本有校勘記：“原作‘文仲’，據《永樂大典》卷八九八〇引《五代薛史》、《通曆》卷一五乙正。”見《通曆》卷一五周太祖條。《輯本舊史》卷一一〇至一一三收錄了全部《周太祖本紀》（卷一至卷四），全錄自《大典》卷八九八〇“周”字韻“五代周太祖（一）”事目。此卷《大典》現存，可知此卷以大部分篇幅收錄了《舊史》的全部《周太祖本紀》，而《輯本舊史》將其分爲四卷。本書此四卷之校勘記，凡僅言“見《大典》卷八九八〇引《五代薛史》”者，表明《輯本舊史》所錄《大典》文字無誤；言“《大典》卷八九八〇引《五代薛史》作某某，據改或據補”者，意義自明；當然，亦有《大典》卷八九八〇所錄《舊史》記事有誤，可由其他文獻證明其有誤而需改正者。又，《通曆》一書，其卷一二至卷一五，可信爲《舊史》之縮寫本，處理方式與《大典》卷八九八〇同。

　　[2]“或云本常氏之子”至“故冒其姓焉”：《輯本舊史》之案語：“案《五代會要》：周虢叔之後。”見《會要》卷一追謚皇帝條所載周朝追尊四廟。

　　[3]璟：即郭璟。郭威高祖。事見《新五代史》卷一一。　廣順：五代後周太祖郭威年號（951—953）。　張氏：郭威高祖母。事見《新五代史》卷一一。　諶：即郭諶。郭威曾祖。事見《新五代史》卷一一。　太保：官名。與太師、太傅並爲三師。唐後期、五代多爲大臣、勳貴加官。正一品。　申氏：郭威曾祖母。事見《新五代史》卷一一。　蘊：即郭蘊。郭威祖父。事見《新五代史》卷一一。　太傅：官名。三師之一。始設於周代。掌佐天子，理陰陽，經邦弘化。唐後期、五代多爲大臣、勳貴加官。正一品。　韓氏：郭威祖母。事見《新五代史》卷一一。　簡：人名。即郭簡。郭威父，事見《新五代史》卷一一。　太師：官名。與太傅、太保合稱三師，唐後期、五代多爲大臣、勳貴加官。正一品。

　　王氏：郭簡妻，郭威母。事見《新五代史》卷一一。　“高祖諱璟”至“追謚爲章德皇后”：《輯本舊史》之案語：“案《五代會要》：温陵、齊陵、節陵皆無陵所，遥申朝拜。"見《會要》卷一追諡皇帝條所載周朝追尊四廟。明本《册府》卷一《帝王部·帝系門》："初，唐咸通中，代北、徐方用兵伐叛，信祖、僖祖從戎師，接戰以勇敢知名。義祖事後唐武皇，爲帳中親信。乾寧中，從征澤、潞、邢、洺，累授河内馬步軍都虞候。武皇平安敬思，再定邢、洺，移授邢之軍職，因卜居堯山縣。武皇經啓霸圖，觀兵大鹵，劉仁恭陸梁燕薊，窺伺中原，梁氏蠶食兩河，尋戈不息。慶祖爲武皇内牙愛將，專掌親軍，指麾所行，無不景從，攻城野戰，勇爵崇高。天復中，武皇兵出居庸山北，尅捷，以慶祖爲順州刺史。"《新五代史》卷一一《周太祖本紀》："父簡，事晉爲順州刺史。"《新五代史》所言"晉"，乃指晉王（李克用），非後晉。

[4]天祐：唐昭宗李曄開始使用的年號，唐哀帝李柷沿用（904—907）。唐亡後，河東李克用、李存勗仍稱天祐，沿用至天祐二十年（923）。五代十國其他政權亦有行此年號者，如南吴、吴越等。

    帝生三歲，家徙太原。[1]居無何，皇考爲燕軍所陷，歿於王事。帝未及齠齔，章德太后蚤世，姨母楚國夫人韓氏提攜鞠養。[2]及長，形神魁壯，趣向奇崛，愛兵好勇，不事田産。天祐末，潞州節度使李嗣昭常山戰歿，子繼韜自稱留後，[3]南結梁朝，據城阻命，乃散金以募豪傑。帝時年十八，避吏壼關，[4]依故人常氏，遂往應募。帝負氣用剛，好鬭多力，繼韜奇之，或踰法犯禁，亦多假借焉。嘗遊上黨市，[5]有市屠壯健，衆所畏憚，帝以氣凌之，因醉命屠割肉，小不如意，叱之。屠者怒，坦腹謂帝曰："爾敢刺我否？"帝即剚其腹，市人執之屬吏，繼韜惜而逸之。其年，莊宗平梁，繼韜伏誅，麾下牙兵配從馬直，[6]帝在籍中，時年二十一。帝性聰敏，喜筆劄，及從軍旅，多閱簿書，軍志戎政，深窮紫肯，人皆服其敏。嘗省義兄李瓊，[7]瓊方讀《闉外春秋》，即取視之，曰："論兵也，兄其教我。"即授之，深通義理。[8]

[1]太原：府名。治所在今山西太原市。

[2]齠（tiáo）齔（chèn）：孩童、垂髫換齒之時。　蚤世：早早去世。"蚤"通"早"。　韓氏：人名。即郭威姨母。事見本書卷一一二。　鞠養：撫養。

[3]潞州：州名。治所在今山西長治市。　節度使：官名。唐時在重要地區所設掌握一州或數州軍政、民政、財政的長官。　李嗣昭：人名。汾州（今山西汾陽市）人。唐末、五代李克用義子、部將。傳見本書卷五二、《新五代史》卷三六。　常山：即鎮州，治所在今河北正定縣。　繼韜：人名。即李繼韜。汾州太谷（今山西太谷縣）人。後唐重臣李嗣昭子，囚長兄繼儔，迫莊宗任其爲安義軍兵馬留後。傳見《新五代史》卷三六《李嗣昭傳》。　留後：官名。原非正式命官，唐朝節度使入朝或宰相、親王遙領節度使不臨鎮則置。安史之亂後，節度使多以子弟或親信爲留後，以代行節度使職務，亦有軍士、叛將自立爲留後者。掌一州或數州軍政。北宋始爲朝廷正式命官。

[4]壺關：中華書局本有校勘記："原作'故關'，據《永樂大典》卷八九八〇引《五代薛史》、《通曆》卷一五改。按故關屬鎮州，壺關在潞州。《新五代史》卷一一《周本紀》：'威少孤，依潞州人常氏。'"壺關即壺口關，又名吾兒峪。在今山西黎城縣東北東陽關鎮。

[5]上黨：此潞州。治所在今山西長治市。

[6]莊宗：即李存勗。代北沙陀部人，後唐開國皇帝。紀見本

書卷二七至卷三四、《新五代史》卷四至卷五。　牙兵：五代時期藩鎮親兵。參見來可泓《五代十國牙兵制度初探》，《學術月刊》1995 年第 11 期。　從馬直：部隊番號。五代後唐皇帝親軍。後唐明宗李嗣源創置。其兵丁選自諸軍驍勇敢戰者，没有額定兵員。平時宿衛，戰時隨駕親征。

[7]李瓊：人名。幽州（今北京市）人。五代十國、宋初將領。傳見《宋史》卷二六一。　義兄李瓊：中華書局本有校勘記：“‘義兄’，原作‘昭義’，據《永樂大典》卷八九八〇引《五代薛史》、《通曆》卷一五改。按《宋史》卷二六一《李瓊傳》作‘爲兄弟’。”

[8]《闉外春秋》：書名。唐李筌撰。十卷。約取史文，記叙西周武王克殷至唐武德四年（621）擒竇建德，共一千七百餘年間軍事戰爭史迹概略。原書已佚。有敦煌卷子殘本。　“瓊方讀《闉外春秋》”至“深通義理”：《舊五代史考異》：“案《宋史·李瓊傳》：唐莊宗募勇士，即應募，與周祖等十人約爲兄弟。一日會飲，瓊熟視周祖，知非常人，因舉酒祝曰：‘凡我十人，龍蛇混合，異日富貴，無相忘。苟渝此言，神降之罰。’皆刺臂出血爲誓。周祖與瓊情好尤密，嘗造瓊，見其危坐讀書，因問所讀何書，瓊曰：‘此《闉外春秋》，所謂以正守國，以奇用兵，較存亡治亂，記賢愚成敗，皆在此也。’周祖令讀之，謂瓊曰：‘兄當教我。’自是周祖出入，常袖以自隨，遇暇輒讀，每問難，謂瓊爲師。”見《宋史》卷二六一《李瓊傳》。

天成初，明宗幸浚郊。[1]時朱守殷嬰城拒命，帝從晋高祖一軍率先登城。[2]晋祖領副侍衛，以帝長於書計，召置麾下，令掌軍籍，前後將臣，無不倚愛。初，聖穆皇后柴氏嬪于帝，[3]帝方匱乏，而后多資從。[4]帝常晝寝，[5]有小虵五色，出入顏鼻之間，[6]后遽見愕然。在太原時，有神尼與帝同姓，見帝，謂李瓊曰："我宗天上大仙，頂上有肉角，當爲世界主。"清泰末，晉祖起于河東，[7]時河陽節度使張彥琪爲侍衞馬軍都指揮使，[8]奉命北伐，帝從之，營於晉祠。[9]是時屋壞，同處數人俱斃，唯帝獨無所傷。漢高祖爲侍衞馬步都虞候，[10]召置左右。所居官舍之鄰吳氏，有青衣佳娘者，[11]爲山魈所魅，鬼能人言，而投瓦石，鄰伍無敢過吳氏之舍者。帝過之，其鬼寂然，帝去如故，如是者再。或謂鬼曰："爾既神，向者客來，又何寂然?"鬼曰："彼大人也。"[12]繇是軍中異之。范延光叛于魏，命楊光遠討之，[13]帝當行，意不願從。或謂帝曰："楊公當朝重勳，子不欲從，何也?"帝曰："楊公素無英雄氣，得我何用? 能用我，其劉公乎!"[14]漢祖累鎮藩閫，[15]皆從之。及鎮并門，[16]尤深待遇，出入帷幄，受腹心之寄，帝亦悉心竭力，知無不爲。及吐渾白可久叛入契丹，[17]帝勸漢祖誅白承福等五族，[18]得良馬數千匹、財貨百萬計，以資軍用。[19]

[1]天成：後唐明宗李嗣源年號（926—930）。　明宗：即五代後唐明宗李嗣源。沙陀部人。原名邈佶烈，李克用養子。926 年至 933 年在位。紀見本書卷三五至卷四四、《新五代史》卷六。浚郊：指開封市郊，因開封附近有浚水，故名。位於今河南開封市郊。

[2]朱守殷：人名。籍貫不詳。五代後唐將領。傳見本書卷七四、《新五代史》卷五一。　嬰城：繞城，環城。　晉高祖：即後晉高祖石敬瑭。五代後晉建立者。紀見本書卷七五至卷八〇、《新

五代史》卷八。

[3]柴氏：邢州堯山（今河北隆堯縣）人。後周太祖郭威皇后。傳見本書卷一二一、《新五代史》卷一九。　聖穆皇后柴氏嬪于帝：中華書局本有校勘記："'柴氏'二字原闕，據《永樂大典》卷八九八〇引《五代薛史》、《通曆》卷一五補。"

[4]帝方匱乏，而后多資從：《輯本舊史》之案語："案《東都事略》：柴后資周太祖以金帛，使事漢高祖。"見《東都事略》卷二一《張永德傳》。

[5]帝常晝寢：中華書局本有校勘記："'帝'字原闕，據《永樂大典》卷八九八〇引《五代薛史》、《通曆》卷一五補。按《冊府》卷二一云：'周太祖微時，常晝寢。'"見明本《冊府》卷二一《帝王部·徵應門》。

[6]顧鼻：《通曆》卷一五、明本《冊府》卷二一同，《大典》卷八九八〇引《五代薛史》作"顧鼻"，誤。

[7]河東：方鎮名。治所在太原（今山西太原市）。　晉祖：中華書局本有校勘記："'祖'字原闕，據《永樂大典》卷八九八〇引《五代薛史》、《通曆》卷一五補。"

[8]河陽：方鎮名。全稱"河陽三城"。治所在孟州（今河南孟州市）。　張彥琪：人名。籍貫不詳。五代藩鎮將領。事見本書卷四八。　侍衛馬軍都指揮使：官名。爲侍衛親軍馬軍司長官。後梁始置侍衛親軍，爲禁軍的一支，後唐沿置並成爲禁軍主力，下設馬軍、步軍。《大典》卷八九八〇引《五代薛史》作"侍衛步軍督指揮使"。中華書局本有校勘記："本書卷四八《唐末帝紀下》：'以忠正軍節度使、侍衛步軍都指揮使張彥琪爲河陽節度使，充侍衛馬軍都指揮使。''步軍'疑爲'馬軍'之訛。"然未改。《輯本舊史》卷四八《唐末帝紀下》清泰三年（936）五月乙未條載以張彥琪充侍衛馬軍都指揮使，以符彥饒充侍衛步軍都指揮使，今據改。

[9]晉祠：祠名。位於今山西太原市晉源區晉祠鎮。

[10]侍衛馬步都虞候：官名。五代侍衛親軍馬步軍統兵官，僅

次於馬步軍都指揮使、副都指揮使。

[11]佳娘：《通曆》卷一五、明本《册府》卷二一同，《大典》卷八九八〇引《五代薛史》作"住娘"。

[12]彼大人也：中華書局本有校勘記："'也'，原作'者'，據《永樂大典》卷八九八〇引《五代薛史》、《通曆》卷一五、《册府》卷二一改。"

[13]范延光：人名。相州臨漳（今河北臨漳縣）人。五代後唐、後晋將領。傳見本書卷九七、《新五代史》卷五一。　楊光遠：人名。沙陀部人。五代後唐、後晋將領。傳見本書卷九七、《新五代史》卷五一。

[14]劉公：人名，即劉知遠。太原（今山西太原市）人。其先西突厥沙陀部人。五代後唐、後晋將領，後漢高祖。紀見本書卷九九至卷一〇〇、《新五代史》卷一〇。

[15]漢祖：即劉知遠。

[16]并門：指并州。治所位於今山西太原市。

[17]吐渾：部族名。吐谷渾的省稱。源出鮮卑，後游牧於今甘肅、青海一帶。參見周偉洲《吐谷渾資料輯録》（增訂本），商務印書館 2017 年版。　白可久：人名。吐渾使者。事見《新五代史》卷七四。

[18]白承福：五代時北吐谷渾首領。吐谷渾族。後唐同光元年（923），被莊宗任爲寧朔、奉化兩府都督，賜姓名爲李紹魯。事見《新五代史》卷七四《四夷附録·吐渾》。

[19]以資軍用：中華書局本有校勘記："'用'字原闕，據《永樂大典》卷八九八〇引《五代薛史》補。"

　　開運末，契丹犯闕，晋帝北遷。[1]帝與蘇逢吉、楊邠、史弘肇等勸漢祖建號，[2]以副人望。漢高祖即位晋陽，時百度草創，四方猶梗，經綸締構，帝有力焉，授權樞密副使、檢校司徒。[3]漢高祖至汴，正授樞密副使、檢校太保。[4]乾祐元年春，漢高祖不豫，及大漸，帝與蘇逢吉等同受顧命。[5]隱帝嗣位，拜樞密使，加檢校太尉。[6]舊制，樞密使未加使相者，不宣麻制，至是宣之，自帝始也。[7]有頃，河中李守貞據城反，[8]朝廷憂之，諸大臣共議進取之計。史弘肇曰：“守貞，河陽一客司耳，竟何能爲？”帝曰：“守貞雖不習戎行，然善接英豪，得人死力，亦勍敵也，[9]宜審料之。”乃命白文珂、常思率兵攻取。[10]師未至，而趙思綰竊據永興，王景崇反狀亦露，朝廷遣郭從義、王峻討趙思綰。[11]七月，西面師徒大集，未果進取。其月十三日，制授帝同平章事，即遣西征，以安慰招撫爲名，詔西面諸軍，並取帝節度。時論以白文珂、常思非守貞之敵，聞帝西行，群情大愜。[12]八月六日，帝發離京師。[13]二十日，師至河中。[14]命白文珂營於河西，帝營於河東。不數日，周設長塹，復築長連城以迫之。[15]帝在軍，居常接賓客，與大將讌語，[16]即褒衣博帶，或遇巡城壘，對陣敵，幅巾短後，與衆無殊。臨矢石，冒鋒刃，必以身先，與士伍分甘共苦。稍立功効者，厚其賜與，微有傷痍者，親自循撫，[17]士無賢不肖，有所陳啓，溫顏以接之，[18]俾盡其情，人之過忤，未嘗介意，故君子小人皆思効用。守貞聞之，深以爲憂。十二月，帝以蜀軍屯大散關，即親率牙兵往鳳翔、永興相度。[19]將發，謂白文珂、劉詞曰：“困獸猶鬭，當謹備之。”[20]帝至華州，[21]聞蜀軍退敗，遂還。

[1]開運：後晉出帝石重貴年號（944—946）。　契丹：古部族、政權名。公元4世紀中葉宇文部爲前燕攻破，始分離而成單獨的部落，自號契丹。唐貞觀中，置松漠都督府，以其首領爲都督。唐末彊盛，916年迭剌部耶律阿保機建立契丹國（遼）。先後與五代、北宋並立，保大五年（1125）爲金所滅。參見張正明《契丹史略》，中華書局1979年版。　晋帝：即石重貴。沙陀部人。後晉高祖石敬瑭從子，後晉少帝。紀見本書卷八一至卷八五、《新五代史》卷九。

[2]蘇逢吉：人名。京兆長安（今陝西西安市）人。劉知遠爲河東節度時的屬官，後漢初任宰相。傳見本書卷一〇八、《新五代史》卷三〇。　楊邠：人名。魏州冠氏（今山東冠縣）人。後漢時任樞密使、宰相。傳見本書卷一〇七、《新五代史》卷三〇。史弘肇：人名。鄭州滎澤（今河南鄭州市）人。五代時後漢將領。傳見本書卷一〇七、《新五代史》卷三〇。

[3]晋陽：縣名。治所在今山西太原市。　樞密副使：官名。樞密院副長官。　檢校司徒：官名。爲散官或加官，以示恩寵加此官，無實際執掌。

[4]汴：州名。治所在今河南開封市。　檢校太保：官名。爲散官或加官，以示恩寵，無實際執掌。

[5]乾祐：後漢高祖劉知遠、隱帝劉承祐年號（948—950）。北漢亦用此年號。　不豫：婉稱帝王有病。　大漸：病危。　帝與蘇逢吉等同受顧命：中華書局本有校勘記：“‘帝’字原闕，據《永樂大典》卷一三四九七引《五代薛史》補。”見《大典》卷一三四九七“制”字韻“宣制”事目。

[6]隱帝：即後漢隱帝劉承祐。後漢高祖劉知遠次子。紀見本書卷一〇一至一〇三、《新五代史》卷一〇。　樞密使：官名。樞密院長官。唐代宗始以宦官掌機密，至昭宗時借朱温之力盡誅宦官，始改以士人任樞密使。備顧問，參謀議，出納詔奏，權侔宰相。參見李全德《唐宋變革期樞密院研究》，國家圖書館出版社

2009 年版。　檢校太尉：官名。爲散官或加官，以示恩寵，無實際執掌。太尉，與司徒、司空並爲三公。　　"隱帝嗣位"至"加檢校太尉"：《舊五代史考異》："案《東都事略·魏仁浦傳》：仁浦少爲刀筆吏，隸樞密院，太祖問以卒乘數，仁溥對曰：'帶甲者六萬。'太祖喜曰：'天下事不足憂也。'"見《東都事略》卷一八《魏仁浦傳》。《舊五代史考異》所引之《東都事略》，中華書局本有校勘記："仁浦，原作'仁溥'，據殿本、劉本、《東都事略》卷一八改。本卷下文同。"

[7]麻制：唐宋時期任命宰執大臣的詔書。因寫在麻紙上，故稱。

[8]河中：方鎮名。治所在河中府（今山西永濟市）。　李守貞：人名。河陽（今河南孟州市）人。五代將領。傳見本書卷一〇九、《新五代史》卷五二。

[9]亦劼敵也：中華書局本有校勘記："'也'字原闕，據《永樂大典》卷八九八〇引《五代薛史》補。"

[10]白文珂：人名。太原（今山西太原市）人。王章岳父，後漢隱帝時宰相。傳見本書卷一二四。　常思：人名。太原（今山西太原市）人。五代將領。傳見本書卷一二九、《新五代史》卷四九。

[11]趙思綰：人名。魏州（今河北大名縣）人。五代後漢叛將。傳見本書卷一〇九、《新五代史》卷五三。　永興：方鎮名。治所在京兆府（今陝西西安市）。　王景崇：人名。邢州（今河北邢臺市）人。五代後唐、後漢軍閥。傳見本書附録、《新五代史》卷五三。　郭從義：人名。沙陀部人。五代、宋初大臣。傳見《宋史》卷二五二。　王峻：人名。相州安陽（今河南安陽市）人。五代將領，後周時任樞密使兼宰相。傳見本書卷一三〇、《新五代史》卷五〇。　　"師未至"至"朝廷遣郭從義、王峻討趙思綰"：《輯本舊史》之孔本案語："案：《歐陽史》作三月，河中李守貞、永興趙思綰、鳳翔王景崇相次反。《薛史·漢隱帝紀》，思綰叛在四

月，景崇叛在七月，非三月事。《歐陽史》因三月守貞反而牽連書之耳。"見《新五代史》卷一一《周太祖本紀》乾祐元年（948）三月條。《輯本舊史》卷一〇一《漢隱帝紀上》乾祐元年四月壬午條載趙思綰叛在三月二十四日（癸酉）。

[12]同平章事：官名。"同中書門下平章事"之簡稱。唐高宗以後，凡實際任宰相之職者，常在其本官後加同平章事的職銜。後成爲宰相專稱。後晉天福五年（940），升中書門下平章事爲正二品。　"七月"至"群情大愜"：《新五代史》卷一一《周太祖本紀》："是歲三月，河中李守貞、永興趙思綰、鳳翔王景崇相次反，隱帝遣白文珂、郭從義、常思等分討之，久皆無功。隱帝謂威曰：'吾欲煩公可乎？'威對曰：'臣不敢請，亦不敢辭，惟陛下命。'乃加拜威同中書門下平章事，使西督諸將。"《舊五代史考異》："案《宋史・李穀傳》：周祖討河中，穀掌轉運。時周祖已有人望，潛貯異志，屢以諷穀，穀但對以人臣當盡節奉上而已。"見《宋史》卷二六二《李穀傳》。

[13]八月六日，帝發離京師：《通鑑》卷二八八乾祐元年八月壬午（六日）條《考異》："《薛史・周太祖紀》：'七月十三日，授同平章事，即遣西征，以安慰招撫爲名。八月六日發，離京師。'按《漢隱帝》《周太祖實錄》，七月，加平章事制詞無西征之言；至八月壬午，方受命出征。蓋《薛史》之誤。"

[14]二十日，師至河中：《舊五代史考異》："案：《五代春秋》作七月，郭威率師圍河中，據此紀則周太祖以八月六日始發京師，非七月即圍河中也。《薛史・漢隱帝紀》與此紀互異。《宋史・扈彥珂傳》：周祖爲樞密使，總兵出征，時議多以先討景崇、思綰爲便，周祖意未決。彥珂曰：'三叛連衡，推守貞爲主，宜先擊河中。河中平，則永興、鳳翔失勢矣。今捨近圖遠，若景崇、思綰逆戰于前，守貞兵其後，腹背受敵，爲之奈何？'周祖從其言。"《輯本舊史》卷一〇一《漢隱帝紀上》乾祐元年八月癸卯（二十七）條："郭威奏，今月二十三日（己亥），大軍已抵河府賊城，至二十六

日（壬寅），開長連塹畢，築長連城次。"《通鑑》卷二八八乾祐元年八月己亥條亦載郭威"己亥，至城下"，查《二十史朔閏表》，八月己亥即二十三日。《輯本舊史》於卷一一三《周太祖紀四》末引《五代史補》卷五高祖征李守貞條："高祖征李守貞，軍次河上，高祖慮其爭濟，臨岸而諭之未及坐，忽有羣鴉噪于上，高祖退十餘步。引弓將射之。矢未及發而岸崩，其壓裂之勢，在高祖足下。高祖棄弓顧羣鴉而笑曰：'得非天使汝驚動吾耶，如此則李守貞不足破矣。'於是三軍欣然，各懷鬭志矣。"

[15]"命白文珂營於河西"至"復築長連城以迫之"：中華書局本有校勘記："'迫'，原作'逼'，據殿本、孔本、《永樂大典》卷八九八〇引《五代薛史》、《通曆》卷一五改。"《新五代史》卷一一《周太祖本紀》："威至河中，自柵其城東，（常）思柵其南，（白）文珂柵其西，調五縣丁二萬人築連壘以護三柵。諸將皆謂守貞窮寇，破在旦夕，不宜勞人如此，威不聽。已而守貞數出兵擊壞連壘，威輒補之，守貞輒復出擊，每出必有亡失。"

[16]讌語：親密交談或閑談。

[17]親自循撫：中華書局本有校勘記："'自'，原作'爲'，據《永樂大典》卷八九八〇引《五代薛史》、《通曆》卷一五改。"

[18]溫顏以接之：中華書局本有校勘記："'之'字原闕，據《永樂大典》卷八九八〇引《五代薛史》、《通曆》卷一五補。"

[19]大散關：關隘名。位於今陝西寶雞市大散嶺上。　鳳翔：方鎮名。治所在鳳翔府（今陝西鳳翔縣）。

[20]劉詞：人名。元城（今河北大名縣）人。五代將領。傳見本書卷一二四、《新五代史》卷五〇。

[21]華州：州名。治所在今陝西渭南市華州區。

　　二年正月五日夜，李守貞遣將王三鐵領千餘人，夜突河西砦，果爲劉詞等力戰敗之。[1]先是，軍中禁酒，帝有愛將李審犯令，[2]斬之以徇。五月九日，攻河西，砦主周光遜以砦及部衆千餘人來降。[3]十七日，下令攻城，會西北大風，揚沙晦暝，帝令禱河伯祠，[4]奠訖而風止，自是晝夜攻之。七月十三日，帝率三砦將士奪賊羅城。二十一日，城陷，守貞舉家自焚而死。[5]帝前夢河神告曰：“七月下旬，上帝當滅守貞之族。”至是收復賊壘。城中人言，見帝營上有紫氣，如樓閣華蓋之狀。八月五日，帝自河中班師，其月二十七日入朝。漢帝命升階撫勞，酌御酒以賜之，錫賚優厚。翌日，漢帝議賞勳，欲兼方鎮，帝辭之，乃止。帝以出征時廳子都七十三人，具籍獻之。九月五日，制加檢校太師、兼侍中。[6]十月，契丹入寇，前鋒至邢、洺、貝、魏，河北告急，[7]帝受詔率師赴北邊，以宣徽南院使王峻爲監軍。[8]其月十九日，帝至邢州，遣王峻前軍趨鎮、定。[9]時虜已退，[10]帝大閱，欲臨寇境，詔止之。

[1]王三鐵：人名。即王繼勳。陝州平陸（今山西平陸縣）人。後周、北宋初將領。繼勳有武勇，在軍陣常用鐵鞭、鐵槊、鐵撾，軍中目爲“王三鐵”。傳見《宋史》卷二七四。　“二年正月五日夜”至“果爲劉詞等力戰敗之”：《輯本舊史》卷一〇二《漢隱帝紀中》乾祐二年（949）正月乙卯（十一）條載此事在四日（戊申）夜。《通鑑》卷二八八乾祐二年正月戊申條同。“夜突河西砦”，《輯本舊史》之影庫本粘籤：“河西，原本作‘江西’，今從《通鑑》改正。”見《通鑑》卷二八八乾祐二年正月戊申條，亦見通曆卷一五。《大典》卷八九八〇引《五代薛史》本作“河西”。

[2]李審：人名。籍貫不詳。郭威部下。本書僅此一見。

[3]周光遜：人名。籍貫不詳。事見本書卷一〇二、卷一〇九、

卷一〇〇。　五月九日，攻河西，砦主周光遜以砦及部衆千餘人來降：中華書局本有校勘記："'攻'，《册府》卷一二六作'賊'，按本書卷一〇二《漢隱帝紀中》：'河中節度副使周光遜棄賊河西寨，與將士一千一百三十人來奔。''主'，原作'賊將'，據殿本、孔本、《永樂大典》卷八九八〇引《五代薛史》、《通曆》卷一五、《册府》卷一二六改。"見明本《册府》卷一二六《帝王部·納降門》。"攻河西"，《大典》卷八九八〇引《五代薛史》、《通曆》卷一五作"敗河西"。

[4]河伯祠：祠堂名。位於今山西大寧縣西馬鬥關。

[5]二十一日，城陷，守貞舉家自焚而死：《舊五代史考異》："案《歐陽史·周本紀》云：守貞與妻子自焚死，思綰、景崇相次降。今考《薛史·漢紀》，五月乙丑，趙思綰乞降。七月甲子，郭威奏收復河中，守貞自燔死。是思綰之降在守貞自焚之前也。又云：三年正月，趙暉奏，收復鳳翔，王景崇自燔死。是景崇未嘗降也。《歐陽史·漢本紀》亦先載趙思綰降，後書克河中。《王景崇傳》亦作景崇自燔死。紀傳前後自相矛盾，當以《薛史》爲得其實。案《東都事略·王溥傳》：三叛既平，朝士及藩鎮嘗以書往來，詞意涉于悖逆者，太祖籍其名，欲按之。溥諫曰：'魑魅伺夜而出，日月既照，則氛沴消矣。請焚之，以安反側。'太祖從之。"見《新五代史》卷一一《周太祖本紀》、卷一〇《漢隱帝紀》乾祐二年七月甲子條、卷五三《王景崇傳》，《東都事略》卷一八《王溥傳》。《輯本舊史》卷一〇二《漢隱帝紀中》乾祐二年（949）七月甲子條："樞密使郭威奏，收復河中府，逆賊李守貞自燔而死。"

[6]廳子都：軍隊的編制單位。唐末、五代之際，軍隊中已有都的編制。諸藩鎮所設特種兵和牙兵中就有雁子都、落燕都、廳子都等名。五代時成爲指揮以下的軍事編制。　檢校太師：官名。爲散官或加官，以示恩寵，無實際執掌。太師，與太傅、太保並爲三師。　侍中：官名。秦始置。隋、唐前期爲門下省長官。唐後期多爲大臣加銜，不參與政務，實際職務由門下侍郎執行。正二品。

"八月五日"至"制加檢校太師、兼侍中"："八月五日"前，《輯本舊史》原有"二年"二字，因此前已有正月五日等多條記事，故刪。中華書局本沿《輯本舊史》未刪。《新五代史》卷一一一《周太祖本紀》："隱帝勞威以玉帶，加檢校太師、兼侍中，威辭曰：'臣事先帝，見功臣多矣，未嘗以玉帶賜之。'因言：'臣幸得率行伍，假漢威靈以破賊者，豈特臣之功，皆將相之賢，有以安朝廷，撫內外，而餽餉以時，故臣得以專事征伐。'隱帝以威爲賢，於是悉召楊邠、史弘肇、蘇逢吉、禹珪、竇貞固、王章等皆賜以玉帶，威乃受。威又推功大臣，請加爵賞，於是加貞固司空，逢吉司徒，禹珪、邠左右僕射。已而又曰：'此特漢廷親近之臣耳！漢諸宗室、天下方鎮，外曁荆、浙、湖南，皆未及也。'由是濫賞遍于天下。"《輯本舊史》於卷一一三《周太祖本紀四》末引《五代史補》卷五高祖徵異條："高祖之爲樞密使也，每出入，常恍然覩人前導，狀若臺省人吏，其服色一緋一綠，高祖以爲不祥，深憂之。及河中、鳳翔、永興等處反，詔命高祖征之，一舉而三鎮瓦解。自是權傾天下，論者以爲功高不賞，郭氏其危乎！高祖聞而恐懼。居無何，忽覩前導者服色，緋者改紫，綠者改緋，高祖心始安，曰：'彼二人者，但見其升，不見其降，吉兆也。'未幾，遂爲三軍所推戴。"

[7]洺：州名。治所在今河北邯鄲市永年區。　貝：州名。治所在今河北清河縣。　魏：州名。治所在今河北大名縣。

[8]宣徽南院使：官名。唐始置。宣徽南院使、北院使通稱宣徽使。初用宦官，五代以後改用士人。通掌內諸司及三班內侍之名籍，郊祀、朝會、宴享供帳之儀，檢視內外進奉名物。參見王永平《論唐代宣徽使》，《中國史研究》1995年第1期；王孫盈政《再論唐代的宣徽使》，《中華文史論叢》2018年第3期。

[9]鎮：州名。治所在今河北正定縣。　定：州名。治所在今河北定州市。

[10]時虜已退："虜"，《輯本舊史》作"契丹"，係四庫館臣忌清諱改，中華書局本未予改回，今據《大典》卷八九八〇引

《五代薛史》改回。

三年二月，班師。三月十七日，制授鄴都留守，樞密使如故。[1]時漢帝以北戎爲患，委帝以河朔之任，[2]宰相蘇逢吉等議，藩臣無兼樞密使例。史弘肇以帝受任之重，苟不兼密務，則難以便宜從事。竟從弘肇之議，詔河北諸州，凡事一禀帝節度。[3]帝將北行，啓漢帝曰：“陛下富有春秋，萬幾之事，宜審於聽斷。文武大臣，乃心王室，凡事諮詢，即無敗失。”漢帝斂容謝之。帝至鄴，盡去煩弊之事，不數月，闔政有序，一方晏然。詔書褒美。一夕，在山亭院齋中，忽有黃氣起於前，上際於天，帝於黃氣中見星文，紫微、文昌，[4]爛然在目。既而告知星者曰：“予於室中見天象，不其異乎？”[5]對曰：“坐見天衢，物不能隔，至貴之祥也。”異日，[6]又於牙署中有紫氣起於幡竿龍首之上，[7]凡三日。

[1]鄴都：地名。治所在今河北大名縣。五代後唐同光元年（923）改魏州爲興唐府，建號東京。三年，改東京爲鄴都。　留守：官名。在都城、陪都或軍事重鎮設留守，由地方行政長官兼任。　“三月十七日”至“樞密使如故”：“三月十七日”，《輯本舊史》卷一〇三《漢隱帝紀下》、《新五代史》卷一〇《漢隱帝本紀》、《通鑑》卷二八九均繫於四月壬午，查《二十史朔閏表》，四月壬午爲十五日。《新五代史》卷一一《周太祖本紀》繫於四月，無日，《宋本册府》卷八《帝王部·創業門四》則繫於三月。

[2]河朔：泛指黃河以北地區。

[3]凡事一禀帝節度：《輯本舊史》之影庫本粘籤：“一禀帝節度，原本作‘一廩’，據《通鑑》云：壬午，詔以威爲鄴都留守，

天雄節度使、樞密使如故。仍詔河北，兵甲錢穀，但見郭威文書，立皆稟應。據此則‘廩’字係‘稟’字之訛，今改正。”見《通鑑》卷二八九乾祐三年（950）四月壬午條。《大典》卷八九八〇引《五代薛史》作“一稟”。

[4]紫微：星座名。三垣之一，在北斗北。　文昌：星名。屬紫微垣，包含六顆星。

[5]“既而告知星者曰”至“不其異乎”：中華書局本有校勘記：“‘知’，原作‘之’，據《永樂大典》卷八九八〇引《五代薛史》、《通曆》卷一五、《册府》卷二一改。”亦見明本《册府》卷二一《帝王部·徵應門》。

[6]異日：中華書局本有校勘記：“原作‘翌日’，據殿本、《永樂大典》卷八九八〇引《五代薛史》、《通曆》卷一五、《册府》卷二一改。”

[7]又於牙署中有紫氣起於幡竿龍首之上：中華書局本有校勘記：“‘又於’‘之上’四字原闕，據《永樂大典》卷八九八〇引《五代薛史》、《通曆》卷一五、《册府》卷二一補。”

　　十一月十四日，澶州節度使李洪義、侍衛步軍都指揮使王殷遣澶州副使陳光穗至鄴都，[1]報京師有變：是月十三日旦，羣小等害史弘肇等。前一夕，李業等遣腹心齎密詔至澶州，令李洪義殺王殷，又令護聖左厢都指揮使郭崇等害帝于鄴城。[2]十三日，洪義受得密詔，恐事不濟，乃以密詔示王殷，殷與洪義即遣陳光穗馳報於帝。十四日，帝方與宣徽使王峻坐議邊事，忽得洪義文字，遽歸牙署，峻亦未知其事。帝初知楊、史諸公被誅，神情惘然，又見移禍及己，伸訴無所，即集三軍將校諭之曰：“予從微至著，輔佐國家，先皇登遐，親受顧託，與楊、史諸公，彈壓經謀，忘寢與食，一旦無狀，盡已誅夷。今有詔來取予首級，爾等宜奉行詔旨，斷予首以報天子，各圖功業，且不累諸君也。"崇等與諸將校泣於前，言曰："此事必非聖意，即是左右小人誣罔竊發，假令此輩握重柄，國得安乎！足得投論，[3]以判忠佞，何事信單車之使而自棄，千載之下，空受惡名。崇等願從明公入朝，面自洗雪，除君側之惡，共安天下。"衆然之，遂請帝南行，[4]帝即嚴駕首途。

[1]澶州：州名。唐、五代初，治所在今河南清豐縣。後晉天福四年（939）移治於今河南濮陽縣。　李洪義：人名。一作"李弘義"。并州晉陽（今山西太原市）人。李洪信之弟，五代、宋初將領。傳見《宋史》卷二五二。　侍衛步軍都指揮使：官名。五代時皇帝親軍侍衛步軍司之最高長官。　王殷：人名。瀛州（今河北河間市）人。五代將領。傳見本書卷一二四、《新五代史》卷五〇。　陳光穗：人名。籍貫不詳。五代供奉官，曾任澶州副使，事見本書卷一〇三、卷一二五。

[2]李業：人名。晉陽（今山西太原市）人。後漢高祖李皇后弟。隱帝時受信任，掌宮廷財務。傳見本書卷一〇七、《新五代史》卷三〇。　護聖左廂都指揮使：官名。後晉天福六年七月，改奉德兩軍爲"護聖左右軍"。以都指揮使爲該軍首長，隸屬侍衛親軍。　郭崇：人名。應州金城（今山西應縣）人。五代、宋初將領。傳見《宋史》卷二五五。

[3]足得投論：中華書局本有校勘記："'足'，原作'宜'，據孔本、《永樂大典》卷八九八〇引《五代薛史》、《册府》（宋本）卷八改。'投論'，《册府》卷八作'披論'。"見《宋本册府》卷八《帝王部·創業門四》。

[4]遂請帝南行：《舊五代史考異》："案《東都事略·魏仁浦傳》云：隱帝遣使害太祖，仁浦曰：'公有大功于朝廷，握强兵，臨重鎮，以讒見疑，豈可坐而待死！'教以易其語云'誅將士'，以激怒衆心，太祖納其言。與《薛史》異，《歐陽史》與《事略》同。"《新五代史》卷一一《周太祖本紀》："威匿詔書，召樞密院吏魏仁浦謀於卧内。仁浦勸威反，教威倒用留守印，更爲詔書，詔威誅諸將校以激怒之，將校皆憤然効用。"

十六日，至澶州，王殷迎謁慟哭。時隱帝遣小豎鸎脱偵鄴軍所在，爲游騎所執，帝即遣迴，令附奏隱帝赴闕之由，仍以密奏置鸎脱衣領中。[1]奏曰："臣發迹寒賤，遭遇聖明，既富且貴，實過平生之望，唯思報國，敢有他圖！今奉詔命，忽令郭崇等殺臣，即時俟死，而諸軍不肯行刑，逼臣赴闕，令臣請罪上前，仍言致有此事，必是陛下左右譖臣耳。今鸎脱至此，天假其便，得伸臣心，三五日當及闕朝陛下。若以臣有欺天之罪，臣豈敢惜死；若實有譖臣者，乞陛下縛送軍前，以快三軍之意，則臣雖死無恨。今託鸎脱附奏以聞。"[2]十七日，帝至滑州，節度使宋延渥開門迎納。[3]帝將發滑臺，[4]召將士謂之曰："主上爲讒邪所惑，誅殺勳臣，吾之此來，事不獲已，然以臣拒君，寧論曲直！汝等家在京師，不如奉行前詔，我以一死謝天子，實無所恨。"將校前啓曰："國家負公，公不負國，請公速行，[5]無宜遲久，[6]安邦雪怨，正在此時。"既而王峻諭軍曰：[7]"我得公處分，俟平定京城，許爾等旬日剽掠。"衆皆踊躍。

[1]鸞脱：人名。一作“鷥脱”。後漢隱帝時宦官。事見本書卷一〇三《後漢隱帝紀下》。中華書局本有校勘記：“‘鸞’，原作‘鷥’，據殿本、劉本、邵本、《永樂大典》卷八九八〇引《五代薛史》、《通曆》卷一四改。本卷下文同。影庫本粘籤：‘鸞脱，與《隱帝紀》異文，已於卷一百三內加籤聲明。’”見《通曆》卷一四漢隱帝條。

[2]今託鸞脱附奏以聞：《新五代史》卷一一《周太祖本紀》：“鸞脱爲威所得，威乃附脱奏請縛李業等送軍中。隱帝得威奏，以示業等，業等皆言威反狀已白，乃悉誅威家屬于京師。”

[3]宋延渥：人名。洛陽（今河南洛陽市）人。五代、宋初將領，後漢高祖劉知遠婿。入宋後改名偓。傳見《宋史》卷二五五《宋偓傳》。

[4]滑臺：地名。位於今河南滑縣。

[5]請公速行：《大典》卷八九八〇引《五代薛史》作“請公遠行”。

[6]無宜遲久：中華書局本有校勘記：“‘宜’字原闕，據《永樂大典》卷八九八〇引《五代薛史》補。”

[7]既而王峻諭軍曰：中華書局本有校勘記：“‘而’字原闕，據《永樂大典》卷八九八〇引《五代薛史》補。”

十九日，隱帝遣左神武統軍袁羲、前鄧州節度使劉重進率禁軍來拒，與前開封尹侯益等屯赤崗，[1]是夜俱退。二十日，隱帝整陣於劉子陂。[2]二十一日，兩陣俱列，慕容彥超率軍奮擊，帝遣何福進、王彥超、李筠等大合騎以乘之。[3]慕容彥超退却，死者百餘人，於是南軍奪氣，稍稍奔於北軍。慕容彥超與數十騎東奔兗州。[4]吳虔裕、張彥超等相繼來見帝，是夜，侯益、焦繼勳潛至帝營，帝慰勞遣還。[5]

[1]左神武統軍：官名。唐代左神武軍統兵官。唐置六軍，分左、右羽林，左、右龍武，左、右神武等，即"北衙六軍"。興元元年（784），六軍各置統軍，以寵功勳臣。其品秩，《唐會要》卷七一、《舊唐書》卷一二記載爲"從二品"，《通鑑》卷二二九記載爲"從三品"。　袁羲：人名。袁象先之子。五代將領，歷任復州刺史、左龍武大將軍、左神武統軍、宣徽南院使、延州節度使等。事見本書卷一一二、卷一一四等。　鄧州：州名。治所在今河南鄧州市。　劉重進：人名。幽州（今北京市）人，本名晏僧。五代藩鎮軍閥。傳見《宋史》卷二六一。　開封尹：官名。即開封府尹。五代除後唐外均都汴州，升汴州爲開封府，置開封尹或知開封府事。執掌京師政務。從三品。　侯益：人名。汾州平遥（今山西平遥縣）人。五代後唐至宋初將領。傳見《宋史》卷二五四。　赤崗：地名。今名霍赤崗。位於今河南開封市東北。

[2]劉子陂：地名。位於今河南封丘縣南。

[3]慕容彥超：人名。沙陀部人（一說"吐谷渾部人"）。五代後漢將領，後漢高祖劉知遠同母弟。傳見本書卷一三〇、《新五代史》卷五三。　何福進：人名。太原（今山西太原市）人。五代將領，累贈左驍衛大將軍。傳見本書卷一二四。　王彥超：人名。大名臨清（今河北臨西縣）人。五代、宋初將領。傳見《宋史》卷二五五。　李筠：人名。并州太原（今山西太原市）人。五代、宋初將領，歷仕後唐至宋。傳見《宋史》卷四八四。

[4]慕容彥超與數十騎東奔兗州：中華書局本有校勘記："'數十騎'，本書卷一〇三《漢隱帝紀下》作'十數騎'，《通鑑》卷二八九敘其事作'十餘騎'。"見《輯本舊史》卷一〇三《漢隱帝紀下》及《通鑑》卷二八九乾祐三年（950）十一月甲申（二十一）條。

[5]吳虔裕：人名。許州許田（今河南許昌市）人。五代將領。傳見《宋史》卷二七一。　張彥超：人名。沙陀部人。五代將領，後唐明宗養子。傳見本書卷一二九。　焦繼勳：人名。許州長社（今河南許昌市）人。五代、宋初將領。傳見《宋史》卷二六一。

二十二日旦，郭允明弒漢隱帝於北郊。[1]初，官軍之敗，帝謂宋延渥曰：“爾國親，[2]可速往衛主上，兼附奏，請陛下得便速奔臣來，免爲左右所圖。”及延渥至，亂兵雲合，即惶駭而還。是旦，帝望見天子旌旗於高坡之上，謂隱帝在其下，既免胄釋馬而前，左右慮有不測，請帝止。帝泣曰：“吾君在此，又何憂焉。”及至前，隱帝已去矣，帝歔欷久之。俄聞隱帝遇弒，號慟不已。帝至玄化門，劉銖雨射城外，帝迴車自迎春門入，[3]諸軍大掠，煙火四發，帝止於舊第，何福進以部下兵守明德門。翌日，王殷、郭崇言曰：“若不止剽掠，比夜化爲空城耳。”由是諸將部分斬其剽者，至晡乃定。[4]帝與王峻詣太后宮起居，請立嗣君，乃以高祖姪徐州節度使贇入繼大統，[5]語在《漢紀》。二十七日，帝以嗣君未至，請太后臨朝，會鎮、定州馳奏，契丹入寇，河北諸州告急，太后命帝北征。

[1]郭允明：人名。河東（今山西運城市）人。五代將領。隨隱帝率軍於京師北郊抵禦郭威軍，兵敗，殺死隱帝後又自殺。傳見本書卷一○七、《新五代史》卷三○。

[2]爾國親：《輯本舊史》之影庫本粘籤：“國親，《通鑑》作

'近親'。胡三省注曰：'宋延渥，主壻，故云近親。'《薛史》前後多稱外戚爲國親，今仍其舊。"見《通鑑》卷二八九乾祐三年（950）十一月甲申條胡注。

[3]玄化門：城門名。位於開封城北。《通鑑》卷二八九乾祐三年十一月乙酉條胡三省注云，玄化門，大梁城北面東來第一門也。　劉銖：人名。陝州（今河南三門峽市）人。時權知開封府事。傳見本書卷一○七、《新五代史》卷三○。　迎春門：城門名。位於開封城東。《輯本舊史》之影庫本粘籤："迎春，原本作'延春'，《通鑑》作'迎春'。胡三省注云：迎春門，汴城東面北來第一門也。今改正。"見《通鑑》卷二八九乾祐三年十一月乙酉條胡注。《大典》卷八九八○引《五代薛史》作"迎春"。

[4]明德門：城門名。位於開封城內宮城南面中門。　"諸軍大掠"至"至哺乃定"：《輯本舊史》於卷一一三《周太祖本紀四》末引《五代史補》卷五高祖以讖殺趙童子條："高祖之入京師也，三軍分擾，殺人爭物者不可勝數。時有趙童子者，知書善射，至防禦使，覩其紛擾，竊憤之，乃大呼於衆中曰：'樞密太尉，志在除君側以安國，所謂兵以義舉；鼠輩敢爾，乃賊也，豈太尉意耶！'於是持弓矢，於所居巷口據牀坐，凡軍人之來侵犯者，皆殺之，由是居人賴以保全僅數千家。其間亦有致金帛于門下，用爲報答，已堆集如丘陵焉。童子見而笑曰：'吾豈求利者耶！'於是盡歸其主。高祖聞而異之，陰謂世宗曰：'吾聞人間讖云，趙氏合當爲天子，觀此人才略度量近之矣，不早除去，吾與汝其可保乎！'使人誣告，收付御史府，劾而誅之。洎高祖厭世末十年，而皇宋有天下，趙氏之讖乃應，于斯知王者不死，信矣哉。"

[5]徐州：州名。治所在今江蘇徐州市。　贇：人名。即劉贇。後漢宗室。其父劉崇爲後漢高祖劉知遠弟，贇過繼爲劉知遠養子。傳見本書卷一○五《漢宗室列傳》、《新五代史》卷一八《漢家人傳》。　乃以高祖姪徐州節度使贇入繼大統：《輯本舊史》於卷一一三末引《五代史闕文》周太祖、馮道條："周太祖在漢隱帝朝爲

樞密使，將兵伐河中李守貞，時馮道守太師，不與朝政，以請告，周祖謁道于私第，問伐蒲策，道辭以不在其位，不敢議國事。周祖固問之，道不得已，謂周祖曰：'相公頗知博乎？'周祖微時好蒲博，屢以此抵罪，疑道譏己，勃然變色。道曰：'是行亦猶博也。夫博，財多者氣豪而勝，財寡者心怯而輸。守貞嘗累典禁兵，自謂軍情附己，遂謀反耳。今相公誠能不惜官錢，廣施惠愛，明其賞罰，使軍心許國，則守貞不足慮也。'周祖曰：'恭聞命矣。'故伐蒲之役，周祖以便宜從事，卒成大功，然亦軍旅歸心，終移漢祚。又，周祖自鄴起兵赴闕，漢隱帝兵敗，遇害於劉子陂。周祖入京師，百官謁，周祖見道猶設拜，意道便行推戴，道受拜如平時，徐曰：'侍中此行不易。'周祖氣沮，故禪代之謀稍緩。及請道詣徐州冊湘陰公爲漢嗣，道曰：'侍中由衷乎？'周祖設誓，道曰：'莫教老夫爲謬語，令爲謬語人。'臣謹案，周世宗朝，詔御史臣修《周祖實錄》，故道之事，所宜諱矣。"

十二月一日，帝發離京師。四日，至滑州，駐馬數日。會湘陰公遣使慰勞諸將，[1]受宣之際，相顧不拜，皆竊言曰："我輩陷京師，各各負罪，若劉氏復立，則無種矣。"或有以其言告帝者，帝愕然，即時進途。十六日，至澶州。是日旭旦，日邊有紫氣來，當帝之馬首。十九日，下令諸軍進發。二十日，諸軍將士大噪趨驛，如牆而進，帝閉門拒之。軍士登牆越屋而入，請帝爲天子。亂軍山積，登階匝陛，扶抱擁迫，或有裂黃旗以被帝體，以代赭袍，山呼震地。帝在萬衆之中，聲氣沮喪，悶絶數四，左右親衛，星散竄匿。帝即登城樓，稍得安息，諸軍遂擁帝南行。時河冰初解，浮梁未搆。是夜北風凜烈，比旦冰堅可渡，諸軍遂濟，衆謂之"凌橋”，濟竟冰泮，時人異之。時湘陰公已駐宋州，[2]樞密使王峻在京，聞澶州之變，遣侍衛馬軍指揮使郭崇率七百騎赴宋州，以衛湘陰公。二十五日，帝至七里店，[3]羣臣謁見，遂營於皋門村。[4]

　　[1]湘陰公：即劉贇。
　　[2]宋州：州名。治所在今河南商丘市睢陽區。
　　[3]七里店：地名。一名“七里寨”。位於今河南開封市北二十里，後圮於水。
　　[4]皋門村：《輯本舊史》之影庫本粘籤：“胡三省《通鑑注》云：大梁城無‘皋門’，蓋郭門之外有村，遂呼爲皋門村耳。今附識於此。”見《通鑑》卷二八九乾祐三年（950）十二月戊午（二十五）條胡注。

　　二十七日，[1]漢太后令曰：“樞密使、侍中郭威，[2]以英武之才，兼内外之任，剪除禍亂，弘濟艱難，功業格天，人望冠世。今則軍民愛戴，朝野推崇，宜總萬幾，以允羣議，可監國，中外庶事，並取監國處分。”二十八日，監國教曰：
　　　　寡人出自軍戎，本無德望，因緣際會，叨竊寵靈。高祖皇帝甫在經綸，待之心腹，洎登大位，尋付重權。當顧命之時，受忍死之寄，與諸勳舊，輔立嗣君。旋屬三叛連衡，四郊多壘，謬膺朝旨，委以專征，兼守重藩，俾當勍敵，敢不橫身戮力，竭節盡心，冀肅静於疆場，用保安於宗社。不謂姦邪搆亂，將相連誅，寡人偶脱鋒鋩，[3]克平患難，志安劉氏，願報漢恩，推擇長君，以紹丕搆，遂奏太后，請立徐州相公，奉迎已在於道途，行李未及於都輦。尋以北面事急，戎狄深侵，[4]遂領師徒，徑往掩襲，行次近鎮，已渡洪河。十二月二十日，將登澶州，軍情忽變，旌旗倒指，喊叫連天，引袂牽襟，迫請爲主，環繞而逃避無所，紛紜而逼脅愈堅，頃刻之間，安危莫保，事不獲已，須至徇從，於是馬步諸軍擁至京闕。今奉太后誥旨，以時運艱危，機務難曠，俾令監國，遜避無由，僶俛遵承，夙夜憂愧云。

時文武百官、內外將帥、藩臣郡守等，相繼上表勸進。三十日夜，御營西北隅步軍將校因醉揚言：“昨澶州馬軍扶策，步軍今欲扶策。”[5]尋令虞候詰其姓名，昧旦擒而斬之。其一軍仍納甲仗，遣中使監送就糧所。

[1]二十七日：《宋本冊府》卷八《帝王部・創業門四》作“二十六日”。

[2]漢太后：即五代後漢高祖劉知遠皇后。隱帝之母。晉陽（今山西太原市）人。傳見《新五代史》卷一八。　樞密使、侍中郭威：中華書局本有校勘記：“‘威’，《永樂大典》卷八九八〇引《五代薛史》作‘諱’。本卷下一處同。”

[3]寡人偶脫鋒鋋：中華書局本有校勘記：“‘寡人’二字原闕，據《永樂大典》卷八九八〇引《五代薛史》補。”

[4]戎狄：《輯本舊史》原作“敵騎”，係四庫館臣忌清諱改，中華書局本未予改回，今據《大典》卷八九八〇引《五代薛史》改回。

[5]扶策：攙扶。　昨澶州馬軍扶策，步軍今欲扶策：《輯本

舊史》之影庫本粘籤：“‘馬軍扶策’二句，疑有脱字。《通鑑》：壬戌夜，監國營有步兵將校醉，揚言纛者澶州騎兵扶立，今步兵亦欲扶立，監國斬之。較《薛史》爲明晰，今附識于此。”見《通鑑》卷二八九乾祐三年（950）十二月壬戌條。

廣順元年春正月丁卯，漢太后誥曰：[1]“邃古以來，受命相繼，是不一姓，傳諸百王，[2]莫不人心順之則興，天命去之則廢，昭然事跡，著在典書。予否運所丁，遭家不造，姦邪搆亂，朋黨橫行，大臣冤枉以被誅，少主倉卒而及禍，人自作孽，天道寧論。監國威，深念漢恩，切安劉氏，既平亂略，復正頹綱，思固護於基局，擇繼嗣於宗室。而獄訟盡歸於西伯，謳謠不在於丹朱，[3]六師竭推戴之誠，萬國仰欽明之德，鼎革斯契，圖錄有歸，予作家賓，固以爲幸。今奉符寶授監國，可即皇帝位。於戲！天禄在躬，神器自至，允集天命，永綏兆民，敬之哉！”是日，帝自皋門入大内，御崇元殿，[4]即皇帝位。制曰：

[1]漢太后誥曰：中華書局本有校勘記：“‘誥’，原作‘詔’，據殿本、《永樂大典》卷八九八〇引《五代薛史》、《通曆》卷一五、《通鑑》卷二九〇改。”見《通鑑》卷二九〇廣順元年（951）正月丁卯條。

[2]是不一姓，傳諸百王：中華書局本有校勘記：“以上八字原闕，據殿本、劉本、孔本、《永樂大典》卷八九八〇引《五代薛史》補。”

[3]西伯：官名，商朝置，爲西方諸侯之長，因周文王姬昌曾任此職，後世以“西伯”指代文王。《史記》卷三《殷本紀》：“西

伯出而獻洛西之地，以請除炮烙之刑。" 丹朱：人名。相傳爲堯
的兒子，堯禪位於舜，舜避丹朱於南河之南，舜即天子位。

[4]皋門：即王宫的郭門。古代天子宫城有五門，自内而外，
第五道門稱皋門。 崇元殿：五代後梁開平元年（907）改汴京正
殿爲崇元殿。位於今河南開封市。

　　　自古受命之君，興邦建統，莫不上符天意，下
順人心。是以夏德既衰，爰啓有商之祚；炎風不
競，肇開皇魏之基。朕早事前朝，久居重位。受遺
輔政，敢忘伊、霍之忠；仗鉞臨戎，復委韓、彭之
任。[1]匪躬盡瘁，焦思勞心，討叛涣於河、潼，[2]張
聲援於岐、雍，[3]竟平大憝，粗立微勞。纔旋斾於
關西，尋統兵於河朔，[4]訓齊師旅，固護邊陲，只
將身許國家，不以賊遺君父。外憂少息，内患俄
生，羣小連謀，大臣遇害，棟梁既壞，社稷將傾。
朕方在藩維，以遭讒搆。[5]逃一生於萬死，徑赴闕
庭；梟四罪於九衢，幸安區宇。將延漢祚，擇立劉
宗，徵命已行，軍情忽變。朕以衆庶所迫，[6]逃避
無由，扶擁至京，尊戴爲主。重以中外勸進，方岳
推崇，俛僶雖順於羣心，臨御實慚於涼德。改元建
號，祇率於舊章；革故鼎新，宜覃於霈澤。

[1]伊：人名。即伊尹。商湯賢相，曾輔佐成湯建商滅夏。事
見《史記》卷三。 霍：人名。即霍光。西漢權臣，與桑弘羊等同
受武帝遺詔輔佐漢昭帝。傳見《漢書》卷六八。 韓：人名。即韓
信。秦末漢初著名軍事家，從劉邦滅項羽。傳見《漢書》卷三四。

彭：人名。即彭越。西漢初諸侯王，曾於垓下擊滅項羽。傳見《漢書》卷三四。

[2]潼：指潼關。關隘名。位於今陝西潼關縣東北。　叛渙：明本《册府》卷九六《帝王部·赦宥門一五》同。《大典》卷八九八〇引《五代薛史》作“叛换”，似誤。

[3]岐：封國名。時鳳翔節度使李茂貞爲岐王，故稱。　雍：地名。即京兆府，治所在今陝西西安市。

[4]河朔：明本《册府》卷九六作“河北”。

[5]以遭讒搆：中華書局本有校勘記：“‘以’，彭校、《册府》卷九六作‘亦’。”

[6]朕以衆庶所迫：中華書局本有校勘記：“‘迫’，原作‘逼’，據殿本、孔本、《永樂大典》卷八九八〇引《五代薛史》、《册府》卷九六改。”

朕本姬室之遠裔，虢叔之後昆，積慶累功，格天光表，[1]盛德既延於百世，大命復集於眇躬，今建國宜以大周爲號，可改漢乾祐四年爲廣順元年。自正月五日昧爽已前，應天下罪人，常赦所不原者，咸赦除之。[2]故樞密使楊邠、侍衛都指揮使史弘肇、三司使王章等，[3]以勞定國，盡節致君，千載逢時，一旦同命，悲感行路，憤結重泉，雖尋雪於沈冤，宜更伸於漏澤，[4]並可加等追贈，備禮歸葬，葬事官給，仍訪子孫敍用。其餘同遭枉害者，亦與追贈。馬步諸軍將士等，戮力叶誠，輸忠効義，先則平持內難，後乃推戴朕躬，言念勳勞，所宜旌賞。其原屬將士等，[5]各與等第，超加恩命，仍賜功臣名號，已帶功臣者別與改賜。[6]應左降官，未量移者與量移，[7]已量移者與復資，已復資者量加敘録。亡官失爵之人，宜與齒用，配流徒役人，並許放還。[8]諸處有犯罪逃亡之人，及山林草寇等，一切不問，[9]如赦到後一月不歸本業者，復罪如初。内外前任、見任文武官僚致仕官，各與加恩。[10]應在朝文武臣僚、内諸司使、諸道行軍副使、藩方馬步都指揮使，如父母在，未有恩澤者即與恩澤，已有者更與恩澤；如亡没，未曾追封贈者亦與封贈，已封贈者更與封贈。[11]

[1]虢叔：人名。虢或作郭。周王季之子，文王之弟，曾爲武王師。封於西虢（今陝西寶鷄市東）。事見《史記》卷四二。　格天光表：明本《册府》卷九六《帝王部·赦宥門一五》同，《大典》卷八九八〇引《五代薛史》作“格天先表”。

[2]應天下罪人，常赦所不原者，咸赦除之：明本《册府》卷九六作“應天下見禁人等，罪無輕重，已發覺未發覺，已結正未結正，常赦所不原者，咸赦除之”。

[3]樞密使：明本《册府》卷九六作“漢樞密使”。　侍衛都指揮使：官名。即侍衛親軍都指揮使。五代時侍衛親軍之長官，多爲皇帝親信。　三司使：官名。五代後唐明宗天成元年（926）將晚唐以來的户部、度支、鹽鐵三部合爲一職，設三司使統之。主管國家財政。　王章：人名。大名南樂（今河南南樂縣）人。五代後漢三司使、同平章事，以聚斂刻急著稱。傳見本書卷一〇七、《新五代史》卷三〇。

[4]漏澤：中華書局本有校勘記：“原作‘渥澤’，據《永樂大典》卷八九八〇引《五代薛史》、《册府》卷九六改。影庫本粘籤：‘“渥澤”，原本作“漏澤”，今從《册府元龜》改正。’”

[5]原屬：中華書局本有校勘記："《册府》卷九六、卷一二八作'員僚',《永樂大典》卷八九八〇引《五代薛史》作'原遼'。"

[6]已帶功臣者別與改賜：中華書局本有校勘記："'功臣'下《册府》卷九六、卷一二八有'名號'二字。"見明本《册府》卷一二八《帝王部·明賞門二》所載廣順元年（951）正月即位制。

[7]量移：唐宋官員因罪貶謫邊遠地方任職，經一定期限或遇赦可酌情改移至近地任官，稱爲量移。

[8]放還：釋放返回。"已封贈者更與封贈"句後，明本《册府》卷九六有"已歿者任從歸葬，所有杜仲威、李守貞、王景崇、趙思綰賓幕元隨、親戚及諸色人，先因懼罪，至今逃匿者，並可放還，任自取便。昨者犯罪人蘇逢吉、劉銖、閻晋卿、李業、侯贊、聶文進、郭允明及同時犯罪人等家族骨肉，先已釋罪疏放；其逐人所有親戚及門客、元隨職掌在諸處者，切慮尚抱憂疑，今並釋放，所在不得更有恐動。内有手下先管莊田錢穀人等，已下三司點檢磨勘，了日一任逐便"等句。

[9]一切不問：明本《册府》卷九六作"咸許自新，一切不問，各還鄉里，自務營生，仍仰所在切加安恤，所繇、節級不得衷私妄有恐動"。

[10]内外前任、見任文武官僚致仕官，各與加恩：明本《册府》卷九六作"内外文武臣寮、致仕官、諸軍將校、隨使職員及前任藩侯、郡守、文武朝列、前内諸司使、副使、前禁軍指揮使、前資行軍副使等，各與等第加恩"。

[11]封贈：皇帝將官爵授給重臣、近臣之父母，其父母存者稱封，已故者稱贈。該句後，明本《册府》卷九六有"晋、漢以來，兵革屢動，賦役煩併，黎庶瘡痍，鰥寡孤惸，不能自濟，爲人父母，爭不閔傷"等句。

應天下州縣，所欠乾祐元年、二年已前夏秋殘税及沿徵物色，并三年夏税諸色殘欠，並與除放。澶州已來，官路兩邊共二十里內，並乾祐三年殘税欠税，並與除放。[1] 應河北沿邊州縣，自去年九月後來，曾經契丹蹂踐處，其人戶應欠乾祐三年終已前積年殘欠諸色税物，並與除放。應係三司主持錢穀，敗闕場院官取乾祐元年終已前徵納外，[2] 灼然無抵當者，委三司分析聞奏。[3] 天下倉場、庫務，[4] 宜令節度使專切鈐轄，[5] 掌納官吏一依省條指揮，不得別納斗餘、秤耗。舊來所進羨餘物色，今後一切停罷。[6]

[1] 除放：蠲免税收。　“澶州已來”至“並與除放”：“並乾祐三年殘税欠税”，中華書局本有校勘記：“‘殘税欠税’，《永樂大典》卷八九八〇引《五代薛史》同，《冊府》卷九六、卷四九二作‘殘欠秋税’。”明本《冊府》卷九六《帝王部·赦宥門一五》作“所有澶州已來大軍經過之時，沿路人戶恐有蹂踐，兩邊共二十里，並乾祐三年殘欠秋税並放”，《宋本冊府》卷四九二《邦計部·蠲復門四》“兩邊共二十里”前並有“其官路”三字。

[2] 敗闕場院官取乾祐元年終已前徵納外：該句後，明本《冊府》卷九六有“累經較科”四字。

[3] 委三司分析聞奏：該句後，明本《冊府》卷九六有“別候指揮。秋夏徵科，舊有規制，如聞諸道州府別立近限催驅，或逼蹙過深，轉致供輸不易，至使蠶欲老而求絲債，禾未熟而取穀錢，但無逋懸，何須急暴？應天下百姓納税租，並取省限內納畢，不在促限徵督，如是軍期急速，即不拘此例。訪聞諸處人戶逃移在外者，自前省司雖累行招攜，多未歸復，兼知逃戶税賦，攤配居人，公私之間，未甚允當，念其疾苦，常軫于懷。宜令所司商量，別行條

貫，庶使逃移者即歸鄉土，見居者漸遂舒蘇，免困生靈，以付勤恤。藩侯郡守，寄任非輕，立政之先，養民爲本，每及徵賦，尤要狥公”。

[4]天下：明本《册府》卷九六作“其逐處”，《會要》卷二七倉條作“其諸道州府”。

[5]節度使：明本《册府》卷九六、《會要》卷二七倉條作“節度使刺史”。

[6]今後一切停罷：該句後，明本《册府》卷九六有“朕早在藩鎮，嘗戒奢華，今御寰區，尤思節儉，況國家多事，帑藏甚虛，將緩憂勞，所宜省約”。

　　應乘輿服御之物，不得過爲華飾，宮闈器用，務從朴素，太官常膳，一切減損。諸道所有進奉，比助軍國之費，[1]其珍巧纖華及奇禽異獸鷹犬之類，不得輒有獻貢。諸無用之物，不急之務，並宜停罷。帝王之道，德化爲先，崇飾虛名，朕所不取，苟致治之未洽，雖多瑞以奚爲！今後諸道所有祥瑞，不得輒有奏獻。[2]

[1]比助軍國之費：中華書局本有校勘記：“‘比’，原作‘以’，據《永樂大典》卷八九八〇引《五代薛史》、《册府》卷九六改。”“之費”，《宋本册府》卷五六《帝王部·節儉門》、明本《册府》卷九六《帝王部·敕宥門一五》作“支費”。

[2]雖多瑞以奚爲：中華書局本沿《輯本舊史》作“雖多端以奚爲”，並有校勘記：“‘端’，《永樂大典》卷八九八〇引《五代薛史》、《册府》卷九六同，劉本、《册府》卷六六、《五代會要》卷五作‘瑞’。”未改。今據明本《册府》卷六六《帝王部·發號令

門五》、《會要》卷五祥瑞條後之雜録條及下句改。

　　古者用刑，本期止辟，今兹作法，義切禁非。蓋承弊之時，非猛則姦兇難制；及知勸之後，在寬則典憲得宜。相時而行，庶臻中道。今後應犯竊盜賊贓及和姦者，並依晋天福元年已前條制施行。[1]應諸犯罪人等，[2]除反逆罪外，其餘罪並不得籍没家産、誅及骨肉，[3]一依格令處分。

　　[1]天福：五代後晋高祖石敬瑭年號（936—942）。出帝石重貴沿用至九年（944）。後漢高祖劉知遠繼位後沿用一年，稱天福十二年（947）。
　　[2]應諸犯罪人等：明本《册府》卷九六《帝王部·赦宥門一五》、《宋本册府》卷六一三《刑法部·定律令門五》作“應諸處犯罪人等”。
　　[3]其餘罪並不得籍没家産、誅及骨肉：中華書局本有校勘記：“‘餘’字原闕，據《册府》卷九六、卷六一三補。”

　　天下諸侯，皆有親校，[1]自可慎擇委任，必當克効參裨。[2]朝廷選差，[3]理或未當，宜矯前失，庶叶通規。其先於在京諸司差軍將充諸州郡元從都押衙、孔目官、内知客等，並可停廢，仍勒却還舊處職役。[4]近代帝王陵寢，合禁樵採。[5]唐莊宗、明宗、晋高祖，各置守陵十户，以近陵人户充。漢高祖皇帝陵署職員及守宫人，時日薦饗，并守陵人户等，一切如故。仍以晋、漢之胄爲二王後，委中書門下處分云。[6]

[1]皆有親校：中華書局本有校勘記：“‘校’，原作‘戚’，據《册府》卷九六、卷一六〇改。《永樂大典》卷八九八〇引《五代薛史》作‘皆有親’。”明本《册府》卷九六《帝王部·敕宥門一五》作“較”，乃避明熹宗朱由校名諱。《宋本册府》卷一六〇《帝王部·革弊門二》作“校”。

[2]必當克効參裨：“裨”，《大典》卷八九八〇引《五代薛史》作“俾”。

[3]朝廷選差：《宋本册府》卷一六〇作“朝廷若更别差”。“廷”，《大典》卷八九八〇引《五代薛史》作“庭”，誤。

[4]元從都押衙：官名。元從，自初始即追隨在側的部屬。“押衙”即“押牙”。唐、五代時期節度使辟署的屬官，有稱左、右都押衙或都押衙者。掌領方鎮儀仗侍衛，統率軍隊。　孔目官：官名。五代藩鎮幕府僚佐，掌蕃漢兵馬、軍機要事。　仍勒却還舊處職役：該句後，明本《册府》卷九六有“設官分職，具列司存，離局侵權，誠爲紊撓。今後諸司公事，並須各歸局分，不得越次施行。朝廷之務，顯有舊章，職官具存，安可廢墜。如聞自前諸司公事，多有壅滯，今後並可速疾舉行。國之大事，在祀爲先，苟爽吉蠲，深爲瀆慢，如聞自前祠祭牢饌，頗虧肅敬，今後委監察御史嚴加覺察，必須豐潔，庶達精誠，稍或不恭，國有常典”等句。

[5]合禁樵採：該句後，明本《册府》卷九六有“俾奉神靈”四字。

[6]委中書門下處分云：該句後，明本《册府》卷九六有“自古聖帝明王，莫不好賢納諫，是以立誹謗之木，採蒭蕘之言，時之利病罔不知，政之得失無不察，達聰明目，其在兹乎！應内外文武臣僚，有見識灼然益於治道者，許非時上章聞達。山林草澤之間，懷才抱器之士，切在搜訪，免致遺賢。孝子順孫，義夫節婦，所宜

旌表，以勵時風。於戲！致理保邦，非德教無以安萬國；發號施令，非誠信無以示四方。其或言出行違，朝行暮改，是爲秕政，何以子民。更賴棟樑羽翼之臣，左右前後之士，共扶寡昧，同致雍熙，思致器以永安，都覆車之可戒，納隍馭朽，予豈忘諸，釐革有所未盡者，有司具啟請以聞"。

司天上言："今國家建號，以木德代水，准經法，國以姓墓爲臘，請以未日爲臘。"從之。時議者曰："昔武王勝殷，歲集于房；國家受命，金、木集于房。[1]文王厄羑里，而卦遇《明夷》；帝脫于鄴，大衍之數，復得《明夷》，則周爲國號，符於文、武矣。"[2]先是，丁未年夏六月，土、金、木、火四星聚于張，[3]占者云，當有帝王興于周者。故漢祖建國，由平陽、陝服趨洛陽以應之，[4]及隱帝將嗣位，封周王以符其事。而帝以姬號之胄，復繼宗周，[5]而天人之契炳然矣。昔武王以木德王天下，宇文周亦承木德，[6]而三朝皆以木代水，不其異乎！

[1]武王：人名。即周武王。姬姓，名發，周文王之子，周朝的建立者。文王去世，武王繼位，建立西周，定都鎬京（今陝西西安市西南）。紀見《史記》卷四。　殷：即殷商。　歲：木星。房：二十八宿之一。

[2]文王：人名。即周文王。姬姓，名昌，周王朝的奠基者。紀見《史記》卷四。　羑里：地名。位於今河南湯陰縣北。　明夷：《易經》六十四卦之一。《象》曰："明入地中，明夷。内文明而外柔順，以蒙大難，文王以之。利艱貞。"孔穎達疏："明夷，卦名。夷者，傷也。此卦日入地中，明夷之象。施之於人事，闇主在

上，明臣在下，不敢顯其明智，亦明夷之義也。時雖至闇，不可隨世傾邪，故宜艱難堅固，守其貞正之德，故明夷之世利在艱貞。”

[3]張：二十八宿之一。

[4]平陽：地名。位於今山西臨汾市。　陝服：地區名。指代古荆州。　洛陽：地名。即今河南洛陽市。

[5]復繼宗周：中華書局本有校勘記：“‘復’，《永樂大典》卷八九八〇引《五代薛史》作‘後’。”

[6]宇文周：即北朝時期的周朝，以皇室姓宇文，故稱宇文周。

戊辰，前曹州防禦使何福進受宣權許州節度使，前復州防禦使王彥超受宣權徐州節度使，[1]前澶州節度使李洪義受宣權宋州節度使。己巳，上漢太后尊號曰昭聖皇太后。是日，詔有司擇日爲故主發哀。[2]辛未，有司上言：“皇帝爲故主舉哀日，服縞素，直領深衣、腰絰等。[3]成服畢祭奠，不視朝七日，坊市禁音樂。文武內外臣僚成服後，每日赴太平宮臨，三日止，七日釋服。[4]至山陵啓攢塗日，服初服；[5]輀車出城，[6]班辭釋服。”從之。壬申，前博州刺史李筠受宣權滑州節度使。[7]癸酉，樞密使、檢校太傅王峻加同平章事；以前澶州節度使李洪義爲宋州節度使，加同平章事。以滑州節度副使陳觀爲左散騎常侍，鄴都留守判官王溥爲左諫議大夫，並充樞密院直學士。[8]以元從都押衙鄭仁誨爲客省使，知客押牙向訓爲宮苑使。[9]北京留守劉崇遣押牙鞏廷美致書，[10]求劉贇歸藩。帝報曰：“朕在澶州之時，軍情推戴之際，先差來直省李光美備見，[11]必想具言，而況遐邇所聞，在後盡當知悉。湘陰公比在宋州駐泊，見令般取赴京，但勿憂疑，必令得所。惟公在彼，固請安心，若能同力扶持，別無顧慮，即當便封王爵，永鎮北門，鐵契丹書，[12]必無愛惜。其諸情素，並令來人口宣。”遣左千牛衛將軍朱憲充入契丹使。[13]先是，去年契丹永康王兀欲寇邢、趙，陷内丘。及迴，兀欲遣使與漢隱帝書，[14]使至境上，會朝廷有蕭牆之變，帝定京城，迴至澶州，遇蕃使至，遂與入朝。至是，遣朱憲伴送來使歸蕃，兼致書敘革命之由，仍以金酒器一副、玉帶一遺兀欲。晉州節度使王晏殺行軍司馬徐建，以通河東聞。[15]

[1]曹州：州名。治所在今山東曹縣西北。　防禦使：官名。唐代始置，設有都防禦使、州防禦使兩種。常由刺史或觀察使兼任，實際上爲唐代後期州或方鎮的軍政長官。　許州：州名。治所在今河南許昌市。　復州：州名。治所在今湖北天門市。

[2]詔有司擇日爲故主發哀：《舊五代史考異》：“案《五代會要》載原敕云：漢高祖爲義帝發喪，魏明帝正禪陵尊號，一時達禮，千古所稱。況朕久事前朝，常參大政，雖遷虞事夏，見奪于羣情；而四海九州，咸知予夙志。宜令所司擇日爲故主舉哀，仍備山陵葬禮。”見《會要》卷八服紀條。《舊五代史考異》所引《會要》文，“朕”誤“臣”，“山陵”誤“山林”，中華書局本出校勘記改正。

[3]腰絰：服喪的人腰間繫的麻繩。

[4]太平宮：五代時後周首都之宮殿，位於今河南開封市。釋服：守孝期滿，除去喪服。

[5]攢塗：古代停殯禮儀的一種。聚木於棺的四周，以泥塗之。初服：未入仕時的服裝。“服初服”，《會要》卷八服紀條作“仍

服初服"。

[6]輀車出城：中華書局本有校勘記："句上《五代會要》卷八有'送'字。"見《會要》卷八服紀條。

[7]博州：州名。治所在今山東聊城市。 刺史：官名。州一級行政長官。漢武帝時始置，總掌考核官吏、勸課農桑、地方教化等事。唐中期以後，節度使、觀察使轄州而設，刺史爲其屬官，職任漸輕。從三品至正四品下。

[8]陳觀：人名，籍貫不詳。五代後晋至後周官員，仕後周爲知開封府事。事見本書卷一一二、卷一二九。《歐陽史》避私諱作陳同。 左散騎常侍：官名。門下省屬官。掌侍奉規諷，備顧問應對。正三品下。 留守判官：官名。留守司僚屬，分掌留守司各曹事，並協助留守通判陪都事。 王溥：人名。并州祁（今山西祁縣）人。後周、宋初宰相。傳見《宋史》卷二四九。 左諫議大夫：官名。隸門下省。唐代置左、右諫議大夫各四人，分隸門下省、中書省。掌諫諭得失，侍從贊相。正四品下。 樞密院直學士：官名。五代後唐同光元年（923），改直崇政院置，選有政術文學者充任。充皇帝侍從，備顧問應對。

[9]鄭仁誨：人名。晋陽（今山西太原市）人。後周太祖時樞密使、宰相。傳見本書卷一二三、《新五代史》卷三一。 客省使：官名。客省長官。唐代宗時始置，五代沿置。掌接待四方奏計及外族使者。 向訓：人名。懷州河内（今河南沁陽市）人。五代、宋初將領。避周恭帝諱改名向拱。傳見《宋史》卷二五五。 宮苑使：官名。唐始置，以宦官充，五代改用士人。掌管京師地區宮苑和宮苑所屬的莊田管理事務。

[10]北京：地名。後唐同光元年十一月改西京太原府爲北京，亦稱北都。治所在今山西太原市。沿至後晋、後漢不改。 鞏廷美：人名，籍貫不詳。劉贇部將，時爲右都押牙。後爲後周將領王彥超所殺。事見《新五代史》卷一一。 北京留守劉崇遣押牙鞏廷美致書：《輯本舊史》之影庫本粘籤："原本脱'廷美'二字，今據

《册府元龜》增入。"明本《册府》卷六六《帝王部·發號令門五》廣順元年（951）二月癸巳條載賜王彥超詔云"昨以鞏廷美、楊溫等……累令招諭，未體誠懷，須至加兵"等等。卷一二三《帝王部·征討門三》廣順元年正月條載："湘陰公劉贇、丁元從、右都押衙鞏廷美、教練使楊溫等據徐州以拒命。"卷一六七《帝王部·招懷門五》廣順元年正月條載"徐州押牙鞏廷美、教練使楊溫據城拒守"云云。

[11]直省：官名。三省有直省官，凡百官詣宰相，皆差直省官引接，其職則外鎮客司通引之職也。　李光美：人名。籍貫不詳。五代、宋初官員。曾任客省使、宣徽使。事見《通鑑》卷二九〇、《長編》卷六。

[12]鐵契丹書：中華書局本有校勘記："'契'，原作'券'，據孔本、《永樂大典》卷八九八〇引《五代薛史》改。"

[13]左千牛衛將軍：官名。唐置，掌宫禁宿衛。唐代置十六衛，即左右衛、左右驍衛、左右武衛、左右威衛、左右領軍衛、左右金吾衛、左右監門衛、左右千牛衛，各置上將軍，從二品；大將軍，正三品；將軍，從三品。《輯本舊史》無"左"字，中華書局本有校勘記："《永樂大典》卷八九八〇引《五代薛史》同，本書卷一一一《周太祖紀二》、《册府》卷九八〇、《五代會要》卷二九、《通鑑》卷二九〇作'左千牛衛將軍'。"然未改。《輯本舊史》卷一一一《周太祖紀二》廣順二年二月丁未條作"左千牛將軍"，《會要》卷二九契丹條、《宋本册府》卷九八〇《外臣部·通好門》廣順元年二月丁未條、《通鑑》卷二九〇廣順元年正月癸酉條作"左千牛衛將軍"，今據改。　朱憲：人名。籍貫不詳。五代後周將領。事見本書本卷、卷一一一。

[14]兀欲：人名。即遼世宗耶律阮。契丹族，遼太祖耶律阿保機孫，人皇王耶律倍長子，遼朝第三代皇帝。紀見《遼史》卷五。　趙：州名。治所在今河北趙縣。　内丘：縣名。治所在今河北内丘縣。　"先是"至"兀欲遣使與漢隱帝書"：《舊五代史考異》：

"案《通鑑》云：契丹之攻内丘也，死傷頗多，又值月食，軍中多妖異，契丹主不敢深入，引兵還，遣使請和于漢。"見《通鑑》卷二九〇廣順元年正月癸酉條。

[15]晋州：州名。治所在今山西臨汾市。　王晏：人名。徐州滕（今山東滕州市）人。五代、宋初將領。傳見《宋史》卷二五二。中華書局本有校勘記："原作'王宴'，據殿本、劉本、《永樂大典》卷八九八〇引《五代薛史》改。按《宋史》卷二五二有《王晏傳》。本卷下一處同。"　行軍司馬：官名。出征將領及節度使的屬官。掌軍籍符伍，號令印信，是藩鎮重要的軍政官員。　徐建：人名。籍貫不詳。本書僅此一見。《宋本册府》卷四四九《將帥部·專殺門》作"殺行軍司馬徐建崇，言謀通劉崇故也"。

乙亥，鄆州節度使、守太師、兼中書令、齊王高行周進位尚書令，[1]襄州節度使、檢校太師、守太傅、兼中書令、齊國公安審琦進封南陽王，[2]青州節度使、檢校太師、守太保、兼中書令、魏國公符彦卿進封淮陽王，[3]夔州節度使、侍衞親軍馬步軍都指揮使、檢校太傅王殷加同平章事，[4]充鄴都留守，典軍如故。丙子，帝赴太平宫，爲漢隱帝發喪，百官陪位如儀。是日，湘陰公元從右都押牙鞏廷美、教練使楊温等據徐州以拒命。[5]帝遣新受節度使王彦超率兵馳赴之，仍賜廷美等敕書。[6]丁丑，荆南高保融奏：去年十一月，朗州節度使馬希萼破潭州。[7]十二月十八日，縊殺馬希廣。[8]至十九日，希萼自稱天策上將軍、武平静江寧遠等軍節度使、嗣楚王。[9]戊寅，湘陰公殂。[10]己卯，[11]以前太師、齊國公馮道爲中書令、弘文館大學士，以司徒兼門下侍郎、同平章事、弘文館大學士竇貞固爲侍中、監修國史，以左僕射、平章事、集賢殿大學士蘇禹珪爲守司空、平章事。[12]夏州節度使李彝興進封隴西郡王，[13]荆南高保融進封渤海郡王，靈武馮暉進封陳留郡王，西京白文珂、兗州慕容彥超、鳳翔趙暉並加兼中書令。[14]詔王彥超率兵攻徐州。

[1]鄆州：州名。治所在今山東東平縣。　中書令：官名。漢代始置，隋、唐前期爲中書省長官，屬宰相之職；唐後期多爲授予元勳大臣的虛銜。正二品。　高行周：人名。媯州懷戎（今河北懷來縣）人。五代後唐至後周將領。傳見本書卷一二三、《新五代史》卷四八。　尚書令：官名。秦始置。隋、唐前期爲尚書省長官，與中書令、侍中並爲宰相。因以李世民爲之，後皆不授，唐高宗廢其職。唐後期以李適、郭子儀有功而特授此職，爲大臣榮銜，不參與政務。五代因之。唐時爲正二品，後梁開平三年（909）升爲正一品。

[2]襄州：州名。治所在今湖北襄陽市。　安審琦：人名。沙陀部人。五代將領。歷仕後唐、後晉、後漢、後周。傳見本書卷一二三。

[3]青州：州名。治所在今山東青州市。　符彥卿：人名。陳州宛丘（今河南淮陽縣）人。五代後周、宋初將領。後周世宗宣懿皇后、宋太宗懿德皇后，皆符彥卿之女。傳見《宋史》卷二五一。

[4]夔州：州名。治所在今重慶奉節縣。　侍衛親軍馬步軍都指揮使：官名。五代時侍衛親軍長官。多由皇帝親信擔任。

[5]教練使：官名。唐、五代方鎮使府軍將，選善兵法武藝者充任，掌教練兵法及武藝，亦或領兵出戰。　楊溫：人名。籍貫不詳。劉贇部將，時爲教練使。後爲後周將領王彥超所殺。事見《通鑑》卷二九〇。

[6]仍賜廷美等敕書：《舊五代史考異》：“案《通鑑》：帝復遣

劉贄書曰：'爰念斯人，盡心於主，足以賞其忠義，何由責以悔尤。俟新節度入城，當各除刺史，公可更以委曲示之。'"見《通鑑》卷二九〇廣順元年正月癸酉條。

[7]荆南：方鎮名。治所在荆州（今湖北荆州市）。　高保融：人名。陝州硤石（今河南三門峽市陝州區硤石鄉）人。五代南平國王高從誨子，後漢乾祐元年（948）繼父位。傳見本書卷一三三《世襲列傳》、《新五代史》卷六九《南平世家》。　朗州：州名。治所在今湖南常德市。　馬希萼：人名。五代十國南楚君主，南楚武穆王馬殷之子，弑殺馬希廣後自立爲王，不恤政事，後爲馬希崇所代，終被南唐所俘。事見《新五代史》卷六六。　潭州：州名。治所在今湖南長沙市。

[8]馬希廣：人名。五代十國時期南楚君主，南楚武穆王馬殷之子。楚文昭王馬希範去世後被擁立爲王，後爲馬希萼篡位所殺。傳見《新五代史》卷六六。

[9]武平：方鎮名。治所在朗州（今湖南常德市）。　靜江：方鎮名。治所在桂州（今廣西桂林市）。　寧遠：方鎮名。治所在容州（今廣西容縣）。

[10]湘陰公殂：《舊五代史考異》："案：《歐陽史》作十二月，王峻遣郭崇以騎兵七百逆劉贄于宋州，殺之。《通鑑》作正月戊寅，殺湘陰公於宋州。"見《新五代史》卷一一《周太祖本紀》乾祐三年十二月癸丑條、《通鑑》卷二九〇廣順元年正月戊寅條。

[11]己卯：《新五代史》卷一一《周太祖本紀》同，《永樂大典》卷八九八〇引《五代薛史》作"乙卯"。廣順元年正月癸亥朔，此條記事在戊寅（十六）、庚辰（十八）之間，當爲己卯（十七），《大典》誤。

[12]馮道：人名。瀛州景城（今河北滄縣）人。五代時官拜宰相，歷仕後唐、後晋、後漢、後周，亦曾臣事契丹。傳見本書卷一二六、《新五代史》卷五四。　弘文館大學士：官名。唐武德四年（621）始置修文館，以安置文學之士，典司書籍。唐太宗即位，

改爲弘文館。掌詳正圖籍，教授生徒。　司徒：官名。與太尉、司空並爲三公，唐後期、五代多爲大臣、勳貴加官。正一品。　門下侍郎：官名。門下省副長官。唐後期三省長官漸爲榮銜，中書、門下侍郎却因參議朝政而職位漸重，常用爲以“同三品”或“同平章事”任宰相者的本官。正三品。　竇貞固：人名。同州白水（今陝西白水縣）人。五代後唐至宋初大臣，後唐進士，後漢宰相。傳見《宋史》卷二六二。　監修國史：官名。唐代始爲官稱，五代沿之。負責編修國史。　左僕射：官名。秦始置。隋、唐前期以左、右僕射佐尚書令總理六官，綱紀庶務，如不置尚書令，則總判省事，爲宰相之職。唐後期多爲大臣加銜。從二品。　集賢殿大學士：官名。唐中葉置，位在學士之上，以宰相兼。掌修書之事。蘇禹珪：人名。高密（今山東高密市）人。劉知遠爲河東節度時的屬官，後漢初任宰相。傳見本書卷一二七。　司空：官名。與太尉、司徒並爲三公，晚唐、五代多爲大臣、勳貴加官。正一品。

[13]夏州：州名。治所在今陝西靖邊縣。　李彝興：人名。本名彝殷，党項族。夏州（今陝西靖邊縣）人。五代、宋初軍閥。傳見本書卷一三二、《宋史》卷四八五。

[14]靈武：郡名。治所在今寧夏吳忠市。乾元元年（758），改名靈州。此處代指治所在靈州的方鎮朔方軍。　馮暉：人名。魏州（今河北大名縣）人。五代後唐至後周將領。傳見本書卷一二五、《新五代史》卷四九。　趙暉：人名。澶州（今河南濮陽市）人。五代後唐至後周將領。傳見本書卷一二五。

　　庚辰，故樞密使、左僕射、平章事楊邠追封恒農郡王，故宋州節度使兼侍衛親軍都指揮使史弘肇追封鄭王，故三司使、檢校太尉、平章事王章追封琅琊郡王。是日，詔曰：[1]

　　　　朕以眇末之身，託於王公之上，懼德弗類，撫躬靡遑，豈可化未及人而過自奉養，道未方古而不知節量。與其耗費以勞人，曷若儉約而克己。昨者所頒赦令，已述至懷。宮闈服御之所須，悉從減損；珍巧纖奇之厥貢，並使寢停。尚有未該，[2]再宜條舉。應天下州府舊貢滋味食饌之物，所宜除減。其兩浙進細酒、海味、薑瓜，湖南枕子茶、乳糖、白沙糖、橄欖子，[3]鎮州高公米、水梨，易定栗子，[4]河東白杜梨、米粉、菉豆粉、玉屑粔子麭，[5]永興御田紅秔米、新大麥麭，[6]興平蘇栗子，[7]華州麝香、羚羊角、熊膽、獺肝、朱柿、熊白，河中樹紅棗、五味子、輕餳，[8]同州石餅，晋絳葡萄、黃消梨，[9]陝府鳳栖梨，襄州紫薑、新筍、橘子，安州折粳米、糟味，青州水梨，河陽諸雜果子，許州御李子，鄭州新筍、鵝梨，懷州寒食杏仁，申州襄荷，亳州草蘚，[10]沿淮州郡淮白魚，如聞此等之物，雖皆出於土產，[11]亦有取於民家，未免勞煩，率皆糜費。加之力役負荷，馳驅道途，積於有司之中，甚爲無用之物，今後並不須進奉。[12]諸州府更有舊例所進食味，其未該者，宜奏取進止。[13]

又詔在朝文武臣僚，各上封事，凡有益國利民之事，速具以聞。[14]

[1]詔：明本《册府》卷一六八《帝王部・却貢獻門》作“御札宣示群臣”。

[2]尚有未該：“該”，明本《册府》卷一六八同。《大典》卷

八九八〇引《五代薛史》作“駮”，誤。

[3]枕子茶：中華書局本有校勘記：“《通鑑》卷二九〇胡注引《薛史本紀》作‘枕子茶’。”見《通鑑》卷二九〇廣順元年（951）正月庚辰條胡注。

[4]易：州名。治所在今河北易縣。

[5]河東白杜梨、米粉、菉豆粉、玉屑粔子麭：《輯本舊史》之影庫本粘籤：“白杜梨，原本作‘梨’，粔子麭，原本作‘粗子’，今俱從《通鑑》所引《薛史》改正。”見《通鑑》卷二九〇廣順元年正月庚辰條胡注。“白杜梨”，《大典》卷八九八〇引《五代薛史》作“白社梨”。“粔子麭”，《大典》卷八九八〇引《五代薛史》作“粔子麵”，明本《册府》卷一六八作“粹子麵”。

[6]御田紅秔米：明本《册府》卷一六八作“玉田紅花秔米”。

[7]興平：縣名。治所在今陝西興平市。　蘇栗子：明本《册府》卷一六八作“蘇小栗子”。

[8]河中樹紅棗、五味子、輕餳：中華書局本有校勘記：“‘餳’，原作‘錫’，據劉本、《通鑑》卷二九〇胡注引《薛史本紀》、《册府》卷一六八改。”

[9]同州：州名。治所在今陝西大荔縣。　絳：州名。治所在今山西新絳縣。

[10]安州：州名。治所在今湖北安陸市。　鄭州：州名。治所在今河南鄭州市。　懷州：州名。治所在今河南沁陽市。　申州：州名。治所在今河南信陽市。　亳州：州名。治所在今安徽亳州市。

[11]雖皆出於土産：《大典》卷八九八〇引《五代薛史》無“皆”字。明本《册府》卷一六八作“雖即出於土産”。

[12]“加之力役負荷”至“今後並不須進奉”：明本《册府》卷一六八作“至時奔迫以來獻，逐歲收斂以爲常，所奉止于朕躬，所損被于甿庶，加之力役負荷，馳驅道途，積于有司之中，甚爲無用之物。此而不止，孰曰知微。其常貢上件物色，今後並不許

進奉"。

　　[13]宜奏取進止：該句後，明本《册府》卷一六八有"此外猶有數處時新之物，不敢全罷，蓋或奉于太后，薦于祖宗，苟至悉除，恐隳常敬。告于中外，宜副朕心。帝嘗于便殿謂樞密使王俊（峻）曰：'語云："饑者不厭糟糠，寒者不厭短褐。"是知充飲禦寒，取足而已。存理路者，亦不可以貴賤易其操。朕少孤微，艱辛備歷，逢時喪亂，享帝王之位，安敢過自奉養，以困黎民。卿可爲予疏録前代州府所獻滋味時果之類不便于民者，一切減省之。'故有是詔"。

　　[14]"又詔在朝文武臣僚"至"速具以聞"：《舊五代史考異》："案《通鑑》：詔曰：朕生長軍旅，不親學問，未知治天下之道。文武官有益國利民之術，各具封事以聞，咸宜直書其事，勿事辭藻。"見《通鑑》卷二九〇廣順元年正月庚辰條。

　　辛巳，鎮州武行德、晋州王晏、相州張彦成、潞州常思、邠州侯章並加兼侍中；[1]以侍衛馬軍都指揮使、果州防御使、檢校太保郭崇爲洋州節度使、檢校太傅，[2]典軍如故；以侍衛步軍都指揮使、岳州防禦使曹英爲利州節度使、檢校太傅，[3]典軍如故。癸未，涇州史懿、延州高允權、滄州王景、永興郭從義、定州孫方簡並加兼侍中，[4]鄜州楊信、同州薛懷讓、貝州王繼弘並加同平章事。[5]乙酉，華州王饒、河中扈彦珂、鄧州折從阮、邢州劉詞並加同平章事。[6]丙戌，幸西莊。[7]潞州奏，得石會關使王延美報，[8]河東劉崇於正月十六日僭號。丁亥，以前澶州節度使李洪義爲宋州節度使，加同平章事；[9]以曹州防禦使、北面行營馬步都排陣使何福進爲許州節度使，[10]加檢校太傅；以博州刺史、北面行營右厢排陣使李筠爲滑州節度使，加檢校太保。戊子，有司上言："准赦書，以晉、漢之胄爲二王後，其唐五廟仲祀合廢。"從之。庚寅，宗正寺奏："請依晉、漢故事，遷漢七廟神主入昇平宮，行仲享之禮，以漢宗子爲三獻。"[11]從之。《永樂大典》卷八千九百八十。[12]

[1]武行德：人名。并州榆次（今山西晉中市榆次區）人。五代、宋初將領。傳見《宋史》卷二五二。　相州：州名。治所在今河南安陽市。　張彦成：人名。又名張彦威。潞州潞城（今山西潞城市）人。五代將領。傳見本書卷一二三。

[2]果州：州名。治所在今四川南充市。　洋州：州名。治所在今陝西洋縣。

[3]岳州：州名。治所在今湖南岳陽市。　曹英：人名。常山真定（今河北正定縣）人。後周將領。傳見本書卷一二九。　利州：州名。治所在今四川廣元市。

[4]涇州：州名。治所在今甘肅涇川縣。　史懿：人名。代郡（今山西大同市）人。五代將領。傳見本書卷一二四。　延州：州名。治所在今陝西延安市。　高允權：人名。延州（今陝西延安市）人。五代將領。傳見本書卷一二五。　滄州：州名。治所在今河北滄縣舊州鎮。　王景：人名。萊州掖縣（今山東萊州市）人。五代、宋初將領。傳見《宋史》卷二五二。　孫方簡：人名。初名方簡，避後周太祖之父諱改名方諫。中山（今河北定州市）人，一說莫州清苑（今河北保定市清苑區）人。五代後晉至後周將領。傳見本書卷一二五、《新五代史》卷四九。

[5]鄜州：州名。治所在今陝西富縣。　楊信：人名。即楊承信。沙陀部人。五代將領楊光遠第三子。五代後晉至宋朝官員。傳見《宋史》卷二五二。　同州：州名。治所在今陝西大荔縣。　薛懷讓：人名。祖先爲戎人，徙居太原（今山西太原市）。五代將領。

傳見《宋史》卷二五四。　　貝州：州名。治所在今河北清河縣。
王繼弘：人名。南宮（今河北南宮市）人。五代將領。傳見本書卷
一二五。

　　[6]王饒：人名。慶州華池（今甘肅華池縣）人。五代將領。
傳見本書卷一二五。　　扈彥珂：人名。代州雁門（今山西代縣）
人。五代後晋至宋朝將領。傳見《宋史》卷二五四。　　折從阮：人
名。雲中（今山西大同市）人，羌族折掘氏。五代後唐、後晋、後
漢、後周將領。傳見本書卷一二五、《新五代史》卷五〇。

　　[7]西莊：地名。其地不詳，疑位於開封城外。

　　[8]石會關：關隘名。位於今山西省榆社縣西北。爲澤、潞和
太原間交通要扼之地。　　王延美：人名。籍貫不詳。本書僅此
一見。

　　[9]"丁亥"至"加同平章事"：中華書局本有校勘記："按此
事已見本卷上文癸酉，此處重出，二者或有一誤。"二者必有一誤。

　　[10]曹州防禦使：《大典》卷八九八〇引《五代薛史》作"前
曹州防禦使"。　　北面行營馬步都排陣使：官名。多以任節度使的武
臣出任，或由軍事指揮官兼任，多側重監督軍隊。參見王軼英《中國
古代排陣使述論》，《西北大學學報》2010 年第 6 期。

　　[11]昇平宮：宮名。位於今河南開封市。　　三獻：祭祀過程中，
陳列祭品以後要三次獻酒，即初獻、亞獻、終獻，合稱"三獻"。

　　[12]《大典》卷八九八〇"周"字韻"五代周太祖（一）"事
目。此卷現存。

舊五代史　卷一一一

周書二

太祖紀第二

　　廣順元年春二月癸巳朔，以樞密副使、尚書户部侍郎范質爲兵部侍郎，[1]依前充職；以陳州刺史、判三司李穀爲户部侍郎、[2]判三司；以右金吾大將軍、充街使翟光鄴爲左千牛衛上將軍，充宣徽北院使；[3]以宣徽北院使袁羲爲左武衛上將軍，充宣徽南院使；[4]以左右金吾大將軍、充街使符彦琳爲右監門上將軍。[5]丁酉，以皇子天雄軍牙内都指揮使、檢校右僕射、貴州刺史榮起爲澶州節度使、檢校太保，[6]以右金吾上將軍薛可言爲右龍武統軍，[7]以左神武統軍安審約爲左羽林統軍，[8]以左驍衛上將軍趙贊爲右羽林統軍，[9]以太子太師致仕宋彦筠爲左衛上將軍。[10]詔移生吐渾族帳於潞州長子縣江猪嶺。[11]己亥，以左武衛上將軍劉遂凝爲左神武統軍，[12]以左衛上將軍焦繼勳爲右神武統軍，[13]以左領軍衛上將軍史佺爲右衛上將軍。[14]

[1]廣順：五代後周太祖郭威年號（951—953）。　樞密副使：官名。樞密院副長官。　尚書户部侍郎：官名。尚書省户部次官。協助户部尚書掌天下田户、均輸、錢穀之政令。正四品下。　范質：人名。大名宗城（今河北威縣）人。後周、宋初宰相。傳見《宋史》卷二四九。　兵部侍郎：官名。尚書省兵部次官。協助兵部尚書掌武官銓選、勳階、考課之政。正四品下。

[2]陳州：州名。治所在今河南淮陽縣。　刺史：官名。州一級行政長官。漢武帝時始置，總掌考核官吏、勸課農桑、地方教化等事。唐中期以後，節度使、觀察使轄州而設，刺史爲其屬官，職任漸輕。從三品至正四品下。　判三司：官名。通掌鹽鐵、度支、户部三個部門事務。地位高於三司使。　李穀：人名。潁州汝陰（今安徽阜陽市）人。五代後周宰相。傳見《宋史》卷二六二。户部侍郎：官名。尚書省户部次官。協助户部尚書掌天下田户、均輸、錢穀之政。正四品下。

[3]右金吾大將軍：官名。唐置，掌宮禁宿衛。唐代置十六衛，即左右衛、左右驍衛、左右武衛、左右威衛、左右領軍衛、左右金吾衛、左右監門衛、左右千牛衛，各置上將軍，從二品；大將軍，正三品；將軍，從三品。　街使：官名。掌巡查京城六街。　翟光鄴：人名。濮州鄄城（今山東鄄城縣）人，五代將領。傳見本書卷一二九、《新五代史》卷四九。　左千牛衛上將軍：官名。唐置，掌宮禁宿衛，唐代置十六衛之一。從二品。　宣徽北院使：官名。唐始置。宣徽北院的長官。初用宦官，五代以後改用士人。與宣徽南院使通掌内諸司及三班内侍之名籍，郊祀、朝會、宴享供帳之儀，檢視内外進奉名物。參見王永平《論唐代宣徽使》，《中國史研究》1995 年第 1 期；王孫盈政《再論唐代的宣徽使》，《中華文史論叢》2018 年第 3 期。

[4]袁羲：人名。袁象先之子。五代將領，歷任復州刺史、左龍武大將軍、左神武統軍、宣徽南院使、延州節度使等。事見本書卷一一二、卷一一四等。　左武衛上將軍：官名。唐置，掌宮禁宿

衛，唐代置十六衛之一。從二品。　宣徽南院使：官名。唐始置。宣徽南院長官。初用宦官，五代以後改用士人。與宣徽北院使通掌内諸司及三班内侍之名籍，郊祀、朝會、宴享供帳之儀，檢視内外進奉名物。參見王永平《論唐代宣徽使》、王孫盈政《再論唐代的宣徽使》。

　　[5]符彦琳：人名。陳州宛丘人（今河南淮陽縣）。符存審之子。五代將領。事見本書本卷、卷九〇。　右監門上將軍：官名。唐置，掌宮禁宿衛，唐代置十六衛之一。從二品。

　　[6]天雄軍：方鎮名。亦稱“魏博軍”。唐天祐元年（904）以魏博節度使號爲天雄軍，治所在魏州（今河北大名縣）。　牙内都指揮使：官名。唐、五代時期衙内指揮使爲節度使府衙内之牙將，統最親近衛兵，高一級的稱衙内都指揮使。　檢校右僕射：官名。尚書右僕射爲隋唐宰相名號。檢校尚書右僕射爲散官或加官，以示恩寵，無實際執掌。　貴州：州名。治所在今廣西貴港市。　榮：人名。即五代後周世宗柴榮。954至959年在位。紀見本書卷一一四至卷一一九、《新五代史》卷一二。　澶州：州名。唐、五代初，治所在今河南清豐縣。後晉天福四年（939），移治於今河南濮陽縣。　節度使：官名。唐時在重要地區所設掌握一州或數州軍事、民事、財政的長官。　檢校太保：官名。爲散官或加官，以示恩寵，無實際執掌。　貴州刺史榮起爲澶州節度使、檢校太保：中華書局本有校勘記：“‘起’字下原有‘復’字，據《永樂大典》卷八九八〇引《五代薛史》删。按本卷下文：‘（五月）戊辰，皇子澶州節度使榮起復，依前澶州節度使，以故貴妃張氏去歲薨，至是發哀故也。’”

　　[7]右金吾上將軍：官名。唐置，掌宮禁宿衛，唐代置十六衛之一。從二品。《輯本舊史》卷一〇一《漢隱帝紀上》乾祐元年（948）四月甲辰條：“以宣徽北院使薛可言爲右金吾上將軍。”有書爲證。　薛可言：人名。籍貫不詳。五代將領。歷任齊州防禦使、延州留後、宣徽北院使。事見本書卷八四、卷一〇〇。　右龍武統

軍：官名。唐代右龍武軍統兵官。唐置六軍，分左右羽林、左右龍武、左右神武等，即"北衙六軍"。興元元年（784），六軍各置統軍，以寵功勳臣。其品秩，《唐會要》卷七一、《舊唐書》卷一二記載爲"從二品"，《通鑑》卷二二九記載爲"從三品"。 以右金吾上將軍薛可言爲右龍武統軍：《輯本舊史》之影庫本粘籤："右金吾，原本脱'吾'字，今據文增入。"

［8］左神武統軍：官名。唐代"北衙六軍"之一左神武軍統兵官。 安審約：人名。籍貫不詳。五代藩鎮將領。事見本書卷八二、卷八三、卷八四。 左羽林統軍：官名。唐置"北衙六軍"之一，以寵功勳臣。其品秩，《唐會要》卷七一、《舊唐書》卷一二記載爲"從二品"，《通鑑》卷二二九記載爲"從三品"。

［9］左驍衛上將軍：官名。唐置，掌宮禁宿衛，唐代置十六衛之一。從二品。 趙贊：人名。幽州薊（今北京市）人。五代後唐、遼朝將領趙延壽之子。五代後唐至宋初將領。傳見《宋史》卷二五四。 右羽林統軍：官名。唐置"北衙六軍"之一，以寵功勳臣。其品秩，《唐會要》卷七一、《舊唐書》卷一二記載爲"從二品"，《通鑑》卷二二九記載爲"從三品"。

［10］太子太師：官名。與太子太傅、太子太保統稱太子三師。隋唐以後多作加官或贈官。從一品。 宋彥筠：人名。雍丘（今河南杞縣）人。五代後唐、後周將領。傳見本書卷一二三。 左衛上將軍：官名。唐置，掌宮禁宿衛，唐代置十六衛之一。從二品。

［11］生吐渾：部族名。吐谷渾分爲生、熟吐渾。源出鮮卑，後游牧於今甘肅、青海一帶。參見周偉洲《吐谷渾資料輯録》（增訂本），商務印書館 2017 年版。 潞州：州名。治所在今山西長治市。 長子縣：縣名。治所在今山西長子縣。 江猪嶺：地名。位於今山西長子縣南四十里，與高平縣接界。

［12］劉遂凝：人名。密州安丘（今山東安丘市）人。後梁將領劉鄩之子。歷任華州節度使、右龍武統軍、左驍衛上將軍。傳見本書卷一三一。 左神武統軍：官名。唐置"北衙六軍"之一，以

寵功勳臣。其品秩，《唐會要》卷七一、《舊唐書》卷一二記載爲
"從二品"，《通鑑》卷二二九記載爲"從三品"。 以左武衛上將
軍劉遂凝爲左神武統軍：中華書局本有校勘記："'以'字原闕，據
殿本及本卷上下文補。"

[13]焦繼勳：人名。許州長社（今河南長葛市東）人。五代、
宋初將領。傳見《宋史》卷二六一。 右神武統軍：官名。唐置
"北衙六軍"之一，以寵功勳臣。其品秩，《唐會要》卷七一、《舊唐
書》卷一二記載爲"從二品"，《通鑑》卷二二九記載爲"從三品"。

[14]左領軍衛上將軍：官名。唐置，掌宮禁宿衛，唐代置十六
衛之一。從二品。 史佺：人名。籍貫不詳。五代將領。事見本書
卷一二〇。 右衛上將軍：官名。唐置，掌宮禁宿衛，唐代置十六
衛之一。從二品。

庚子，故吳國夫人張氏追贈貴妃；[1]故皇第三女追
封樂安公主；故第二子青哥贈太保，[2]賜名侗；第三子
意哥贈司空，[3]賜名信；故長婦劉氏追封彭城郡夫人。[4]
皇姪三人：守筠贈左領軍將軍，改名愿；[5]奉超贈左監
門將軍；定哥贈左千牛衛將軍，[6]賜名遜。故皇孫三人：
宜哥贈左驍衛大將軍，賜名誼；喜哥贈武衛大將軍，賜
名誠；三哥贈左領衛大將軍，[7]賜名諴。辛丑，西州回
鶻遣使貢方物。[8]前開封尹、魯國公侯益進封楚國公，
前西京留守、莒國公李從敏進封秦國公，前西京留守王
守恩進封莒國公。[9]癸卯，以前中書侍郎兼户部尚書、
平章事李濤爲太子賓客。[10]詔宣徽南院使袁羲權知開封
府事，以太子太保和凝爲太子太傅。[11]丙午，晉州王晏
奏，[12]河東劉崇遣僞招討使劉鈞、副招討使白截海，[13]
率步騎萬餘人來攻州城，以今月五日五道齊攻，率州兵

拒之，賊軍傷死甚衆。[14]內出寶玉器及金銀結縷、寶裝牀几、飲食之具數十，碎之於殿庭。帝謂侍臣曰："凡爲帝王，安用此！"仍詔所司，凡珍華悦目之物，不得入宮。先是，迴鶻間歲入貢，禁民不得與蕃人市易寶貨，至是一聽私便交易，官不禁詰。

[1]張氏：人名。恒州真定（今河北正定縣）人。郭威后妃。漢末遇害。事見本書本卷、卷一一二。

[2]青哥：人名。郭威之子。不知母誰氏，漢末遇害。事見本書卷一一二。　太保：官名。與太師、太傅合稱三師，唐後期、五代多爲大臣、勳貴加官。正一品。

[3]意哥：人名。郭威之子。不知母誰氏，漢末遇害。事見本書卷一一二。　司空：官名。與太尉、司徒並爲三公，唐後期、五代多爲大臣、勳貴加官。正一品。

[4]劉氏：人名。將家女。漢末遇害，後追封爲世宗皇后。事見本書卷一二一。

[5]守筠：人名。即郭守筠，郭威侄。事見本書卷一二二。左領軍將軍：官名。唐置，掌宮禁宿衛，唐代置十六衛之一。從三品。　守筠贈左領軍將軍，改名愿：中華書局本有校勘記："《永樂大典》卷八九八〇引《五代薛史》、《册府》卷二七七同。按本書卷一一七《周世宗紀四》：'故皇從弟贈左領軍大將軍守愿，再贈左衛大將軍。'又《新五代史》卷一九《周太祖家人傳》：'皇姪守筠，贈左領軍衛將軍，以"筠"聲近"榮"，爲世宗避，更名守愿。'"

[6]奉超：人名。即郭奉超，郭威侄。事見本書卷一二二。左監門將軍：官名。唐置，掌宮禁宿衛，唐代置十六衛之一。從三品。　定哥：人名。郭威侄。事見本書卷一二二。　左千牛衛將軍：官名。唐置，掌宮禁宿衛，唐代置十六衛之一。從三品。

[7]宜哥：人名。後周世宗柴榮長子柴誼別名。乾祐三年（950）爲後漢隱帝誅殺。傳見本書卷一二二、《新五代史》卷二〇。　左驍衛大將軍：官名。唐置，掌宮禁宿衛，唐代置十六衛之一。正三品。　喜哥：人名。郭威之子。後漢末遇害。事僅見本書本卷。　武衛大將軍：官名。唐置，掌宮禁宿衛，唐代置十六衛之一。正三品。　三哥：人名。郭威之子。後漢末遇害。事僅見本書本卷。　左領衛大將軍：官名。唐置，掌宮禁宿衛，唐代置十六衛之一。正三品。

[8]西州回鶻：又稱北庭回鶻、和州回鶻、高昌回鶻、阿斯蘭回鶻。指古代西遷後的回鶻人及其政權。原居別失八里（今新疆吉木薩爾縣境内），後移都哈喇和卓（今新疆吐魯番市東南）。參見楊蕤《回鶻時代：10—13世紀陸上絲綢之路貿易研究》，中國社會科學出版社2015年版。

[9]開封尹：官名。即開封府尹。五代除後唐外均都汴州，升汴州爲開封府，置開封尹或知開封府事，執掌京師政務。從三品。　侯益：人名。汾州平遥（今山西平遥縣）人。五代後唐至宋初將領。傳見《宋史》卷二五四。　西京留守：官名。唐代始置。皇帝出巡或親征時指定親王或大臣留守，綜理軍事、行政、民事、財政。　李從敏：人名。後唐明宗之侄。傳見本書卷一二三、《新五代史》卷一五。　王守恩：人名。太原（今山西太原市）人。後晉潞州節度使王建立子，後漢時曾任宰相。傳見本書卷一二五。

[10]中書侍郎：官名。中書省副長官，唐後期三省長官漸爲榮銜，中書侍郎、門下侍郎却因參議朝政而職位漸重，常常以“同三品”或“同平章事”任宰相實職。正三品。　户部尚書：官名。尚書省户部長官。掌管全國土地、户籍、賦税、財政收支諸事。正三品。　平章事：官名。即“同中書門下平章事”。唐高宗以後，凡實際任宰相之職者，常在其本官後加同平章事的職銜。後成爲宰相專稱。後晉天福五年（940），升中書門下平章事爲正二品。　李濤：人名。京兆萬年（今陝西西安市長安區）人。唐敬宗子郇王瑋

後裔，五代官員。傳見《宋史》卷二六二。　太子賓客：官名。爲太子官屬。唐高宗顯慶元年（656）始置。掌侍從規諫、贊相禮儀。正三品。

[11]開封府：府名。後周都城。治所在今河南開封市。　太子太保：官名。與太子太師、太子太傅統稱太子三師。隋唐以後多作加官或贈官。從一品。　和凝：人名。鄆州須昌（今山東東平縣）人。五代後晉宰相。傳見本書卷一二七、《新五代史》卷五六。太子太傅：官名。與太子太師、太子太保統稱太子三師。隋唐以後多作加官或贈官。從一品。

[12]晉州：州名。治所在今山西臨汾市。　王晏：人名。徐州滕（今山東滕州市）人。五代、宋初將領。傳見《宋史》卷二五二。《輯本舊史》之影庫本粘籤：“王晏，原本作‘王早’，今從《宋史》改正。”《大典》卷八九八〇引《五代薛史》亦作“王晏”。

[13]河東：方鎮名。治所在太原（今山西太原市）。　劉崇：人名。即劉旻。太原（今山西太原市）人。後漢高祖劉知遠從弟。後漢時任太原尹，專制一方。後周代漢，他稱帝於太原，國號漢，史稱北漢。傳見本書卷一三五、《新五代史》卷七〇。　招討使：官名。唐始置。戰時任命，兵罷則省。常以大臣、將帥或地方軍政長官兼任。掌招撫、討伐等事務。　劉鈞：人名。原名劉承鈞，太原（今山西太原市）人。沙陀族。五代十國北漢世祖劉崇次子，北漢第二任君主。傳見《新五代史》卷七〇。　副招討使：官名。招討使副職。戰時任命，兵罷則省。掌招撫、討伐等事務。　白截海：人名。籍貫不詳。五代將領。本書僅此一見。

[14]賊軍傷死甚衆：《舊五代史考異》：“案《宋史·王晏傳》：劉崇侵晉州，晏閉關不出，設伏城上。并人以爲怯，競攀堞而登，晏麾伏兵擊之，顚死者甚衆，遂焚橋遁。晏遣子漢倫追北數十里，斬首百餘級。”

丁未，左千牛衞將軍朱憲使契丹迴。[1]契丹主兀欲
遣使裵骨支來獻良馬一駟，[2]賀登極。戊申，詔曰："朕
祇膺景命，奄有中區，每思順物之情，從衆之欲。將使
照臨之下，咸遂寬舒；仕宦之流，自安進退。往者有司
拘忌，人或滯流，所在前資，並遣赴闕。輦轂之下，[3]
多寄食僦舍之徒；歲月之間，動懷土念家之思。宜循大
體，用革前規。應諸道州府，有前資朝官居住，如未赴
京，不得發遣。其行軍副使已下，幕職州縣官等，得替
求官，自有月限，年月未滿，一聽外居。如非時詔徵，
不在此限。"[4]己酉，有司議立四親廟，從之。辛亥，以
太子少傅楊凝式爲太子少師，以太常卿張昭爲户部尚
書，以尚書左丞王易爲禮部尚書，以兵部侍郎邊蔚爲太
常卿，[5]以翰林學士、中書舍人魚崇諒爲工部侍郎充職，
以户部侍郎韋勳爲兵部侍郎，以刑部侍郎邊歸讜爲户部
侍郎，以禮部侍郎司徒詡爲刑部侍郎，[6]以祕書監趙上
交爲禮部侍郎，以兵部尚書王仁裕爲太子少保，以翰林
學士、禮部尚書張沆爲刑部尚書充職，[7]以尚書右丞田
敏爲左丞，以吏部侍郎段希堯爲工部尚書，以太子詹事
馬裔孫爲太子賓客。[8]前鄧州節度使劉重進、前滑州節
度使宋延渥，[9]並加食邑。吐渾府留後王全德加檢校太
保，充憲州刺史。[10]隰州刺史許遷奏，河東賊軍劉筠自
晋州引兵來攻州城，尋以州兵拒之，賊軍傷死者五百
人，信宿遁去。[11]丁巳，[12]以尚書左丞田敏充契丹國信
使。迴鶻遣使貢方物。[13]己未，天德軍節度使、虢國公
郭勳加同平章事，[14]以前宗正卿劉暐爲衞尉卿。[15]辛酉，

以衛尉卿邊光範爲祕書監，以前吏部侍郎李詳爲吏部侍郎，[16]以前户部侍郎顔衎爲尚書右丞。[17]

［1］朱憲：人名。籍貫不詳。五代後周將領。事見本書本卷、卷一一〇。　契丹：古部族、政權名。公元 4 世紀中葉宇文部爲前燕攻破，始分離而成單獨的部落，自號契丹。唐貞觀中，置松漠都督府，以其首領爲都督。唐末强盛，916 年迭剌部耶律阿保機建立契丹國（遼）。先後與五代、北宋並立，保大五年（1125）爲金所滅。參見張正明《契丹史略》，中華書局 1979 年版。　左千牛衛將軍朱憲使契丹迴：中華書局本沿《輯本舊史》闕“衛”字，據《會要》卷二九契丹條廣順元年（951）正月記事、《宋本册府》卷八九〇《外臣部·通好門》廣順元年二月丁未條、《通鑑》卷二九〇廣順元年正月癸酉條補。

［2］兀欲：人名。即遼世宗耶律阮。契丹族，遼太祖耶律阿保機孫，人皇王耶律倍長子，遼朝第三代皇帝。紀見《遼史》卷五。　裛骨支：人名。籍貫不詳。契丹使者。事見《新五代史》卷一一。　契丹主兀欲遣使裛骨支來獻良馬一駟：中華書局本有校勘記：“‘裛骨支’，原作‘人’，據《永樂大典》卷八九八〇引《五代薛史》改。殿本作‘郭濟’，殿本《考證》：‘郭濟，舊作“骨支”，今改。’《通鑑》卷二九〇作‘曩骨支’。”見《通鑑》卷二九〇廣順元年二月丁未條。《新五代史》卷一一《周太祖本紀》略同《舊史》。

［3］“咸遂寬舒”至“輦轂之下”：中華書局本有校勘記：“以上三十四字原闕，據《永樂大典》卷八九八〇引《五代薛史》補。”“仕宦之流”，中華書局本沿《輯本舊史》作“仕宦之流”，據《大典》卷八九八〇引《五代薛史》改。

［4］不在此限：此句後，《宋本册府》卷六三四《銓選部·條制門六》有“但闕員有數，入官者多。苟無定規，必生躁競。凡爾

進取，知朕意焉”等句。

[5]太子少傅：官名。與太子少保、太子少師合稱“三少”，唐後期、五代多爲大臣、勳貴加官。從二品。 楊凝式：人名。同州馮翊（今陝西大荔縣）人。楊涉之子。歷事梁、唐、晉、漢、周。傳見本書卷一二八、《新五代史》卷三五。 太子少師：官名。與太子少傅、太子少保統稱太子三少。隋唐以後多作加官或贈官。從二品。 太常卿：官名。西漢置太常，南朝梁始置太常卿。太常寺長官。掌宗廟祭祀、禮樂及教育等。正三品。 張昭：人名。世居濮州范縣（今河南范縣）。五代、宋初大臣。傳見《宋史》卷二六三。 尚書左丞：官名。尚書省佐貳官。唐中期以後，與尚書右丞實際主持尚書省日常政務，權任甚重。正四品上。後梁開平二年（908）改爲左司侍郎，後唐同光元年（923）復舊爲左丞。正四品。 王易：人名。籍貫不詳。五代官員，曾任後周尚書左丞、禮部尚書、兵部尚書、鹵簿使，事見本書本書、卷一一三。 禮部尚書：官名。尚書省禮部長官。掌禮儀、祭享、貢舉之政。正三品。 邊蔚：人名。京兆長安（今陝西西安市）人。五代大臣。傳見本書卷一二八。

[6]翰林學士：官名。由南北朝始設之學士發展而來，唐玄宗改翰林供奉爲翰林學士，備顧問，代王言。掌拜免將相、號令征伐等詔令的起草。 中書舍人：官名。中書省屬官。掌起草文書、呈遞奏章、傳宣詔命等。正五品上。 魚崇諒：人名。其先楚州山陽（今江蘇淮安市淮安區）人，後徙於陝。五代、宋初官員。傳見《宋史》卷二六九。《新五代史》作“魯崇諒”。 工部侍郎：官名。尚書省工部次官。協助尚書掌管百工、山澤、水土之政令，考其功以昭賞罰，總所統各司之事。正四品下。 韋勳：人名。籍貫不詳。五代後晉至後周官員，歷任後晉左散騎常侍、工刑戶三部侍郎、太子賓客，後周兵部侍郎、尚書右丞。事見本書卷七七至卷七八、卷八〇至卷八四、卷一一一至卷一一二。 刑部侍郎：官名。尚書省刑部次官。協助刑部尚書掌天下刑法及徒隸、勾覆、關禁之

政令。正四品下。　邊歸讜：人名。幽州薊（今天津市薊州區）人。五代、宋初大臣。傳見《宋史》卷二六二。　禮部侍郎：官名。尚書省禮部次官。協助禮部尚書掌禮儀、祭享、貢舉之政。正四品下。　司徒詡：人名。清河郡（今河北清河縣）人。五代後唐官員。傳見本書卷一二八。

[7]祕書監：官名。秘書省長官。東漢始置。掌圖書秘記等。從三品。　趙上交：人名。涿州范陽（今河北涿州市）人。五代、宋初大臣。本名遠，字上交，避後漢高祖劉知遠諱，遂以字爲名。傳見《宋史》卷二六二。　兵部尚書：官名。尚書省兵部長官。掌兵衛、武選、車輦、甲械、厩牧之政令。正三品。　王仁裕：人名。天水（今甘肅天水市）人。五代大臣。傳見本書卷一二八、《新五代史》卷五七。　太子少保：官名。與太子少師、太子少傅統稱太子三少。隋唐以後多作加官或贈官。從二品。　禮部尚書：官名。尚書省禮部長官。掌禮儀、祭享、貢舉之政。正三品。　張沇：人名。徐州（今江蘇徐州市）人。五代後唐、後晉、後周官員。傳見本書卷一三一。　刑部尚書：官名。尚書省刑部長官。掌天下刑法及徒隸、勾覆、關禁之政令。正三品。

[8]尚書右丞：官名。尚書省佐貳官。唐中期以後，與尚書左丞實際主持尚書省日常政務，權任甚重。後梁開平二年（908）改爲右司侍郎，後唐同光元年（923）復舊爲右丞。唐時爲正四品下，後唐長興元年（930）升爲正四品。　田敏：人名。鄒平（今山東鄒平縣）人。五代初學者，歷仕梁、唐、晉、漢、周，官至工部尚書。以太子少保致仕，與太常卿劉岳撰《刪定書儀》。傳見《宋史》卷四三一。　吏部侍郎：官名。尚書省吏部次官。協助吏部尚書掌文選、勳封、考課之政。正四品上。　段希堯：人名。河內（今河南沁陽市）人。五代大臣。傳見本書卷一二八、《新五代史》卷五七。　工部尚書：官名。尚書省工部長官。掌百工、屯田、山澤之政令。正三品。　太子詹事：官名。掌領太子之詹事府，爲太子官屬之長。正三品。　馬裔孫：人名。《新五代史》作"馬胤

孫”，或避宋太祖諱改“胤”爲“裔”。棣州滴河（今山東商河縣）人。五代後唐進士、宰相。傳見本書卷一二七、《新五代史》卷五五。

[9]鄧州：州名。治所在今河南鄧州市。“鄧州”，《輯本舊史》原作“鄘州”，中華書局本有校勘記：“本書卷一一〇《周太祖紀一》作‘鄧州’。按《宋史》卷二六一《劉重進傳》未記其嘗歷鄘州。”但未改。所有文獻均無劉重進曾任鄘州節度使之記載。《輯本舊史》卷一〇〇《漢高祖紀下》天福十二年（947）七月庚子條載以許州節度使劉重進爲鄧州節度使；《宋史》卷二六一《劉重進傳》又記重進漢初移鎮鄧州，乾祐末罷鎮來朝。據改。　劉重進：人名。本名晏僧。幽州人（今北京市）。五代、宋初將領。傳見《宋史》卷二六一。　滑州：州名。治所在今河南滑縣。　宋延渥：人名。洛陽（今河南洛陽市）人。五代、宋初將領，後漢高祖劉知遠婿。入宋後改名偓。傳見《宋史》卷二五五《宋偓傳》。

[10]留後：官名。原非正式命官，唐朝節度使入朝或宰相、親王遙領節度使不臨鎮則置。安史之亂後，節度使多以子弟或親信爲留後，以代行節度使職務，亦有軍士、叛將自立爲留後者。掌一州或數州軍政。北宋始爲朝廷正式命官。　王全德：人名。籍貫、事跡不詳。本書僅此一見。　憲州：州名。治所在今山西婁煩縣。

[11]隰州：州名。治所在今山西隰縣。　許遷：人名。鄆州（今山東東平縣）人。五代將領。傳見本書卷一二九。　信宿：兩夜。

[12]丁巳：丁巳（二十五）條前，《新五代史》卷一一《周太祖本紀》尚有一條癸丑（二十一）日記事：“寒食，望祭于蒲池。”明本《册府》卷三一《帝王部·奉先門四》：“廣順元年二月癸丑寒食節，帝出玄化門，至蒲池設御幄，遥拜諸陵，用家人之禮也。”

[13]迴鶻遣使貢方物：《新五代史》卷一一《周太祖本紀》作“回鶻使摩尼來”。

[14]天德軍：方鎮名。治天德軍城（今内蒙古烏拉特前旗烏

梁素海土城子）。　郭勳：人名。籍貫不詳。五代將領。事見本書本卷及卷一○二、卷一一四。

[15]宗正卿：官名。秦始置宗正，南朝梁始有宗正卿之官。由宗室充任。掌皇族外戚屬籍。正三品。中華書局本有校勘記：“宗正卿，原作‘宗卿’，據殿本、劉本、邵本校、《永樂大典》卷八九八○引《五代薛史》、本書卷一○三《漢隱帝紀下》下補。”劉晞：人名。涿州歸義（今河北容城縣）人。傳見本書卷一三一。

衛尉卿：官名。北魏置，隋、唐、五代爲衛尉寺長官。掌供宮廷、祭祀、朝會之儀仗帷幕，通判本寺事務。從三品。

[16]邊光範：人名。并州陽曲（今山西太原市）人。歷仕五代後唐、後晉至宋代。傳見《宋史》卷二六二。　李詳：人名。籍貫不詳。五代後唐至後周官員，歷任左補闕、中書舍人、尚書右丞、吏部侍郎。事見本書卷四二、卷七七、卷八四。

[17]顏衎（kàn）：人名。曲阜（今山東曲阜市）人。五代、宋初大臣。傳見《宋史》卷二七○。《輯本舊史》之影庫本粘籤：“顏衎，原本作‘顏衍’，今從《宋史》改正。”見《宋史》卷二七○《顏衎傳》。《大典》卷八九八○引《五代薛史》作“顏衎”。　以前戶部侍郎顏衎爲尚書右丞：《輯本舊史》卷八四《晉少帝紀四》開運三年（946）三月癸卯條：“戶部侍郎顏衎上表，以母老乞解官就養，從之。”

三月壬戌朔，前西京留守李從敏卒。戊辰，以前左武衛上將軍李懷忠爲太子太傅致仕，以前邢州節度使安審暉爲太子太師致仕。[1]辛未，幸南莊。[2]壬申，詔曰：“諸州府先差散從親事官等，前朝創置，蓋出權宜，苟便一時，本非舊貫。近者遍詢羣議，兼採封章，且言前件抽差，於理不甚允當，一則礙州縣之色役，一則妨春夏之耕耘，貧乏者困於供須，豪富者幸於影庇，既爲煩擾，須至改更。況當東作之時，宜罷不急之務。其諸州所差散從親事官等，並宜放散。"[3]詔下，公私便之。徐州行營都部署王彥超馳奏，收復徐州。[4]詔曰："城内逆首楊溫及親近徒黨並處斬。[5]其餘無名目人及本城軍都將校、職掌吏民等，雖被脅從，本非同惡，並釋放。兼知自前楊溫招喚草賊，同力守把，朕以村墅小民，偶被煽誘，念其庸賤，特與含容，其招入城草賊，並放歸農，仍倍加安撫。湘陰公夫人并骨肉在彼，[6]仰差人安撫守護，勿令驚恐。"以右散騎常侍張煦、給事中王延藹並為左散騎常侍，[7]以前大名府少尹李瓊為將作監，以前彰武軍節度使周密為太子太師致仕，以衛尉卿劉晞充漢隱帝山陵都部署。[8]

[1]李懷忠：人名。太原晉陽（今山西太原市）人。五代後唐至後周將領。傳見本書卷一二四。 邢州：州名。治所在今河北邢臺市。 安審暉：人名。籍貫不詳。五代後晉將領。傳見本書卷一二三。

[2]南莊：地名。其地不詳，疑位於開封城外。

[3]並宜放散：該句後，明本《册府》卷一六〇《帝王部·革弊門二》有"自逐田農。自去年四月已前州縣元管係人數，一切如舊，其遞鋪如已前招到者，且仰仍舊，今後更不得招召。其諸處場院，竝不得影庇兩稅人户。所有河北諸州及澤、潞、晉、絳、磁、陘、解等州於先差散從親事官内選到弓箭手，只且留在本州管係，其餘放散"等句。

[4]徐州：州名。治所在今江蘇徐州市。 行營都部署：官名。凡行軍征討，掛帥率軍戰鬥，總管行營事務。 王彥超：人名。大名臨清（今河北臨西縣）人。五代、宋初將領。傳見《宋史》卷

二五五。　徐州行營都部署王彦超馳奏，收復徐州：《新五代史》卷一一《周太祖本紀》廣順元年（951）三月甲戌條：“武寧軍節度使王彦超克徐州。”

[5]楊溫：人名。籍貫不詳。劉贇部將，時爲教練使。後爲後周將領王彦超所殺。事見《通鑑》卷二九〇。　詔曰城內逆首楊溫及親近徒黨並處斬：中華書局本無“詔曰”兩字，有校勘記：“‘城內’，《永樂大典》卷八九八〇引《五代薛史》同，殿本作‘詔曰’。按‘城內’以下係詔文，疑其上脱‘詔曰’二字。”文中有“朕以村墅小民”等語，必爲詔書之文，故補。

[6]湘陰公：人名。即劉贇。後漢宗室。後漢高祖劉知遠之姪，北漢世祖劉崇之子。傳見本書卷一〇五、《新五代史》卷一八。

[7]右散騎常侍：官名。中書省屬官。掌侍奉規諷，備顧問應對。正三品下。　張煦：人名。籍貫不詳。後周時擔任散騎常侍、刑部尚書、兵部尚書等職。事見本書本卷至卷一一四。　給事中：官名。秦始置。隋唐以來，爲門下省屬官。掌讀署奏抄，駁正違失。正五品上。　王延藹：人名。籍貫、事跡不詳。本書僅此一見。　左散騎常侍：官名。門下省屬官。掌侍奉規諷，備顧問應對。正三品下。

[8]大名府：州名，即魏州。治所在今河北大名縣。唐故曰大名府，置天雄軍，五代皆因之。後唐建鄴都，晋、漢因之，至周罷。大名府，後唐曰興唐，晋曰廣晋，漢、周復曰大名。　少尹：官名。唐、五代於三京、鳳翔等府均置少尹，爲尹的副職。協助尹通判列曹諸務。從四品下。　李瓊：人名。幽州（今北京）人。五代官員，曾任大名府少尹、將作監。傳見《宋史》卷二六一。　將作監：官名。秦代設將作少府，唐代改將作監，其長官即爲將作監。掌宮廷器物置辦及宮室修建事宜。從三品。　彰武軍：方鎮名。治所在延州（今陝西延安市）。　周密：人名。應州神武川（今山西山陰縣）人。五代將領。傳見本書卷一二四。　漢隱帝：即劉承祐。五代後漢高祖劉知遠次子。紀見本書卷一〇一至一〇

三、《新五代史》卷一〇。　　山陵都部署：官名。掌營建、保衛皇室陵墓諸事。

丙子，以太子少保致仕王延爲太子少傅，以户部尚書致仕盧損、左驍衛上將軍致仕李肅並爲太子少保，兵部尚書致仕韓昭裔爲尚書右僕射，太子太師致仕盧文紀爲司空，[1]自延而下，並依前致仕。故散騎常侍裴羽贈户部尚書，故太子賓客蕭愿贈禮部尚書。[2]以司農卿致仕薛仁謙爲鴻臚卿，以將作監致仕烏昭爲太府卿，以太常少卿致仕王禧爲少府監，以祕書少監致仕段顒爲將作監，[3]自仁謙而下，並依前致仕。詔沿淮州縣軍鎮，今後自守疆土，不得縱一人一騎擅入淮南地分。[4]己卯，潞州奏，涉縣所擒河東將士二百餘人部送赴闕。[5]詔給衫袴巾屨，放歸本土。甲申，鎮州武行德移鎮許州，何福進移鎮鎮州。[6]丙戌，以襄州節度副使郭令圖爲宗正卿。[7]詔曰：“故蘇逢吉、劉銖，[8]頃在漢朝，與朕同事。朕自平禍亂，不念仇讎，尋示優弘，與全家屬。尚以幼稚無託，衣食是艱，將行矜卹之恩，俾獲生存之路，報怨以德，非我負人。賜逢吉骨肉洛京莊宅各一，賜劉銖骨肉陝州莊宅各一。”[9]己丑，幸南莊。庚寅，唐故郇國公李從益追封許王，唐明宗淑妃王氏追贈賢妃。[10]辛卯，詔：“諸道節度副使、行軍司馬、兩京少尹、留守判官、兩使判官，並許差定當直人力，不得過十五人；諸府少尹、書記、支使、防御團練副使，不得過十人；節度推官、防御團練軍事判官，不得過七人，逐處係帳收管。此外如敢額外影占人户，其本官當行朝典。”先是，漢隱帝時，有人上言："州府從事令録，皆請料錢，自合雇人驅使，不合差遣百姓丁户。"秉政者然之，乃下詔州府從事令録，本處先差職役，並放歸農。自是官吏有獨行趨府縣者，帝頗知之，故有是命。[11]

　　[1]王延：人名。鄭州長豐（今河北文安縣南）人。五代大臣，歷事五代各朝。傳見本書卷一三一、《新五代史》卷五七。盧損：人名。范陽（今河北涿州市）人。唐末、五代官員。傳見本書卷一二八、《新五代史》卷五五。　李肅：人名。籍貫不詳。五代官員，歷仕後梁至後周。事見本書卷四六、卷七六等。　韓昭裔：人名。籍貫不詳。後唐、後晋、後周官員。事見本書本卷、卷四七、卷七六、卷七八、卷一一四。　尚書右僕射：官名。秦始置。隋、唐前期以左、右僕射佐尚書令總理六官，綱紀庶務；如不置尚書令，則總判省事，爲宰相之職。唐後期多爲大臣加銜。從二品。　盧文紀：人名。京兆萬年（今陝西西安市長安區）人。唐末進士，五代宰相。傳見本書卷一二七、《新五代史》卷五五。

　　[2]散騎常侍：官名。門下省屬官。掌侍奉規諷，備顧問應對。正三品下。　裴羽：人名。河東聞喜（今山西聞喜縣）人。唐僖宗朝宰相裴贄之子。唐末出仕，歷仕五代後梁至後周，官至左散騎常侍。傳見本書卷一二八、《新五代史》卷五七。　蕭愿：人名。京兆萬年（今陝西西安市長安區）人。唐末五代官員。傳見本書卷一二八。

　　[3]司農卿：官名。司農寺長官。佐司農卿掌管倉廩、籍田、苑囿諸事。從三品上。　薛仁謙：人名。開封浚儀（今河南開封市）人，祖籍河東。宋初宰相薛居正之父。歷仕五代後唐至後周。傳見本書卷一二八。　鴻臚卿：官名。秦稱典客，漢初改大行令，漢武帝時改大鴻臚，北齊置鴻臚寺，以鴻臚寺卿爲長官，後代沿置。掌四夷朝貢、宴飲賞賜、送迎外使等禮儀活動。從三品。　烏

昭：人名。籍貫、事跡不詳。本書僅此一見。　太府卿：官名。南朝梁始置。太府寺長官。掌國家財帛庫藏出納、關市稅收等務。從三品。　太常少卿：官名。太常寺次官。佐太常卿掌宗廟祭祀禮樂及教育等。正四品上。　王禧：人名。籍貫不詳。五代官員。事見本書本卷、卷八〇。　少府監：官名。少府監長官。隋初置，唐初廢，太宗時復置。掌百工技巧之事。從三品。　祕書少監：官名。唐承隋制，置秘書省，設秘書少監二人協助秘書監工作。從四品上。　段顒：人名。籍貫不詳。五代後唐至後周官員。事見本書卷一四二。

[4]淮南：方鎮名。治所在揚州（今江蘇揚州市）。

[5]涉縣：縣名。治所在今河北涉縣。

[6]鎮州：州名。治所在今河北正定縣。　武行德：人名。并州榆次（今山西晉中市榆次區）人。五代、宋初將領。傳見《宋史》卷二五二。　許州：州名。治所在今河南許昌市。　何福進：人名。太原（今山西太原市）人。五代將領。傳見本書卷一二四。

[7]襄州：州名。治所在今湖北襄陽市。　節度副使：官名。唐、五代方鎮屬官。位於行軍司馬之下、判官之上。　郭令圖：人名。籍貫不詳。五代官員。事見本書本卷、卷一一六。

[8]蘇逢吉：人名。長安（今陝西西安市）人。五代後漢宰相。傳見本書卷一〇八、《新五代史》卷三〇。　劉銖：人名。陝州（今河南三門峽市陝州區）人。傳見本書卷一〇七、《新五代史》卷三〇。

[9]洛京：即西京洛陽。　陝州：州名。治所在今河南三門峽市陝州區。

[10]李從益：人名。沙陀部人。後唐明宗李嗣源幼子。契丹蕭翰北歸，以其爲傀儡統治中原地區。傳見本書卷五一。　唐明宗：即五代後唐明宗李嗣源。沙陀部人。原名邈佶烈，李克用養子。926年至933年在位。紀見本書卷三五至卷四四、《新五代史》卷六。　王氏：人名。籍貫不詳。後唐明宗后妃。事見本書卷五一、

卷六六、卷七二、卷一二三,《新五代史》卷一五。

　　[11]行軍司馬:官名。爲出征將領及節度使的屬官。掌軍籍符伍、號令印信,是藩鎮重要的軍政官員。　留守判官:官名。留守司僚屬,分掌留守司各曹事,並協助留守通判陪都事。　兩使判官:中華書局本沿《輯本舊史》作"兩使判命",並有校勘記:"以上四字原闕,據《册府》卷六一補。《五代會要》卷二五作'兩使判官'。《永樂大典》卷八九八〇引《五代薛史》'留守判官'下有'兩'字,知原本有脱文。"見明本《册府》卷六一《帝王部·立制度門二》、《會要》卷二五幕府條。今據改。　書記:官名。即掌書記。唐、五代方鎮僚屬,位在判官下。掌表奏書檄、文辭之事。　支使:官名。唐、五代節度使、觀察使等下屬官員中有支使,其職與掌書記同。位在副使、判官之下,推官之上。掌表奏書檄等。　本處先差職役,並放歸農。自是官吏有獨行趨府縣者:明本《册府》卷六一作"本處先差職役,竝速放散歸農,不得差爲參從,貧官有獨行趨府者"。

　　夏四月壬辰朔,詔沿淮州縣,許淮南人就淮北糶易餱糧,時淮南饑故也。[1]甲午,以夫人董氏爲德妃,[2]仍令所司備禮册命。己亥,改侍衛馬步軍軍額:馬軍舊稱護聖,今改爲龍捷;步軍舊稱奉國,今改爲虎捷。[3]壬寅,詔唐莊宗、明宗、晉高祖三處陵寢,各有守陵宮人,並放逐便。[4]如願在陵所者,依舊供給。甲辰,相州張彦成移鎮鄧州,[5]鄧州折從阮移鎮滑州,[6]滑州李筠移鎮相州。[7]丙午,亳州防禦使王重裔卒。[8]戊申,幸南莊。庚戌,皇第四女封壽安公主。辛亥,故許州節度使劉信追封蔡王。[9]丙辰,詔曰:"牧守之任,委遇非輕,分憂之務既同,制禄之數宜等。自前有富庶之郡,請給則優；或邊遠之州，俸料素薄。以至遷除之際，擬議亦難，既論資敘之高低，又患禄秩之升降。所宜分多益寡，均利同恩，冀無黨偏，以勸勳効。今定諸州防禦使料錢二百貫，禄粟一百石，食鹽五石，馬十匹草粟，元隨三十人衣糧；團練使一百五十貫，禄粟七十石，鹽五石，馬十匹草粟，元隨三十人衣糧；刺史一百貫，禄粟五十石，鹽五石，馬五匹草粟，元隨二十人衣糧"云。[10]丁巳，尚書左丞田敏使契丹迴，契丹主兀欲遣使㿟姑報命，[11]并獻碧玉金塗銀裏鞍勒各一副，弓矢、器仗、貂裘等，土産馬三十匹，土産漢馬十匹。庚申，帝爲故貴妃張氏舉哀於舊宮，輟視朝三日。辛酉，司空致仕盧文紀卒。

[1]時淮南飢故也：《大典》卷八九八〇引《五代薛史》無"淮"字，《大典》誤。

[2]董氏：即後周太祖郭威德妃。鎮州靈壽（今河北靈壽縣）人。傳見本書卷一二一《周后妃列傳》、《新五代史》卷一九《周太祖家人傳》。　德妃：内命婦名。爲夫人之一。正一品。

[3]護聖、龍捷、奉國、虎捷：皆爲軍額名。

[4]唐莊宗：即李存勖。代北沙陀部人，後唐開國皇帝。紀見本書卷二七至卷三四、《新五代史》卷四至卷五。　晉高祖：即後晉高祖石敬瑭。沙陀部人。五代後唐將領、後晉開國皇帝。紀見本書卷七五至卷八〇、《新五代史》卷八。

[5]相州：州名。治所在今河南安陽市。　張彦成：人名。又名張彦威。潞州潞城（今山西潞城市）人。五代將領。傳見本書卷一二三。"彦成"，《舊五代史考異》："按：原本作彦威，今據列傳改正。"見《輯本舊史》卷一二三《張彦成傳》。彦成本名彦威，

避周太祖諱，故改名。《大典》卷八九八〇引《五代薛史》作“彥成”。

[6]折從阮：人名。雲中（今山西大同市）人，羌族折掘氏。五代後唐、後晉、後漢、後周將領。傳見本書卷一二五、《新五代史》卷五〇。　鄧州折從阮移鎮滑州：中華書局本有校勘記：“《永樂大典》卷八九八〇引《五代薛史》同。本書卷一〇三《漢隱帝紀下》：‘府州折從阮移鎮鄧州。’卷一一〇《周太祖紀一》：‘鄧州折從阮……加同平章事。’據本卷上下文例，句上疑脫‘鄧州’二字。”但未補，今補。

[7]李筠：人名。并州太原（今山西太原市）人。五代、宋初將領，歷仕後唐至宋。傳見《宋史》卷四八四。　滑州李筠移鎮相州：中華書局本有校勘記：“‘滑州’二字原闕，據《永樂大典》卷八九八〇引《五代薛史》補。按本書卷一一〇《周太祖紀一》：‘（廣順元年正月）以博州刺史、北面行營右廂排陣使李筠爲滑州節度使。’”見該年正月丁亥條。

[8]亳州：州名。治所在今安徽亳州市。　防禦使：官名。唐代始置，設有都防禦使、州防禦使兩種。常由刺史或觀察使兼任，實際上爲唐代後期州或方鎮的軍政長官。　王重裔：人名。陳州宛丘（今河南淮陽縣）人。五代後周將領。傳見本書卷一二九。

[9]劉信：人名。籍貫不詳。唐末、五代軍閥。事見本書卷一〇〇至卷一〇三。

[10]團練使：官名。唐代中期以後，於不設節度使的地區設團練使，掌本區各州軍事。　“今定諸州防禦使料錢二百貫”至“元隨二十人衣糧云”：“今定諸州防禦使料錢二百貫”，中華書局本有校勘記：“‘州’字原闕，據《册府》卷五〇八、《五代會要》卷二八補。”見《會要》卷二八諸色料錢條下、《宋本册府》卷五〇八《邦計部·俸祿門四》。團練使“馬十匹”及刺史“馬五匹”下之“草粟”，團練使“元隨三十人”及刺史“元隨二十人”下之“衣糧”，《輯本舊史》原無，均據《宋本册府》卷五〇八補。“元

隨二十人云”後，《宋本册府》卷五〇八、《會要》卷二八有“仍取今年五月一日後到任者，依新定例支，其已前在任者，所請如故”等句。

[11]耨姑：人名。契丹使者。事跡不詳。“耨姑”，中華書局本有校勘記：“原作‘努瑚’，注云：‘舊作“耨姑”，今改正。’按此係輯録本書時所改，今恢復原文，本書各處同。《永樂大典》卷八九八〇引《五代薛史》、《五代會要》卷二九作‘實六’。”見《會要》卷二九契丹條。

五月壬戌朔，帝不視朝，以漢隱帝梓宮在殯故也。[1]戊辰，[2]皇子澶州節度使榮起復，依前澶州節度使，以故貴妃張氏去歲薨，至是發哀故也。己巳，遣左金吾衛將軍姚漢英、前右神武將軍華光裔使于契丹。[3]辛未，太常卿邊蔚上追尊四廟謚議。是夜，有大星如五升器，流於東北，有聲如雷。丙子，太常卿邊蔚上太廟四室奠獻舞名。丁丑，詔京兆、鳳翔府，應諸色犯事人第宅、莊園、店舍、水磑已經籍没者，並給付罪人骨肉。[4]壬午，幸南莊。甲申，考城縣巡檢、供奉官馬彥勍棄市，[5]坐匿赦書殺獄囚也。[6]丙戌，宰臣馮道爲四廟册禮使。[7]

[1]梓宮：帝后所用之棺槨。以梓木爲之，故名。

[2]戊辰：《大典》卷八九八〇引《五代薛史》作“戊寅”，戊辰爲七日，此後尚有己巳（八日）、辛未（十日）等多條記事，戊寅爲十七日，與前後干支不合，顯誤。然壬戌、己巳間有七日，柴榮起復之日，無從詳考。

[3]左金吾衛將軍：官名。唐置，掌宮禁宿衛，唐代置十六衛

之一。從三品。　姚漢英：人名。籍貫、事跡不詳。事見本書卷一三七。　右神武將軍：官名。唐置，掌宮禁宿衛，唐代置十六衛之一。從三品。　華光裔：人名。籍貫不詳。事見本書卷四六、卷一三七。

[4]京兆：府名。治所在今陝西西安市。　鳳翔府：府名。治所在今陝西鳳翔縣。　"丁丑"至"並給付罪人骨肉"："莊園"，中華書局本有校勘記："原作'莊圍'，據殿本、劉本、邵本校、《册府》卷一六七改。"見明本《册府》卷一六七《帝王部·招懷門五》。"店舍水磑"，原作"店磑"，據明本《册府》卷一六七補。

[5]考城縣：縣名。治所在今河南民權縣。　巡檢：官名。又稱"巡檢使"。五代始設巡檢，設於京師、陪都、重要的州及邊防重鎮。　供奉官：泛指侍奉皇帝左右的臣僚，亦爲東、西頭供奉官通稱。　馬彥勍：人名。籍貫、事跡不詳。本書僅此一見。　棄市：古代刑法名。即在鬧市執行死刑，並陳屍街頭示衆。

[6]坐匿赦書殺獄囚也：《宋本册府》卷一五四《帝王部·明罰門三》作"以在巡檢所停匿赦書、殺獄囚故也"。

[7]馮道：人名。瀛州景城（今河北滄縣）人。五代時官拜宰相，歷仕後唐、後晉、後漢、後周，亦曾臣事契丹。傳見本書卷一二六、《新五代史》卷五四。　四廟册禮使：官名。舉行册封典禮時臨時設置的官職，册封儀式結束即罷。

六月辛卯朔，不視朝，以漢隱帝梓宫在殯故也。甲午，百僚上表，請以七月二十八日皇帝降聖日爲永壽節，從之。邢州大雨霖。己亥，太常少卿劉悅上漢少帝諡曰隱皇帝，陵曰潁陵，[1]從之。辛亥，以樞密使王峻爲尚書左僕射兼門下侍郎、同平章事，[2]監修國史，充樞密使；以樞密副使、尚書兵部侍郎范質爲中書侍郎、同平章事，充集賢殿大學士；[3]以户部侍郎、判三司李轂爲中書侍郎、同平章事，判三司。司徒、兼侍中、監修國史竇貞固，司空、兼中書侍郎、同平章事、集賢殿大學士蘇禹珪，[4]並罷相守本官。壬子，幸西莊。癸丑，詔宰臣范質參知樞密院事。鄆都、洺、滄、貝等州大雨霖。[5]丙辰，西京奏，新授宗正卿郭令圖卒。丁巳，以尚書左丞顏衎爲兵部侍郎，充端明殿學士；[6]以宣徽北院使翟光鄴兼樞密副使。

[1]劉悅：人名。籍貫不詳。五代後周官員。事見本書卷一一四、卷一三一。　漢少帝：即漢隱帝。　穎陵：中華書局本有校勘記：“原作‘穎陵’，據本書卷一〇三《漢隱帝紀下》、《通曆》卷一四、《冊府》（宋本）卷一七四、《通鑑》卷二九〇改。”見《輯本舊史》卷一〇三《漢隱帝紀下》廣順元年（951）八月二日記事、《通曆》卷一四廣順元年記事、《宋本冊府》卷一七四《帝王部·修廢門》。《通鑑》卷二九〇廣順元年八月壬辰（初三，《通鑑》誤壬戌）記事作“穎陵”。

[2]王峻：人名。相州安陽（今河南安陽市）人。五代後漢、後周將領。傳見本書卷一三〇、《新五代史》卷五〇。　尚書左僕射：官名。秦始置。隋、唐前期以左、右僕射佐尚書令總理六官，綱紀庶務，如不置尚書令，則總判省事，爲宰相之職。唐後期多爲大臣加銜。從二品。　門下侍郎：官名。門下省副長官。唐後期三省長官漸爲榮銜，中書侍郎、門下侍郎卻因參議朝政而職位漸重，常常用爲以“同三品”或“同平章事”任宰相者的本官。正三品。

[3]尚書兵部侍郎：官名。尚書省兵部次官。協助兵部尚書掌武官銓選、勳階、考課之政。正四品下。　集賢殿大學士：官名。唐中葉置，位在學士之上，以宰相兼。掌修書之事。

[4]竇貞固：人名。同州白水（今陝西白水縣）人。五代後唐至宋初大臣，後唐進士，後漢宰相。傳見《宋史》卷二六二。　蘇

禹珪：人名。高密（今山東高密市）人。劉知遠爲河東節度時的屬官，後漢初任宰相。傳見本書卷一二七。

[5]鄴都：地名。治所在今河北大名縣。五代後唐同光元年（923），改魏州爲興唐府，建號東京，三年改東京爲鄴都。　洺：州名。治所在今河北邯鄲市永年區。　滄：州名。治所在今河北滄縣舊州鎮。　貝：州名。治所在今河北清河縣。

[6]端明殿學士：官名。後唐明宗始置，以翰林學士充任，負責誦讀四方書奏。

　　秋七月辛酉朔，帝被袞冕，御崇元殿，授四廟四室寶册于中書令馮道等，赴西京行禮。[1]癸亥，尚書左丞田敏兼判國子監事。戊辰，以御史中丞于德辰爲尚書右丞，[2]以祕書監邊光範爲太子賓客。以户部尚書張昭爲太子賓客，以其子秉陽爲陽翟簿，犯法抵罪，昭詣閣待罪，詔釋之，乃左授此官。[3]壬申，史官賈緯等以所撰《晋高祖實録》三十卷、《少帝實録》二十卷上之。[4]丙子，幸宰臣王峻第。[5]己丑，鎮州奏，破河東賊軍於平山縣西，[6]斬首五百級。是日，太常卿邊蔚奏，議改郊廟舞名，事具《樂志》。

[1]崇元殿：五代後梁開平元年（907）改汴京正殿爲崇元殿。位於今河南開封市。　中書令：官名。漢代始置，隋、唐前期爲中書省長官，屬宰相之職，唐後期多爲授予元勳大臣的虚銜。正二品。　授四廟四室寶册于中書令馮道等，赴西京行禮：“四廟”，《輯本舊史》作“太廟”，據明本《册府》卷三一《帝王部·奉先門四》改。“赴西京行禮”句後，明本《册府》卷三一有“是日，侍中進册，中書令進寶，太祖降階授之于使，悽然感慟”等句。

　　[2]御史中丞：官名。如不置御史大夫，則爲御史臺長官。掌司法監察。正四品下。　于德辰：人名。元城（今河北大名縣東）人。五代大臣。傳見本書卷一三一。

　　[3]秉陽：人名。即張秉陽。張昭之子。事見《宋史》卷二六三《張昭傳》。中華書局本有校勘記：“‘秉陽’，原作‘秉’，據《册府》卷九二五、《宋史》卷二六三《張昭傳》改。按昭另有子秉圖、秉謙。”見《宋本册府》卷九二五《總録部・譴累門》。陽翟簿：陽翟，軍鎮名。治所在今河南禹州市。簿，官名。漢代以後歷朝均置。唐代京城百司和地方官署，均設主簿。管理文書簿籍，參議本署政事，爲官署中重要佐官。其官階品秩，因官署而不同。　詣閣待罪，詔釋之，乃左授此官：《宋本册府》卷九二五作“上章引咎，詣閣待罪，詔寬釋之，踰月左授此官”。

　　[4]賈緯：人名。鎮州獲鹿（今河北石家莊市鹿泉區）人。五代後唐至後周官員。傳見本書卷一三一、《新五代史》卷五七。

　　[5]丙子，幸宰臣王峻第：《舊五代史考異》：“案：《歐陽史》作戊寅，幸王峻第。”見《新五代史》卷一一《周太祖本紀》廣順元年（951）七月戊寅條，丙子爲十六日，戊寅爲十八日。

　　[6]平山縣：縣名。治所在今河北平山縣。

　　八月辛卯，漢隱帝梓宫發引，帝詣太平宫臨奠，詔羣臣出祖於西郊。[1]是歲，幽州饑，流人散入滄州界。[2]詔流人至者，口給斗粟，仍給無主土田，令取便種蒔，放免差税。癸巳，虎入西京修行寺傷人，[3]市民殺之。乙未，幸班荆館。[4]壬寅，契丹遣幽州牙將曹繼筠來歸故晋中書令趙瑩之喪，詔贈太傅，仍賜其子絹五百匹，以備喪事，歸葬於華陰故里。[5]乙巳，幸西莊。壬子，晋州王晏移鎮徐州，滄州王景移鎮河中，定州孫方簡移鎮華州，[6]永興郭從義移鎮許州，貝州王繼弘移鎮河陽，河陽李暉移鎮滄州。[7]以許州節度使武行德爲西京留守，滑州折從阮移鎮陝州，河中扈彥珂移鎮滑州，陝州李洪信移鎮永興，華州王饒移鎮貝州，[8]徐州王彥超移鎮晋州。丙辰，尚食李氏等宮官八人並封縣君，司記劉氏等六人並封郡夫人，尚宮皇甫氏等三人並封國夫人。[9]唐制有内官、宮官，各有司存，更不加郡國之號，近代加之，非舊典也。以易州刺史孫行友爲定州留後。[10]戊午，故夫人柴氏追立爲皇后，[11]仍令所司定諡，備禮册命。

[1]發引：出殯。　太平宮：五代時後周首都之宮殿，位於今河南開封市。　出祖：外出時祭路神，引申爲踐行送別。

[2]幽州：州名。治所在今北京市。　流人：流民。

[3]修行寺：寺院名。隋建，位於今河南洛陽市。

[4]班荆館：五代時設於開封城郊，用以接待外國使臣。

[5]牙將：官名。古代軍隊中的中低級軍官。　曹繼筠：人名。籍貫不詳。本書僅此一見。　趙瑩：人名。華州華陰（今陝西華陰市）人。五代後晋宰相。傳見本書卷八九、《新五代史》卷五六。太傅：官名。三師之一。始設於周代。掌佐天子，理陰陽，經邦弘化。唐後期、五代多爲大臣、勳貴加官。正一品。　華陰：縣名。治所在今陝西華陰市。

[6]王景：人名。萊州掖（今山東萊州市）人。五代、宋初將領。傳見《宋史》卷二五二。　河中：府名。治所在今山西永濟市蒲州鎮。　定州：州名。治所在今河北定州市。　孫方簡：人名。初名方簡，避後周太祖之父諱改名方諫。中山（今河北定州市）人，一說莫州清苑（今河北保定市清苑區）人。五代後晋至後周將

領。傳見本書卷一二五、《新五代史》卷四九。　華州：州名。治所在今陝西渭南市華州區。《大典》卷八九八〇引《五代薛史》無"州"字，誤。

[7]永興：即永興軍。方鎮名。治所在京兆府（今陝西西安市）。　郭從義：人名。沙陀部人。五代、宋初大臣。傳見《宋史》卷二五二。　王繼弘：人名。南宮（今河北南宮市）人。五代將領。傳見本書卷一二五。　河陽：縣名。治所在今河南孟州市。　李暉：人名。瀛州束城（今河北河間市）人。五代將領。傳見本書卷一二九。　河陽李暉移鎮滄州：中華書局本有校勘記："《永樂大典》卷八九八〇引《五代薛史》同。按本書卷一二九《李暉傳》：'乾祐初，拜河陽節度使、檢校太傅。太祖登極，加同平章事，尋移鎮滄州。'本書卷一〇一《漢隱帝紀上》、卷一〇二《漢隱帝紀中》敘其歷官略同。據本卷上下文例，句上疑脫'河陽'二字。"但未補。《輯本舊史》一〇一《漢隱帝紀上》乾祐元年（948）六月戊戌條："以宣徽南院使李暉爲河陽節度使。"同書卷一〇三《漢隱帝紀下》乾祐三年四月戊辰條："相州郭謹、河陽李暉並進邑封。"據補。

[8]扈彥珂：人名。代州雁門（今山西代縣）人。五代後晉至宋朝將領。傳見《宋史》卷二五四。　李洪信：人名。并州晉陽（今山西太原市）人。五代、宋初將領。傳見《宋史》卷二五二。　王饒：人名。慶州華池（今甘肅華池縣）人。五代將領。傳見本書卷一二五。

[9]尚食：官名。掌供皇帝膳食。掌供膳羞品齊之數，總司膳、司醖、司藥、司饎四司之官屬。凡進食，先嘗之。正五品下。　李氏：人名。籍貫、事跡不詳。　司記：官名。掌印，凡宮內諸司簿書出入目録，審而付行。正六品。　劉氏：人名。籍貫、事跡不詳。　尚宮：官名。掌導引中宮，總司記、司言、司簿、司闈四司之官屬。凡六尚書物出納文簿，皆印署之。正五品。　皇甫氏：人名。籍貫、事跡不詳。

[10]易州：州名。治所在今河北易縣。 孫行友：人名。鄭州清苑（今河北保定市）人。孫方諫之弟。五代、宋初將領。傳見《宋史》卷二五三。

[11]柴氏：邢州堯山（今河北隆堯縣）人。後周太祖郭威的皇后。傳見本書卷一二一、《新五代史》卷一九。

九月庚申朔，帝詣太平宮起居漢太后。辛酉，故夫人楊氏追贈淑妃，[1]仍令所司擇日備禮册命。故皇第五女追封永寧公主。癸亥，定州奏，契丹永康王兀欲爲部下所殺。[2]甲子，[3]以前耀州團練使武廷翰爲太子少保致仕。[4]丙子，諸道兵馬都元帥、兩浙節度使、檢校太師、尚書令、中書令、吳越國王錢俶可天下兵馬元帥。[5]丁丑，中書舍人劉濤責授少府少監，分司西京，坐遣男頊代草制詞也。[6]監察御史劉頊責授復州司户，坐代父草制也。[7]中書舍人楊昭儉解官放逐私便，[8]以多在假告，不親其職也。《永樂大典》卷八千九百八十。[9]

[1]楊氏：人名。鎮州真定（今河北正定縣）人。後周太祖郭威后妃。傳見本書卷一二一。

[2]“癸亥”至“契丹永康王兀欲爲部下所殺”：《舊五代史考異》：“案《遼史》：世宗以九月癸亥遇弒，不應定州即能于癸亥入奏，疑原文有舛誤。”《遼史》卷五《世宗紀》天禄五年（951）九月癸亥條：“察割反，帝遇弒。”

[3]甲子：中華書局本有校勘記：“以上二字原闕，據《永樂大典》卷八九八〇引《五代薛史》補。”

[4]耀州：州名。治所在今陝西銅川市耀州區。 武廷翰：人名。籍貫不詳。五代後唐、後周將領。事見本書卷四八。

[5]檢校太師：官名。爲散官或加官，以示恩寵，無實際執掌。

尚書令：官名。秦始置。隋、唐前期爲尚書省長官，與中書令、侍中並爲宰相。因以李世民爲之，後皆不授，唐高宗廢其職。唐後期以李適、郭子儀有功而特授此職，爲大臣榮銜，不參與政務。五代因之。唐時爲正二品，後梁開平三年（909）升爲正一品。　錢俶：人名。即錢俶。原名錢弘俶，錢元瓘第九子，五代十國吳越末代君主。傳見本書卷一三三、《新五代史》卷六七。　元帥：《輯本舊史》原作“都元帥”，中華書局本有校勘記：“‘都元帥’，《吳越備史》卷四作‘元帥’。據本書卷一一四《周世宗紀一》，錢俶至顯德元年七月方加兵馬都元帥。”然未删。見《輯本舊史》卷一一四《周世宗紀一》顯德元年（954）七月丁丑條、《吳越備史》卷四顯德元年七月條，今據删。

[6]劉濤：人名。徐州彭城（今江蘇徐州市）人。五代後唐進士，歷仕後唐至宋代。傳見《宋史》卷二六二。　少府少監：官名。隋置少府監以掌百工製作，其長官亦稱少府監，次官稱少府少監。煬帝時，少監一度改稱少令。從四品下。　頊：人名。即劉頊。劉濤之子。事見《册府》卷九二五《總録部·譴累門》。　草制：草擬制書。

[7]監察御史：官名。唐代屬御史臺之察院，掌監察中央機構、州縣長官及祭祀、庫藏、軍旅等事。唐中期以後，亦作爲外官所帶之銜。正八品下。　復州：州名。治所在今湖北天門市。　司户：官名。“司户參軍”簡稱。州級政府僚佐。掌本州屬縣之户籍、賦税、倉庫受納等事。

[8]楊昭儉：人名。京兆長安（今陝西西安市）人。五代後周、宋初大臣。傳見《宋史》卷二六九。

[9]《大典》卷八九八〇“周”字韻“五代周太祖（一）”事目。此卷現存。